CODE PÉNAL,

ÉDITION STÉRÉOTYPE

FAITE

AU MOYEN DE MATRICES MOBILES EN CUIVRE,

D'APRÈS

LE PROCÉDÉ D'HERHAN.

6e TIRAGE.

AVIS SUR LA STÉRÉOTYPIE.

LA STÉRÉOTYPIE, ou l'art d'imprimer sur des planches solides que l'on conserve, offre seule le moyen de parvenir à la correction parfaite des textes. Dès qu'une faute qui serait échappée est découverte, elle est corrigée à l'instant et irrévocablement; en la corrigeant, on n'est point exposé à en faire de nouvelles, comme il arrive dans les éditions en caractères mobiles. Ainsi le public est sûr d'avoir des livres exempts de fautes, et de jouir du grand avantage de remplacer, dans un ouvrage composé de plusieurs volumes, le tome manquant, gâté ou déchiré.

<hr>

Chez H. NICOLLE, rue de Seine, n° 12, hôtel de la Rochefoucauld ;

Et chez A. BELIN, Imprimeur-Libraire, rue des Mathurins-S.-Jacques, n° 14, hôtel Cluny.

CODE PÉNAL,

ÉDITION

CONFORME A L'ÉDITION ORIGINALE DU BULLETIN DES LOIS;

Précédé de l'Exposé des Motifs par les Orateurs du Conseil d'État, sur chacune des lois qui composent ce Code, avec une Table alphabétique des Matières.

PARIS,

DE L'IMPRIMERIE DE A. BELIN.

1812.

TABLE

DES MOTIFS, DES TITRES ET CHAPITRES

DU

CODE PÉNAL.

LIVRE PREMIER.

DES PEINES EN MATIÈRE CRIMINELLE ET CORRECTIONNELLE, ET DE LEURS EFFETS.

LIVRE II.

DES PERSONNES PUNISSABLES, EXCUSABLES OU RESPONSABLES POUR CRIMES OU POUR DÉLITS.

LIVRE III.

DES CRIMES, DES DÉLITS ET DE LEUR PUNITION.

LIVRE IV.

CONTRAVENTIONS DE POLICE ET PEINES.

EXPOSÉ DES MOTIFS

DU LIVRE PREMIER

DU

CODE PÉNAL,

PRÉSENTÉS AU CORPS LÉGISLATIF

PAR MM. LES COMTES TREILHARD, FAURE ET GIUNTI,
Conseillers d'État.

Séance du 1er février 1810.

MESSIEURS,

Si la lecture des lois pénales d'un peuple peut donner une juste idée de sa morale publique et de ses mœurs privées, le Code pénal qui vous est annoncé, et dont nous vous portons le premier Livre, attestera les progrès immenses qu'ont faits parmi nous la raison et la philosophie.

Vous n'y trouverez que des peines nécessaires, des peines clairement énoncées, répressives, et jamais atroces; vous y verrez aussi des dispositions faites pour diminuer la masse des désordres, parce qu'elles placeront sous une surveillance active et salutaire les hommes dont les intentions perverses auront éclaté.

L'Assemblée constituante a dégagé notre législation pénale de plusieurs dispositions contre lesquelles l'humanité réclamait depuis long-temps; elle a réduit la peine de mort à la simple privation de la vie; elle a fait disparaître les supplices barbares du feu, de la roue, et d'être tiré à quatre chevaux. Toute mutilation est défendue, et les peines de lèvre coupée, de langue percée, et autres de cette nature, ne souillent plus le Code français. C'est déjà un grand pas vers la perfection; mais cette assemblée célèbre, qui se distingua par tant de *conceptions utiles*, qui détruisit *tant d'abus*, qui avait sans contredit pour elle *la pureté des intentions*, ne se tint pas toujours en garde contre *l'enthousiasme du bien* : le flambeau de l'expérience qui lui manquait, a fait apercevoir depuis d'utiles améliorations, dont le Code de 1791 est susceptible.

L'Assemblée constituante crut devoir poser en règle qu'aucune peine ne serait perpétuelle; celle des fers, la première après celle de mort, ne dut jamais être prononcée que pour un temps qui, dans aucun cas, n'excéderait vingt-quatre années.

La durée des peines fut déterminée pour chaque espèce de crime, d'une manière invariable; la marque et la confiscation furent supprimées; enfin un coupable qui avait subi sa condamnation fut lancé sans précaution dans la société pour y jouir de toute la liberté des autres citoyens.

Les bases du projet qui vous est soumis diffèrent, sur ces points importants, de celles posées par l'Assemblée constituante.

Nous avons pensé que, pour parvenir à une juste gradation des peines, il fallait en établir de perpétuelles.

Il nous a paru suffisant de régler la nature des peines

à appliquer, et de fixer les termes qu'elles ne pourraient excéder, sans déterminer la durée précise de celle qui serait prononcée contre chaque condamné; les magistrats la régleront dans la latitude que la loi leur laisse.

Nous avons rétabli la peine de la marque.

La confiscation pourra être prononcée dans certains cas.

Enfin les condamnés, après avoir subi leur peine, seront placés sous une utile surveillance.

J'aurai occasion de remarquer dans la suite quelques autres différences moins importantes, entre la législation pénale de l'Assemblée constituante et celle qui vous est proposée.

Quant à présent, je dois me borner à exposer, en peu de mots, les motifs qui ont fait adopter nos nouvelles bases.

Et d'abord, pour peu qu'on veuille y réfléchir, on sera bientôt convaincu que la distance entre une peine temporaire et la mort est si immense, que, pour la combler, il faut nécessairement établir une peine perpétuelle; sans elle, plus de gradation, et toute proportion entre la peine et certains crimes est absolument rompue.

On ne peut disconvenir, par exemple, qu'un fonctionnaire coupable de faux en écriture authentique, et dans l'exercice de ses fonctions, doit être puni beaucoup plus sévèrement qu'un particulier qui a commis le même crime; et lorsque celui-ci subit une simple peine temporaire, si on ne prononce pas la peine de mort contre le premier, parce qu'il est dangereux de donner trop souvent au peuple le spectacle du sang versé, il mérite certainement de subir à perpétuité la peine prononcée temporairement contre l'autre.

Le faux monayeur qui a altéré ou fabriqué des espèces

d'or ou d'argent est puni de mort; convient-il d'appliquer la même peine à celui qui n'a altéré ou fabriqué que des espèces de cuivre? Si la gravité du crime et ses funestes conséquences ne permettent pas de se borner en ce cas à une simple peine temporaire, n'est-il pas plus convenable, dans l'alternative de la peine de mort ou d'une peine perpétuelle, de se borner à cette dernière?

La règle posée par l'Assemblée constituante, que nulle peine ne serait perpétuelle, détruit donc les proportions qui doivent exister entre les peines et les crimes; dans son système on est souvent exposé, ou à infliger au coupable une peine trop sévère, ou à lui faire grâce d'une partie de celle qu'il a encourue.

Vivement frappée de quelques erreurs graves reprochées aux tribunaux, l'Assemblée constituante ne crut pas pouvoir resserrer dans des bornes trop étroites la délégation de pouvoir faite à la magistrature; elle régla, en conséquence, avec une exacte précision, la durée de la peine qui devait être appliquée à chaque fait en particulier, et elle voulut qu'après la déclaration du jury la fonction du juge fût bornée à l'application mécanique du texte de la loi.

Sans doute le magistrat ne doit et ne peut prononcer que la peine de la loi; mais n'y a-t-il pas quelque distinction à faire entre deux hommes convaincus du même crime? Doit-on placer sur la même ligne le jeune homme séduit, que des conseils désastreux et son inexpérience ont précipité dans l'abime, et l'homme dont la profonde corruption est manifeste, et dont la vie est souillée de crimes?

Ici nous avons pensé qu'une saine politique et la justice bien entendue appelaient sur la magistrature une marque honorable de confiance, non que les cours puis-

sent changer la nature de la peine indiquée par la loi;
mais la loi voudra que chaque espèce de peine puisse
être prononcée pour un temps qui ne doit être moindre
ni excéder les limites qu'elle prescrit. C'est dans cette latitude que les magistrats, après avoir présidé à toute
l'instruction, pesant le degré de perversité de chaque
accusé, connaissant parfaitement toutes les circonstances
qui peuvent aggraver ou atténuer le fait; c'est, disons-
nous, dans cette latitude que les magistrats fixeront la
durée de la peine légale qu'ils doivent appliquer.

La peine de la marque ou de la flétrissure fût pros-
crite par l'Assemblée constituante, parce qu'elle offre un
caractère de perpétuité que l'opinion d'alors repoussait;
vous avez déjà vu que la perpétuité de quelques peines
était nécessaire pour la perfection du système pénal; et
l'on ne peut se dissimuler que l'apposition publique de
la marque produit, et sur le coupable et sur les specta-
teurs, une impression qui ne peut être que vive et profonde.

Je pourrais ajouter que la marque est un des moyens
les plus efficaces pour constater les récidives dont il est
si important de s'assurer; mais je ne crois pas qu'il soit
nécessaire de s'appesantir sur cet article, puisque déjà
vous avez adopté le rétablissement de la peine de la
marque pour certains crimes, et que l'expérience a dé-
montré les bons effets de cette mesure.

La confiscation générale fut aussi écartée du Code
de 1791; nous n'hésitons pas à en proposer le rétablissement.

Les intentions philantropiques de l'Assemblée constituante, quand elle rejeta la confiscation et la marque,
étaient certainement louables; mais, ne craignons pas de
la dire, cette Assemblée a trop souvent considéré les

hommes, non tels qu'ils sont, mais tels qu'il serait à désirer qu'ils fussent; elle était mue par un espoir de perfectibilité qui malheureusement ne se réalise pas; et si, dans le mouvement rapide qui l'entraînait, cette erreur fut excusable, nous ne le serions pas, nous qui, éclairés par l'expérience, méditons dans le calme des passions; nous ne serions, dis-je, pas excusables de persister à méconnaître l'efficacité incontestable de quelques moyens de répression qui ne furent pas bien appréciés en 1791.

On objecte que la peine de la confiscation réfléchit sur des enfants qui peuvent n'être pas complices du crime de leur père : mais qui donc souffrira pour les fautes des pères, si ce ne sont les enfants? Lorsqu'un homme a consumé tout son patrimoine par des spéculations insensées, ou par des voies souvent plus répréhensibles, ses enfants ne supportent-ils pas la peine des égarements de leur père?

Lorsque des réparations civiles prononcées en faveur d'une victime du crime absorbent toute la fortune du coupable, peut-on se récrier contre sa condamnation, sous le frivole prétexte que sa succession est ruinée?

Or, qu'est-ce que la confiscation prononcée pour des crimes qui ont pour but de renverser l'État, le Gouvernement et la fortune publique (car la confiscation n'est proposée que pour des crimes de cette nature); qu'est-ce, dis-je, que la confiscation dans des cas de cette espèce? C'est évidemment une indemnité légitime, toujours trop faible pour la réparation du tort que l'on a fait, et qui ne couvre presque jamais les dépenses qu'on a occasionnées; la confiscation, qui doit être odieuse quand on l'appliquait sans choix et sans discernement, n'aura rien que de convenable, rien que de juste, lorsqu'elle sera appliquée avec mesure et discrétion.

Je ne vous dirai pas qu'en rejetant la confiscation pour des crimes contre la sûreté de l'État il serait souvent fort à craindre qu'on ne laissât aux ennemis de la chose publique des moyens de lui nuire ; je n'ai pas besoin de ces considérations secondaires pour justifier une mesure toute fondée sur un principe de justice ; déjà même la confiscation a été rétablie pour les crimes de fausse monnaie. Au reste, vous verrez dans la suite combien la rigueur de cette peine est adoucie dans l'exécution, et vous serez convaincus qu'on a su concilier ce que prescrivait la justice et ce que conseillait l'humanité.

Enfin, en nous occupant des voies de répression, nous n'avons pas négligé les moyens de prévenir le mal ; les condamnés, après avoir subi leur peine, demeureront, dans les cas prévus par la loi, sous la surveillance de la haute police.

Dans un petit État tout le monde est surveillé, parce qu'on est pour ainsi dire réuni sur un même point, et que personne ne peut se soustraire à l'œil vigilant de ses concitoyens ; dans un empire immense, il est nécessaire qu'une institution sage et active remplace cette surveillance respective qui ne peut pas y exister ; il faut que les hommes pervers ne soient jamais perdus de vue ; or, quelle dénonciation plus pressante que celle qui résulte d'un arrêt de condamnation ?

Je crois, Messieurs, que cette mesure sera vue avec reconnaissance par tous les amis de la paix publique. Je dirai dans la suite comment elle s'effectuera ; dans ce moment, je ne dois vous parler que des bases en général du projet qui vous est soumis.

J'ai justifié celles que nous avons adoptées en matière

criminelle; j'ai peu d'observations a faire sur celles en matière correctionnelle.

.L'Assemblée constituante punissait les délits par l'amende, la confiscation, en certains cas, de la matière du délit, et par l'emprisonnement.

Nous avons cru devoir ajouter à ces peines celle de l'interdiction, à temps, de certains droits civiques, civils, ou de famille, et même, dans quelques cas, le renvoi sous la surveillance spéciale du Gouvernement. Je n'ai rien à ajouter à ce que j'ai dit sur cette dernière. Quant à la privation temporaire de certains droits, je demanderai quelle peine plus convenable on peut infliger à celui qui, par exemple, aura troublé la paix et commis quelque délit dans une assemblée politique, que celle de lui en interdire l'entrée pendant un certain temps? Au reste, on a dû prévoir l'abus et ne rien laisser à l'arbitraire du juge; les peines de cette nature, ainsi que celle de la mise en surveillance, ne seront prononcées que dans les cas où elles seront autorisées par une loi précise.

Après avoir développé les nouvelles bases du projet du Code pénal, je dois vous donner une idée du plan que nous avons suivi.

L'ouvrage est divisé en quatre Livres : le premier énonce les peines établies par la loi ; il prescrit le mode de leur exécution, et il en règle les effets.

Le second a pour objet les personnes punissables, excusables ou responsables pour crimes ou pour délits.

Le troisième détermine la nature de la peine encourue pour chaque crime ou chaque délit commis, soit contre la chose publique , soit contre les particuliers.

Le quatrième enfin est destiné aux contraventions de police et aux peines dont elles sont susceptibles.

Cette division embrasse l'ensemble des matières criminelle et de police ; et vous verrez dans la discussion de
ces différens Livres, que nous avons rempli plusieurs lacunes du Code de 1791.

Nous n'apportons aujourd'hui que le premier Livre :
il expose, en général, les peines que les tribunaux pourront infliger, sans s'occuper, en aucune manière, de leur
application aux faits particuliers. Il règle, comme je l'ai
déjà annoncé, le mode d'exécution de ces peines et leurs
effets : ces dispositions sont précédées d'un petit nombre
d'articles préliminaires.

Le premier de ces articles définit les expressions de
crime, *délit*, *contravention*, trop souvent confondues
et employées indifféremment. Désormais le mot *crime*
désignera les attentats contre la société qui doivent occuper les cours criminelles. Le mot *délit* sera affecté aux
désordres moins graves qui sont du ressort de la police
correctionnelle. Enfin le mot *contravention* s'appliquera
aux fautes contre la simple police.

Le second article préliminaire punit des mêmes peines
que le crime, les tentatives manifestées par des actes extérieurs, et suivies d'un commencement d'exécution, lorsque cette exécution n'a été suspendue ou n'a manqué son
effet que par des circonstances fortuites, indépendantes
de la volonté du coupable.

Il a commis le crime autant qu'il était en lui de le
commettre ; il a donc encouru la peine prononcée par la
loi contre le crime ; la sûreté publique avait déjà provoqué cette disposition, qui se trouve textuellement écrite
dans une de nos lois. On peut même dire qu'elle est un
développement nécessaire aux deux articles du Code pénal de 1791, qui infligent aux tentatives d'assassinat et

d'empoisonnement les mêmes peines qu'au crime consommé.

Mais cette disposition ne peut pas être si généralement adoptée pour les délits, parce que les caractères n'en sont pas aussi marqués que les caractères du crime : leur exécution peut très-bien avoir été préparée et commencée par des circonstances et des démarches qui, en elles-mêmes, n'ont rien de répréhensible, et dont l'objet n'est bien connu que lorsque le délit est consommé ; il a donc été sage de déclarer que les tentatives du délit ne seraient considérées et punies comme le délit même que dans des cas particuliers, déterminés par une disposition spéciale de la loi.

Le dernier des articles préliminaires retrace une maxime que l'on peut regarder comme la plus forte garantie de la tranquillité des citoyens : « Nulle contravention, « nul délit, nul crime, ne peut être puni de peines qui « n'étaient pas prononcées par la loi avant qu'ils fussent « commis. »

Un citoyen ne doit être puni que d'une peine légale ; il ne doit pas être laissé dans l'incertitude sur ce qui est ou n'est pas punissable ; il ne peut être poursuivi pour un acte qu'il a pu, de bonne foi, supposer au moins indifférent, puisque la loi n'y attachait aucune peine.

Vous pouvez, Messieurs, juger par la disposition de cet article, de l'esprit qui a présidé à la rédaction du Code pénal. Vous voyez que, si l'on s'est occupé efficacement de la recherche et de la poursuite des hommes qui se constituent en état de guerre avec la société, on n'a pas apporté moins de soin pour ne pas troubler la sécurité du citoyen paisible, qui ne transgresse les dispositions d'aucune loi.

Le premier Livre, dont vous entendrez bientôt la lecture, donne le tableau des peines que les tribunaux pourront prononcer.

Celles adoptées en matière criminelle, sont : la mort, les travaux forcés à perpétuité, la déportation, les travaux forcés à temps, la réclusion, le carcan, le bannissement, la dégradation civique, la marque, la confiscation, et le renvoi sous la surveillance de la haute police.

L'Assemblée constituante n'avait inséré dans son Code que les peines de mort, des fers, de réclusion, de la gêne, de la détention, de la déportation, de la dégradation civique et du carcan. Nous en avons conservé une partie, et nous avons apporté quelques modifications dans les autres.

Il nous a paru à propos de remplacer par la peine des travaux forcés celle des fers, qui, n'étant établie que pour les hommes, avait mis dans la nécessité d'introduire, particulièrement pour les femmes, la peine de la réclusion ; celle des travaux forcés, que nous substituons, peut être appliquée aux deux sexes, en donnant à chacun l'espèce de travail qui peut lui convenir. Ainsi les femmes ne pourront être employées à ces travaux que dans une maison de force ; les hommes pourront être employés à toute espèce de travaux pénibles, avec les précautions suffisantes pour prévenir leur révolte ou leur évasion.

La peine des travaux forcés étant commune aux deux sexes, nous avons fait de la peine de la réclusion, qui, dans le Code de 1791, est particulière aux femmes, une peine également commune, et nous avons pu supprimer la peine de la détention.

Nous avons aussi supprimé la peine de la gêne, qui consistait à être enfermé dans une maison de force, sans aucune communication à l'extérieur ni avec les autres prisonniers : cette peine était prononcée quelquefois pour vingt ans.

Nous avouerons que nous n'avons pas reconnu, dans cette occasion, les sentiments philantropiques de l'Assemblée constituante.

Quel est donc le sort d'un homme enfermé pour vingt ans, sans espoir de communication ni à l'intérieur ni à l'extérieur ? N'est-il pas plongé vivant dans son tombeau ? Quelle peut être d'ailleurs l'utilité de cette peine ? On ne peut pas dire qu'elle est établie pour l'exemple, puisque le condamné, soustrait à tous les yeux, est mort, pour ainsi dire, à la société ; d'ailleurs il est presque impossible qu'une disposition qui introduit une séquestration aussi sévère soit jamais exécutée ; nouveau motif pour faire disparaître du Code la peine de la gêne.

En supprimant cette peine, nous avons rétabli celle de la relégation ou du bannissement· elle nous a paru convenable pour certains crimes politiques qui, ne supposant pas toujours un dernier degré de perversité, ne doivent pas être punis des peines réservées aux hommes profondément corrompus.

Vous jugerez, Messieurs, dans la suite, si les peines que nous avons cru devoir adopter sont appliquées avec sagesse aux crimes et aux délits : le premier Livre du Code que nous vous présentons, ne s'occupe, je le répète, en aucune manière, de cette application ; les règles en seront tracées dans les autres Livres ; j'ai dû me borner aujourd'hui à vous faire connaître notre système pénal, et à vous donner une idée du mode d'exécution et des effets des peines qui pourront être infligées.

J'aurai peu d'observations à faire sur le mode d'exécution ; il s'éloigne peu du mode actuel, et les dispositions que nous vous présentons sont du nombre de celles qu'il suffit de lire pour les justifier.

L'Assemblée constituante a réduit la peine de mort à la simple privation de la vie; en applaudissant à cette mesure, nous avons cependant pensé qu'elle devait éprouver une légère dérogation pour un crime qu'on ne peut pas se dispenser de prévoir, puisqu'il ne nous est malheureusement pas permis de le regarder comme impossible, pour le parricide; le monstre aura le poing coupé: puisse notre siècle n'avoir jamais à rougir de cet horrible forfait !

Les condamnés à la peine des travaux forcés à perpétuité seront toujours flétris sur la place publique, par l'application d'une empreinte avec un fer chaud, sur l'épaule droite; les condamnés à d'autres peines ne subiront cette flétrissure que dans les cas où la loi l'aura attachée à la peine qui leur est infligée.

Ceux qui seront condamnés à la peine des travaux forcés à perpétuité ou à temps, et à la peine de réclusion, seront, avant de subir leur peine, attachés au carcan sur la place publique, pour y demeurer exposés aux regards du peuple, durant une heure.

La déportation s'effectuera par un transport dans un lieu déterminé par le Gouvernement, hors du territoire continental de l'Empire, et pour y demeurer à perpétuité.

Les condamnés au bannissement seront transportés hors du territoire de l'Empire; s'ils y rentrent avant le temps prescrit, ils seront punis de la peine de la déportation.

Si les déportés rentrent, ils subiront la peine des travaux forcés à perpétuité.

Celui qui aura été condamné à la réclusion sera renfermé dans une maison de force, et employé à des travaux dont le produit pourra être en partie appliqué à son profit.

La dégradation civique consistera toujours dans la destitution et l'exclusion des condamnés de toutes fonctions ou emplois publics; ces dispositions ne présentent rien de nouveau, rien qui exige une explication.

Quant à la durée des peines temporairement infligées, l'échelle en a été graduée de manière à correspondre à l'échelle des crimes, en sorte que la proportion entre le fait et la peine ne sera jamais rompue.

Vous avez vu dans le Code d'instruction criminelle, que les tribunaux de police ne pourront prononcer la peine d'emprisonnement que pour cinq jours; la peine d'emprisonnement, en matière correctionnelle, ne pourra être prononcée pour moins de six jours, ni pour plus de cinq ans, sauf les cas de récidive.

La durée de la peine du bannissement et de celle de la réclusion sera au moins de cinq ans, et de dix ans au plus.

La peine des travaux forcés ne pourra, comme les précédentes, être moindre de cinq années; elle ne pourra pas en excéder vingt.

Le projet règle au surplus avec précision le moment où commencera la peine, le lieu où seront faites les exécutions, les jours où il ne sera pas permis d'en faire.

Il serait superflu d'entrer dans des explications sur ces objets de détail; je passe aux effets des peines prononcées. Je crois pouvoir me dispenser de remarquer que toute peine en matière criminelle est infamante, et que les peines des travaux forcés à perpétuité et de la dégradation emportent la mort civile.

L'effet de la condamnation aux travaux forcés à temps, au bannissement, à la réclusion, ou au carcan, ne doit pas être aussi étendu; mais la tache d'infamie imprimée sur le front des condamnés ne permet pas que leur témoignage soit admis en justice, et surtout leur présence ne doit jamais souiller les rangs des braves qui ont porté si loin la gloire du nom français; ils sont, en conséquence, déclarés déchus du droit de servir dans les armées de Sa Majesté.

Ceux qui ont été condamnés à la peine des travaux forcés à temps et de la réclusion sont, de plus, pendant la durée de leur peine, dans un état d'interdiction légale; il ne faut pas, comme il est trop souvent arrivé, que des profusions scandaleuses fassent d'un séjour d'humiliation et de deuil un théâtre de joie et de débauche.

Le curateur qui administrera le bien du condamné ne pourra lui faire aucune remise de ses revenus pendant la durée de la peine; lorsqu'elle sera subie, le curateur rendra compte de son administration.

La confiscation ne pourra jamais porter le moindre préjudice aux droits acquis par des tiers sur les biens du condamné; si une sévérité juste et politique a nécessité l'adoption de cette mesure, l'humanité en tempérera la rigueur dans l'exécution; non-seulement les biens confisqués demeurent grevés des dettes légitimes, ce qui est de toute justice, mais les enfants et la famille du condamné éprouveront encore la bienfaisance du Gouvernement : les enfants recevront la moitié de la portion dont leur père n'aurait pu les priver dans sa succession; les parents qui pouvaient avoir droit à des aliments n'en seront pas déchus, et l'Empereur pourra encore disposer en tout ou en partie des biens confisqués en faveur des père, mère, enfants, ou des autres parents des condamnés. C'est ainsi qu'après avoir assuré la punition du coupable, la loi prépare le moyen de récompenser la bonne conduite des membres de sa famille.

Je passe aux effets du renvoi sous la surveillance de la haute police de l'État.

Nous devons attendre, comme je l'ai déjà observé, des résultats heureux de cette mesure; mais il a fallu prévoir les abus de l'exécution, et ne tolérer que la rigueur qui est indispensable.

Celui qui sera placé sous cette surveillance donnera une caution solvable de bonne conduite; on pourra exiger une caution de ses père, mère, tuteur ou curateur, s'il est en âge de minorité; toute personne pourra même être admise à fournir pour lui cette caution; à son défaut, le Gouvernement peut ordonner l'éloignement du condamné, même lui indiquer une résidence dans un lieu déterminé; et s'il n'obéit point à l'ordre qu'il aura reçu, le Gouvernement pourra le faire arrêter, et le détenir pendant tout le temps fixé pour l'état de surveillance.

Indépendamment des peines dont je viens de parler, les cours et tribunaux peuvent encore prononcer des restitutions, des amendes, des condamnations de frais; le projet pourvoit aussi au mode d'exécution de ces dispositions; mais les articles n'en sont susceptibles d'aucune observation particulière.

Il ne me reste plus actuellement qu'à vous faire connaître le dernier chapitre du premier Livre du Code pénal; il est relatif aux peines de la récidive pour crimes et délits.

Un premier crime ne suppose pas toujours nécessairement l'entière dépravation de celui qui s'en est rendu coupable; mais la récidive annonce des habitudes vicieuses et un fond de perversité, ou au moins de faiblesse non moins dangereuse pour le corps social que la perversité.

Un second crime doit donc être réprimé avec plus de sévérité que le premier.

L'Asssmblée constituante n'a établi contre le second crime que la peine prononcée par la loi, sans distinction de la récidive ; mais elle a voulu qu'après la peine subie les condamnés pour récidive fussent déportés ; disposition qui ne nous paraît pas conforme aux règles d'une justice exacte, puisqu'elle ne fait aucune différence entre celui dont le second crime entraine la peine de la réclusion, et celui dont le second crime emporte la peine de vingt-quatre années de fers, la plus grave du Code de 1791, après celle de mort.

Il nous a paru convenable de chercher une autre règle plus compatible avec les proportions qui doivent exister entre les peines et les crimes ; elle se présente naturellement : c'est d'appliquer au crime, en cas de récidive, la peine immédiatement supérieure à celle qui devrait être infligée au coupable, s'il était condamné pour la première fois.

Ainsi, si le second crime emporte la peine de la dégradation civique, le coupable sera puni de celle du carcan ; si le second crime emporte la peine du carcan, ou celle du bannissement, le coupable sera condamné à celle de la réclusion ; il sera condamué à la peine des travaux forcés à temps, si le second crime emporte la peine de la réclusion ; à la peine des travaux forcés à perpétuité, si le second crime emporte celle des travaux forcés à temps ou de la déportation ; et enfin il sera condamné à la mort, si le second crime emporte la peine des travaux forcés à perpétuité.

2.

Lorsque le condamné pour un crime n'aura commis depuis qu'un délit de nature à être puni correctionnellement, il sera toujours condamné, dans ce cas, au *maximum* des peines correctionnelles, et même la condamnation pourra s'élever jusqu'au double, c'est-à-dire, jusqu'à dix ans.

Vous connaissez actuellement, Messieurs, toutes les bases sur lesquelles s'est élevé le nouveau Code; nous le proposons avec confiance; l'adoption que vous en ferez complétera notre législation criminelle.

Le Code d'Instruction, que vous avez sanctionné dans l'avant-dernière session, garantit que les méchants seront poursuivis, atteints et punis. Le Code pénal garantira les proportions qui doivent exister entre les peines et les crimes, ou les délits.

Nous n'avons jamais perdu de vue le but que nous devions atteindre, celui de concilier la sûreté publique qui réclame des peines répressives, et le vœu de l'humanité qui repousse toute rigueur qui n'est pas nécessaire.

J'ose dire que cet ouvrage porte l'empreinte de la sagesse profonde qui caractérise tous les Codes que Sa Majesté a donnés à la nation : le Code pénal méritera aussi la reconnaissance du peuple français, l'hommage des contemporains et le respect de la postérité.

MOTIFS DU LIVRE II,

PRÉSENTÉS

PAR MM. LE CHEVALIER FAURE, ET LES COMTES BERLIER ET PORTALIS, Conseillers d'État.

Séance du 3 février 1810.

MESSIEURS,

Vous avez entendu, dans la dernière séance, l'exposé du système pénal qui forme la base du nouveau Code des délits et des peines.

Tel est l'objet du Livre premier.

Sa Majesté nous a chargés de vous présenter aujourd'hui le second Livre, qui contient plusieurs dispositions générales, destinées à faciliter l'application des cas particuliers, et à prévenir un grand nombre de difficultés qu'ils pourraient faire naître.

Cette partie regarde spécialement les complices et les personnes excusables ou responsables pour crimes ou délits.

Le Code pénal de 1791 ne parle que des complices de crime ; la loi rendue dans le cours de la même année sur les délits de police correctionnelle est muette à l'égard de la complicité. L'usage autorisé par la raison a rendu communes à cette dernière loi les règles établies par la première.

Comme le Code actuel ne s'occupe pas seulement de la répression des crimes, et que celle des délits est également l'objet de sa prévoyance, ses dispositions sur les complices s'appliquent aux uns et aux autres ; les expressions mêmes du Code ne permettraient pas d'élever le plus léger doute sur ce point.

Le Code établit d'abord pour règle générale que le complice d'un crime ou délit sera puni de la même peine que celui qui en est l'auteur. Cependant comme cette règle est susceptible de quelques exceptions, quoique très-rares, le Code permet ces exceptions, pourvu qu'elles soient le résultat d'une disposition de la loi ; elles trouveront leur place naturelle dans les articles relatifs aux cas pour lesquels elles seront jugées nécessaires.

La définition donnée par le Code, de ce qui constitue la complicité, est à peu près la même que celle de la loi de 1791 ; elle s'applique à toute personne convaincue d'avoir préparé ou facilité l'action par des moyens qu'elle savait devoir y servir.

Provocations faites, instructions données, armes fournies, peu importe le moyen ; c'est d'après le même esprit que le Code ajoute une disposition qui n'était point dans la loi de 1791 ; il veut que ceux-là soient déclarés complices, et punis comme tels, qui, connaissant la conduite criminelle des malfaiteurs, les logeront habituellement chez eux, ou souffriront qu'ils s'y réunissent habituellement. Car, dès qu'ils n'ignorent pas que ces hommes ne vivent que de crimes, ils ne peuvent se dissimuler que la retraite qu'ils leur donnent est un moyen de faciliter l'exécution de leurs desseins criminels ; la même observation s'applique aux recéleurs d'objets volés.

Nous remarquerons une distinction établie par le nouveau Code, et réclamée depuis long-temps par l'expérience. Lorsque le vol ne donne lieu qu'à des peines temporaires, il faut, quelque rigoureuses qu'elles soient, que le recéleur subisse la même peine ; il s'est soumis à ce risque dès qu'il a bien voulu recevoir une chose qu'il savait provenir d'un vol. Mais, lorsque le crime est accompagné de circonstances si graves, qu'elles entraînent la peine de mort, ou toute autre peine perpétuelle, on peut croire que si au temps du recélé ces circonstances eussent été connues du recéleur, il eût mieux aimé ne pas recevoir l'objet volé que de s'en charger avec un si grand risque; il convient donc, en pareil cas, pour condamner le recéleur à la même peine que l'auteur du crime, qu'il y ait certitude qu'en recevant la chose il connaissait toute la gravité du crime dont elle était le fruit. A défaut de cette certitude, la sévérité de la loi doit se borner à prononcer contre lui la peine la plus forte parmi les peines temporaires. C'est ce que décide le nouveau Code. L'absence d'une distinction si sage a souvent été cause que des recéleurs sont restés impunis. On a déclaré des recéleurs non convaincus de complicité, pour ne pas leur faire subir une peine dont l'excessive rigueur paraissait injuste.

Une autre règle commune à tous les prévenus, soit du fait principal, soit de complicité, est qu'on ne peut déclarer coupable celui qui était en état de démence au temps de l'action, ou qui, malgré la plus vive résistance, n'a pu se dispenser de céder à la force. Tout crime ou délit se compose du fait et de l'intention : or, dans les deux cas dont nous venons de parler, aucune intention criminelle ne peut avoir existé de la part des prévenus, puisque l'un ne jouissait pas de ses qualités morales, et qu'à l'égard de l'autre la contrainte seule a dirigé l'emploi de ses forces physiques.

Après cette disposition, le Code rappelle que nulle excuse ne peut être admise, à moins que la loi même ne déclare le fait excusable; ce principe est déjà consacré par l'article 339 du Code d'instruction criminelle.

Il ajoute que nulle peine ne peut être mitigée, excepté dans les cas où la loi l'autorise formellement.

Ces deux dispositions ont pout but de prévenir l'arbitraire qui substitue les passions, toujours mobiles et souvent aveugles de l'homme, à la volonté ferme et constante de la loi.

Le Code détermine ensuite l'influence de l'âge des condamnés sur la nature et la durée des peines.

Il s'occupe d'abord de celui qui, au moment de l'action, n'avait pas encore seize ans. On se rappelle que l'article 340 du Code d'instruction criminelle a décidé, qu'à l'égard de l'accusé qui se trouverait dans cette classe, la question de savoir s'il a commis l'action avec discernement serait examinée. Les dispositions actuelles règlent ce qui doit être ordonné d'après le résultat de l'examen. Si la décision est négative, l'accusé doit nécessairement être acquitté; car il serait contradictoire de le déclarer coupable d'un crime, et de dire en même temps que ce dont il est accusé a été fait par lui sans discernement. Les juges prononceront donc qu'il est acquitté; mais ils ne pourront pas le faire rentrer dans la société, sans pourvoir à ce que quelqu'un ait les regards fixés sur sa conduite : ils auront l'option de le rendre à ses parents, s'ils ont en eux assez de confiance, ou de le tenir renfermé durant un espace de temps qu'ils détermineront. Cette détention ne sera point une peine, mais un moyen de suppléer à la correction domestique, lorsque les circonstances ne permettront pas de la confier à sa famille.

Sa plus longue durée n'excédera jamais l'époque où la personne sera parvenue à l'âge de vingt ans accomplis. Ces limites laissent un intervalle suffisant pour que les juges puissent proportionner la précaution au besoin : mais si la décision porte que l'action a été commise avec discernement, il ne s'agit plus de correction; c'est une peine qui doit être prononcée. Seulement ce ne sera ni une peine afflictive, ni une peine infamante. La loi suppose que le coupable, quoique sachant bien qu'il faisait mal, n'était pas encore en état de sentir toute l'étendue de la faute qu'il commettait, ni de concevoir toute la rigueur de la peine qu'il allait encourir. Elle ne veut point le flétrir, dans l'espoir qu'il pourra devenir un citoyen utile; elle commue, en sa faveur, les peines afflictives en peines de police correctionnelle : elle ne le soumet point à l'exposition aux regards du peuple; enfin, elle consent, par égard pour son jeune âge, à le traiter avec indulgence, et ose se confier à ses remords.

Quant à la proportion établie pour la durée de ces peines, relativement à celles qu'eût subies le condamné, s'il avait eu plus de seize ans, nous nous abstiendrons d'entrer dans des détails qui seront suffisamment connus par la lecture des articles; ils sont d'ailleurs conformes à la loi de 1791.

Après avoir parlé de l'indulgence de la loi pour un âge où l'inexpérience atténue la faute, nous allons faire connaître son humanité pour une autre époque de la vie, où les forces du corps sont présumées n'être plus capables de supporter une peine très-rigoureuse. Le Code fixe cette époque à soixante-dix ans. Celui qui sera parvenu à cet âge, au moment de son jugement, ne sera condamné ni aux travaux forcés à perpétuité, ni à la déportation, ni même aux travaux forcés à temps; les juges prononceront contre lui la réclusion pour le temps qu'eût duré la peine qu'il aurait subie s'il n'eût pas été septuagénaire : lorsqu'il n'atteindra les soixante-dix ans que depuis sa condamnation, la peine de la réclusion doit remplacer aussi celle à laquelle il avait été condamné, et il subira cette nouvelle peine jusqu'à l'expiration du temps que portait le jugement.

On observera cependant que le dernier cas regarde seulement les condamnés aux travaux forcés à perpétuité ou à temps. Quant à celui contre qui la déportation a été prononcée, il est facile de sentir que, lorsqu'il ne devient septuagénaire qu'après avoir été transporté hors du territoire continental de l'Empire, et s'être fixé dans le lieu déterminé par le Gouvernement, sa nouvelle situation rend moins désirable pour lui cette commutation de peine, et qu'il ne trouverait pas assez d'avantage dans un retour dont l'unique effet serait une réclusion perpétuelle.

En rapprochant le mode proposé de celui qu'adopta l'Assemblée constituante, on aperçoit plusieurs différences. Suivant la loi de 1791, il faut, pour que le sort du septuagénaire soit adouci, qu'il ait atteint l'âge de soixante-quinze ans. Alors la durée de la peine est réduite à cinq années : ici la commutation n'est que pour la durée ; il ne s'en opère aucune dans la nature du châtiment. Si le crime emporte les fers, le coupable doit subir cette peine, quel que soit son âge, sauf la réduction du temps.

Pour nous, Messieurs, nous avons pensé qu'il serait plus convenable de ne rien changer à la durée de la peine, mais d'y substituer la réclusion, comme mieux appropriée à l'état d'un vieillard. Les travaux forcés seraient trop rigoureux pour la plupart des septuagénaires : il n'en est pas ainsi de la réclusion ; et comme le but de la loi ne peut être de faire rentrer dans la société le coupable qui a soixante-dix ans, plutôt qu'un autre coupable moins âgé, comme il s'agit uniquement d'empêcher qu'il ne succombe par l'effet de travaux et de fatigues excessives, on a donné la préférence au mode proposé.

Il nous reste à parler d'une espèce de responsabilité qu'il appartenait au Code pénal de consacrer dans ses dispositions; c'est celle des aubergistes et hôteliers qui n'auront pas inscrit sur leurs registres, le nom, la profession et le domicile des personnes qu'ils ont logées.

Si ces personnes ont, pendant leur séjour, commis un crime ou délit, ils seront responsables de tout dommage qui en sera résulté. Ils devront s'imputer d'avoir négligé de prendre ces précautions salutaires, qu'une sage police a prescrites dans tous les temps. On ne doit pas perdre de vue qu'ils ne seront soumis à cette responsabilité que lorsque le coupable qu'ils ont reçu dans leur maison y aura passé plus de vingt-quatre heures. Il eût été trop rigoureux, et même injuste, de leur appliquer la peine, quelque courte qu'eût été la durée de son séjour. Lorsqu'un voyageur ne s'arrête que pendant quelques heures dans une hôtellerie, et disparaît pour faire place à d'autres qui n'y restent pas plus long-temps, il serait le plus souvent impossible de remplir à l'égard du premier, comme à l'égard de ceux qui lui succèdent, toutes les formalités exigées par la loi. L'hôtelier ne doit répondre que de celui qu'il a été à portée de voir; mais il est inexcusable de ne s'être pas mis en règle lorsque la personne qu'il a logée n'a quitté sa maison qu'après les vingt-quatre heures.

Cette responsabilité est ajoutée aux différentes espèces prévues par le Code Napoléon. Nous nous contenterons de rappeler l'article 1384 de ce Code, qui porte qu'on est responsable, non-seulement du dommage que l'on cause par son propre fait, mais encore de celui qui est causé par le fait des personnes dont on doit répondre, ou des choses que l'on a sous sa garde. Les cas spécifiés dans ce même article et dans les articles suivants serviront d'appendice à cette partie du Code pénal.

Tels sont, Messieurs, les motifs sur lesquels repose le projet de loi soumis à votre sanction. Vous trouverez sans doute que les améliorations qu'il contient sont une nouvelle preuve des soins constants que Sa Majesté apporte à tout ce qui peut contribuer au perfectionnement des lois.

MOTIFS

Du Livre III, Titre I, Chapitres I et II,

PRÉSENTÉS

par MM. les Comtes Berlier, Corsini et Pelet,
Conseillers d'État.

Séance du 5 février 1810.

Messieurs,

La nature des peines instituées par le nouveau projet de Code vous est déjà connue.

Il s'agit aujourd'hui d'en faire l'application aux diverses espèces de crimes et de délits qui affligent la société, et de commencer la nombreuse et triste nomenclature des actes qui portent ce caractère.

Ce tableau sera long, bien qu'il ne doive pas embrasser, d'une manière générale et absolue, tout ce qui est nuisible ou funeste; ainsi vous n'y verrez point figurer beaucoup d'actes qui, simplement contraires à la bonne foi ou à la délicatesse, peuvent être quelquefois réprimés par la seule voie civile; vous n'y verrez pas non plus retracer les trop nombreux générateurs des crimes, je veux dire les vices, redoutables fléaux qui échappent à l'empire des lois pénales, et dont il n'appartient qu'à d'autres institutions de prévenir ou de diminuer les ravages.

En ne traitant ici que des crimes et délits, et de leur punition, le sujet est vaste encore, et n'a que trop d'étendue.

Il n'y a sur ce point que bien peu de lumières à puiser dans les anciens usages de la monarchie. Qu'était-ce, en effet, que notre législation pénale jusqu'à l'époque où une Assemblée mémorable vint poser sur cet important objet des règles qui, reçues alors avec enthousiasme, doivent encore aujourd'hui être méditées avec respect, parce qu'elles émanaient de vues très-pures et de principes généralement vrais ?

Toutefois, malgré les lumières de cette assemblée, il était difficile qu'un si grand ouvrage atteignît, dès le début, toute la perfection dont il était susceptible.

Aussi le Code pénal de 1791 a-t-il déjà éprouvé d'assez importantes modifications.

L'on entreprend aujourd'hui de l'améliorer encore, et l'auguste chef de l'Empire qui a porté son active sollicitude sur les autres parties de la législation ne pouvait refuser à celle-ci ce vigilant et sage intérêt par lequel son règne sera illustré autant que par ses victoires.

Dans les détails qui vont, Messieurs, passer sous vos yeux, l'on n'a pas oublié que des lois qui statuent sur tout ce que les hommes ont de plus cher, la vie et l'honneur, ne doivent effrayer que les pervers ; but qui serait manqué, si elles imprimaient trop légèrement le caractère de crime à des actes qui ne sont pas essentiellement criminels.

L'on a soigneusement cherché à établir de justes proportions entre les peines et les délits.

L'on a enfin mis une extrême attention à n'omettre aucuns délits et à les bien préciser ; car, dans une société bien organisée, où les hommes sont placés sous l'égide de la loi, de telle sorte que nul ne peut être puni que des peines et pour les délits qui y sont exprimés, une juste inquiétude naîtrait dans l'âme de tous, si un seul pouvait être poursuivi criminellement pour des faits auxquels la loi n'aurait pas attaché ce caractère par une disposition formelle et non équivoque.

Ces idées fondamentales sont des guides dont on ne saurait, dans le travail qui nous occupe, s'écarter un seul instant.

Que dirai-je du plan et de la distribution des matières ? Deux grandes divisions s'y présentent; d'abord, *les crimes et délits contre la chose publique*; ensuite, *les crimes et délits contre les particuliers.*

Il eût sans doute été facile de multiplier les classes principales : un traité récent et estimé [1] donne un frappant exemple du vaste champ que la seule division des matières ouvrait aux combinaisons du législateur; mais s'il y a quelque fruit à recueillir de ces profondes méditations des jurisconsultes et des publicistes, c'est en les rattachant à la loi par des points imperceptibles. La métaphysique et la législation ont des formes et un langage différents.

Loin donc de multiplier les cadres principaux, le projet de loi resserre même ceux qui existent aujourd'hui.

Ainsi, dans l'état présent de notre législation, les crimes d'une part, et les délits de l'autre, sont classés séparément, et placés même dans deux Codes distincts.

Au premier aspect, cette division séduit et paraît utile, parce qu'elle s'applique à des faits qui n'ont pas la même gravité, et à des peines qui ne sont pas du même ordre.

Cependant les avantages de cette division ne sont qu'éphémères, et ses inconvénients sont réels; car tel

---

[1] Traité de Législation, par *Jérémie Bentham.*

délit de police correctionnelle peut, avec une circonstance de plus, s'élever à la qualité de crime; et tel crime peut, avec une circonstance de moins, n'être plus qu'un délit.

Un fait parfaitement identique, s'il est considéré sans acception de personnes, peut changer de classe, selon, par exemple, qu'il a été commis par un fonctionnaire public, ou par un simple particulier, ou suivant qu'il l'a été contre les ministres de la loi ou contre d'autres personnes.

Dans cette position, il a semblé convenable de ne point diviser en plusieurs tableaux les crimes et délits qui s'appliquent à des faits de même catégorie, quoique d'une intensité différente : pourquoi le même titre n'embrasserait-il pas le faux commis dans un testament, comme celui commis dans un passe-port? Ce qui est important et juste, c'est qu'un délit ne soit pas puni aussi sévèrement qu'un crime; mais ce qui est utile aussi, c'est que l'on puisse embrasser du même coup-d'œil tous les crimes et délits qui s'appliquent à la même catégorie de faits.

Unir ce qui a de tels rapports, ce n'est point confondre; et la confusion, ou du moins l'embarras, commencerait bien plutôt là où il faudrait, sur des questions analogues, recourir à des règles éparses.

Le nouveau projet de Code traitera donc à la fois des *crimes et délits* sur chaque matière, et des peines qui leur sont applicables.

Au surplus, si dans le langage ordinaire le mot *délit* a une double acception, et est pris tantôt pour le genre, tantôt pour l'espèce, il n'aura dans notre classification que cette dernière acception, et ne s'appliquera qu'à des infractions de moindre gravité que les crimes.

Le nouveau projet divise donc les crimes et délits en deux classes principales, les uns *contre la chose publique*, et les autres *contre les particuliers* : vaste division à laquelle viennent nécessairement aboutir toutes les infractions que l'imagination peut embrasser.

C'est en partant du même point que les lois romaines s'étaient bornées à la distinction des délits *publics*, pour lesquels le droit d'accusation était accordé à tout citoyen, et des délits *privés*, dont la réparation ne pouvait être poursuivie que par les parties lésées.

Si le droit d'accusation est chez nous soumis à d'autres règles, et si notre classification des crimes et délits diffère beaucoup dans les détails avec la classification romaine, la division principale en crimes et délits *publics* et *privés*, ou, ce qui est la même chose, en crimes et délits *contre la chose publique* et *contre les particuliers*, n'en a semblé ni moins juste ni moins utile ; non, sans doute, qu'il n'existe entre l'État et ses membres une connexion intime et telle que les membres de l'association souffrent quand le corps de l'État est attaqué, et réciproquement : à Dieu ne plaise que la division proposée porte jamais à oublier ou méconnaître un principe d'une si haute utilité ! mais il est pourtant dans la nature des choses que l'atteinte directe regarde principalement quelquefois la chose publique, quelquefois les particuliers, et cette définition a pû être prise pour base première de la division des crimes et délits.

La loi qui vous est aujourd'hui proposée, Messieurs, et celle qui la suivra immédiatement, ne traitent que des crimes ou délits *contre la chose publique.*

Ces crimes ou délits sont sous-divisés en trois espèces, ceux *contre la sûreté de l'Etat*, ceux *contre les constitutions de l'Empire*, et ceux *contre la paix publique.*

Les crimes ou délits contre la sûreté de l'État sont eux-mêmes de deux sortes : ils attaquent la sûreté *extérieure*, ou compromettent la sûreté *intérieure*.

Sous l'un comme sous l'autre rapport, ils sont d'une extrême gravité : l'on va néanmoins, pour obtenir plus de clarté, retracer séparément les dispositions relatives à chacune de ces espèces, en commençant par les crimes ou délits dirigés contre la *sûreté extérieure de l'État*.

C'est ici que figureront ces Français dénaturés qui portent les armes contre leur patrie, qui entretiennent des intelligences avec l'ennemi, qui recèlent ses espions, ou qui lui livrent, soit des plans, soit le secret d'une négociation.

De si grands crimes n'admettent d'autre peine que la mort ; peine terrible que le législateur n'inflige qu'avec regret, mais qui, selon les expressions de Montesquieu (1), est *comme le remède de la société malade*.

Toutefois il convenait de bien caractériser les intelligences criminelles, pour qu'elles ne fussent point confondues avec des correspondances imprudentes.

Il convenait aussi de tracer une ligne de démarcation entre les communications données par les dépositaires eux-mêmes ou par d'autres personnes.

C'est ce qui a été fait en punissant toujours, mais en punissant moins ceux qui sont coupables à un moindre degré.

Ceux qui, par des actions hostiles ou des actes non approuvés par le Gouvernement, exposent l'État à une déclaration de guerre, compromettent sans doute la sûreté extérieure.

---

(1) Esprit des Lois, liv. XII, chap. IV.

La loi les proclamera donc coupables, bien que nul soupçon d'intelligence avec l'ennemi ne plane sur eux; mais comme, relativement à leurs actes, il n'est pas d'éléments susceptibles d'indiquer jusqu'à quel point les conséquences pouvaient en être connues de leurs auteurs, ceux-ci ne seront pas punis de la peine capitale, mais déportés ou bannis, selon les suites plus ou moins graves qu'auront eues leurs téméraires démarches.

En suivant l'ordre du projet, je dois maintenant vous entretenir des peines infligées aux crimes dirigés contre *la sûreté intérieure de l'Etat.*

Au premier rang de ces crimes, est celui de *lèse-majesté.* L'on a long-temps abusé de ce mot : plusieurs lois des empereurs romains déclaraient sacriléges, ou coupables de lèse-majesté, ceux qui avaient osé douter du mérite des personnes appelées par le prince à quelque emploi (1), ceux qui attentaient contre les ministres ou officiers du prince (2), et même les fabricateurs de fausse monnaie (3).

L'on admit aussi le crime de lèse-majesté divine, et l'on distingua le crime de lèse-majesté proprement dit, en plusieurs espèces; il fut, selon les circonstances, qualifié au premier ou au deuxième chef.

Cette législation diminuait, par de fausses applications, l'horreur que doit inspirer le crime de lèse-majesté.

---

(1) . . . . . *Dubitare an is dignus sit quem elegerit imperator.* Leg. 3, C. de Crim. sacril.

(2) . . . . . . *Nam et ipsa pars corporis nostri sunt.* Leg. 5, C. ad leg. Jul. majest.

(3) . . . . . *Majestatis crimen committunt.* Leg. 2, C. de falsâ Monetâ.

Ce crime est, par notre projet, réduit à des termes simples ; celui-là seul en est coupable, qui a eu part à un *attentat ou complot dirigé contre la personne ou la vie de l'Empereur*, et comme ce crime ainsi qualifié est le plus énorme de tous, il sera puni de la peine réservée au parricide ; c'est-à-dire, de la seule qui soumette le coupable à quelques mutilations avant qu'il reçoive la mort.

Si l'attentat ou le complot est dirigé, non contre la personne ou la vie du prince, mais contre l'autorité impériale ou contre les membres de la famille régnante, un tel crime, quelle que soit sa gravité, ne sera point assimilé au parricide, mais il n'entraînera pas moins la peine capitale, bien due, sans doute, à un forfait qui répand une si grande alarme dans la société.

Au surplus, ces mots mêmes, *attentat* et *complot*, avaient-ils un sens assez déterminé pour qu'il ne fût pas utile de les définir ? Si les définitions ne conviennent point aux faits dont le caractère est vulgairement fixé, et si alors elles sont plus dangereuses qu'utiles, il n'en est pas ainsi quand il s'agit d'imprimer un caractère spécial de crime à des projets qui, s'ils s'appliquaient à des délits ordinaires, seraient toujours odieux, mais ne seraient point alors considérés comme le délit même.

Deux hommes ont-ils le dessein de voler leur voisin ; cette horrible et funeste pensée ne sera pourtant pas réprimée comme le vol, si elle n'a été suivie d'aucun commencement d'exécution ; mais dans les crimes d'État, le complot formé est assimilé à l'attentat et au crime même.

Ainsi, dans cette matière, le crime commence et existe déjà dans la seule résolution d'agir, arrêtée entre plusieurs coopérateurs : le suprême intérêt de l'État ne permet pas d'attendre et de ne considérer comme criminels que ceux qui ont déjà agi.

La simple proposition non agréée de former un complot est punissable elle-même, mais à un moindre degré; car, bien qu'il n'ait manqué à celui qui a fait la proposition que de trouver des gens qui voulussent s'associer à ses desseins criminels, cependant le danger et l'alarme n'ont pas été portés au même point que si le complot eût réellement existé.

Hors la classe des attentats ou complots dirigés d'une manière spéciale contre le chef de l'État, sa famille ou son autorité, il est d'autres crimes qui compromettent encore la sûreté intérieure.

Ici se présentent les complots tendant à exciter la guerre civile, le massacre ou le pillage, soit des propriétés publiques, soit de celles qui appartiendraient à une généralité de citoyens; les enrôlements illicites, la rétention illégale du commandement de la force publique, l'emploi de cette force contre la levée des gens de guerre, la destruction des ports, arsenaux et autres établissements de cette espèce; crimes qui sont tous bien dignes du dernier supplice.

Mais quand quelques-uns de ces crimes, ou d'autres de même nature, seront commis ou tentés par des bandes séditieuses, il faudra infliger les peines avec la juste circonspection que commandent des affaires aussi complexes.

Dans cette multitude de coupables, tous ne le sont pas au même degré, et l'humanité gémirait si la peine capitale était indistinctement appliquée à tous, hors les cas où la sédition serait dirigée contre la personne ou l'autorité du prince, ou aurait pour objet quelques crimes approchant de cette gravité.

Les chefs et directeurs de ces bandes, toujours plus influents et plus coupables, ne sauraient être trop punis; en déportant les autres individus saisis sur les lieux, on satisfera aux besoins de la société sans alarmer l'humanité.

L'on pourra même user d'une plus grande indulgence envers ceux qui n'auront été arrêtés que depuis, hors des lieux de la réunion séditieuse, sans résistance et sans armes.

La peine de la sédition sera, sans inconvénients, remise à ceux qui se seront retirés au premier avertissement de l'autorité publique : ici la politique s'allie à la justice; car, s'il convient de punir les séditieux, il n'importe pas moins de dissoudre les séditions.

Nous venons, Messieurs, de fixer votre attention sur les principales dispositions ayant trait aux crimes et complots qui attaquent la sûreté de l'État : mais comment, en cette matière, traitera-t-on les provocateurs?

Quelque grave que soit la peine que le projet leur destine, puisqu'il les considère comme complices, quand la provocation a été suivie d'effet, ce n'est point sans doute ce qui peut alarmer, si d'ailleurs la provocation est bien caractérisée ; or, elle ne pourra résulter que de discours tenus en lieux ou réunions publics, ou d'écrits placardés ou imprimés.

A ces premiers caractères il faut en ajouter un autre ; la provocation devra être directe.

Ainsi quelques vœux insensés, ou quelques rêves criminels, couchés sur un papier manuscrit et non colporté, ne constitueront pas la provocation que la loi assimile au crime même ; et, s'ils sont découverts et de nature à appeler la surveillance de l'autorité publique, ce sera sans excéder les bornes posées par une sage prévoyance : un gouvernement fort et juste ne relevera ni l'échafaud de *Sidney*, ni celui de ce malheureux Syracusain qui, ayant rêvé qu'il avait tué *Denys* le tyran, fut condamne à mort parce que ses juges trouvèrent, dans son rêve même, la preuve qu'il s'était occupé de cet objet pendant ses veilles : une telle extension du droit de punir est trop loin de nos mœurs et de la justice.

Parmi les peines qui seront infligées à certains crimes d'Etat, je n'ai point nommé encore *la confiscation*, qui, en cette matière, suivra ordinairement la peine de mort.

La confiscation ! ce mot, qui laisse de si tristes souvenirs, sera, dans son application actuelle, facile à justifier.

Il ne s'agit point, comme on vous l'a déjà annoncé, de faire revivre ce système de confiscation qui, s'appliquant à une foule de délits communs, semblait n'exister que pour l'avantage du fisc ou des seigneurs haut-justiciers.

C'est avec raison sans doute que de graves écrivains (1) ont censuré ce déplorable usage ; ils s'étonnaient justement que la législation punit les enfants du crime de leurs pères, et que le fisc s'enrichît du malheur des familles.

De si puissantes considérations ne pouvaient manquer de partisans dans le conseil d'un prince qui, lui-même, y rappellerait les idées libérales, si elles cessaient d'y ré-

____

(1) Esprit des Lois, tome I, liv. V, chap. XI.
Beccaria, passim, et Commentaires à la suite, §. II.
Jérémie Bentham, troisième partie, chap. IV.
Voyez aussi le parallèle du Code pénal de l'Angleterre avec les lois pénales de France, par *Bexon,* chap. XIX,

gner : mais, odieuse lorsqu'elle s'étend à une multitude de délits communs, la confiscation n'est plus que juste quand, restreinte, comme dans notre Code, aux principaux crimes d'Etat et à la fabrication de la fausse monnaie, et ne s'exerçant d'ailleurs qu'après de fortes et nombreuses déductions au profit des familles, elle ne saurait plus être considérée que comme une faible et très-insuffisante représentation de l'indemnité due à l'Etat pour le vaste et inappréciable dommage qu'il a souffert.

Observons d'ailleurs qu'en admettant, dans des cas peu nombreux et très-graves, la peine de confiscation, qui eût pu recevoir un autre nom, s'il s'en fût présenté un qui eût été jugé propre à ce remplacement, le projet de loi se garde bien d'en étendre les effets au-delà des biens que le condamné possédait lors de sa condamnation, et ne consacre point cette barbare fiction de la corruption du sang, qui rend, en Angleterre, le fils d'un homme frappé de confiscation inhabile à succéder à son aïeul (1).

Une telle disposition, évidemment dirigée contre les descendants du coupable, ne pouvait trouver place dans notre législation ; et nous ne saurions admettre non plus cette loi romaine (2), qui vouait les enfants des criminels d'Etat à un tel degré d'abjection et de pauvreté, que la vie fût pour eux un supplice et la mort un bienfait : *Mors solatium et vita supplicium*. Leur condition est assez malheureuse pour ne point l'aggraver par un tel anathême : ah ! laissons-leur plutôt l'espoir de recouvrer

---

(1) Des Lois de police et criminelles de l'Angleterre, ouvrage traduit de *Blackstone*, par *Ludot*, chap. XII.

(2) *Leg. quisquis* 5. C^o-* *ad leg. Jul. majest.*

comme un bienfait du prince, ce qu'ils ont perdu par le crime de leurs pères. Cette expectative, consolante pour eux, deviendra aussi un moyen politique de les rattacher par la reconnaissance au gouvernement de leur pays.

Je vous ai rendu compte, Messieurs, de la partie du projet qui regarde les crimes d'Etat, et fixe les peines qui leur sont applicables.

Mais ici se présente un nouveau sujet de discussion. En matière de complots ou crimes contre l'Etat, remettra-t-on la peine à ceux d'entre les coupables qui révéleront ce qu'ils savent, ou procureront l'arrestation de leurs complices? Infligera-t-on des peines à ceux qui, instruits d'un complot, même non approuvé par eux, ne l'auront point révélé?

De ces deux questions, la première, quoique fort controversée dans les assemblées législatives qui ont précédé la constitution de l'an VIII, ne devait pas donner naissance à tant d'hésitation. Si les peines sont instituées dans l'intérêt de la société, comment le même intérêt ne porterait-il pas à en faire la remise, quand la révélation peut procurer de grands avantages à l'Etat, ou le soustraire à de grands dangers?

La deuxième question offrait plus de difficulté.

Elle ne saurait être résolue par la loi que le sombre et farouche Louis XI porta contre ceux qui, sachant qu'il existait une conspiration, ne la dénonçaient pas.

L'application qui fut faite de cette loi, dans le procès du grand écuyer *d'Effiat Cinq-Mars*, au malheureux *Augustin de Thou*, l'a depuis long-temps marquée d'un juste sceau de réprobation.

Tout le monde sait que, loin d'approuver le complot plus exactement tramé contre le cardinal de Richelieu que contre le roi Louis XIII, *de Thou* avait cherché lui-même à en dissuader le grand écuyer; l'instruction en fournissait la preuve : il n'y avait donc nulle complicité à lui imputer : mais il avait eu connaissance du complot, et ne l'avait point révélé; il fut, pour cette réticence, condamné à mort.

L'opinion publique, plus forte que les arrêts, s'est depuis long-temps prononcée contre cette terrible exécution : mais qu'est-il arrivé? que l'énormité de la peine appliquée dans cette malheureuse circonstance n'en a plus laissé apercevoir d'applicable; des hommes éclairés (1) ont même écrit qu'on ne pouvait obliger personne à devenir délateur, ni à s'exposer aux peines de la calomnie en révélant des complots dont ils seraient rarement en état de fournir la preuve.

Ne nous laissons point aveugler par le prestige des mots; le délateur odieux est celui qui crée des complots imaginaires ; mais puisque notre législation invite partout les citoyens à faire connaître aux magistrats les délits et leurs auteurs, comment ne pourrait-elle point le leur prescrire sous de certaines peines , relativement aux crimes qui attaquent la sûreté de l'État? Si la patrie n'est pas un vain mot, ceci ne saurait être un vain devoir.

Mais si c'est un devoir, il faut le remplir, lors même qu'il en résulterait des embarras ou dangers personnels; la loi d'ailleurs protégera toujours le révélateur véridique.

Qu'y a-t-il donc dans cette matière de sage et utile? C'est qu'en introduisant une peine contre la non-révélation des crimes d'État elle ne soit point effrayante par

____

(1) Voyez notamment le Commentaire sur le livre des Délits et des Peines, §. XV.

son énormité ; par-là l'on servira mieux, non-seulement l'autorité publique, mais encore l'humanité, que par un silence absolu sur cette espèce de délit : car que pourrait-il arriver, surtout sous un gouvernemeet qui serait faible et soupçonneux ? qu'au lieu de peines justes et modérées, il porterait, dans son inquiétude, des lois de colère, et irait peut-être jusqu'à frapper la non-révélation de propos simplement indiscrets ou vagues, aussi-bien que celle d'un complot réel.

Les peines qu'introduit le projet de Code au sujet de la non-révélation seront d'un ordre différent, selon que le complot non révélé regardera ou non la personne du chef de l'Empire.

Au cas de l'affirmative seulement, il y aura lieu à une peine afflictive ; la réticence relative aux autres crimes d'État ne sera punie que de peines de police correctionnelle.

Au surplus, le projet de loi a respecté les liens de la nature, en n'imposant pas aux proches parents l'obligation qu'elle a tracée pour les autres citoyens. L'intérêt qu'a l'État de connaître et de prévenir les complots dirigés contre lui ne le portera jamais à exiger d'un père qu'il lui livre son fils, ou d'un frère qu'il lui livre sa sœur.

Vous connaissez maintenant, Messieurs, les principales dispositions du projet sur les crimes et délits contre la sûreté de l'État.

Ici va commencer l'examen d'une autre classe de crimes et délits ; je veux dire de ceux qui sont dirigés contre les constitutions de l'Empire.

C'est par ces constitutions que les citoyens jouissent de certains droits politiques dont l'exercice est une propriété sacrée.

Toutes personnes qui troublent ou empêchent cet exercice se rendent donc coupables ; mais leur délit s'aggrave, et peut même s'élever au rang des crimes, s'il est le résultat d'un plan concerté pour être en même temps exécuté dans divers lieux : dans ce dernier cas, l'ordre public, plus grièvement blessé, réclame aussi une plus sévère punition.

Cette espèce d'infraction sera rare sans doute ; et si la loi a dû s'en occuper, elle n'a pas moins dû prévoir les délits plus communs peut-être qui auront lieu dans l'exercice même des droits dont il s'agit, et principalement dans les scrutins.

Il y a délit toutes les fois que le vœu des citoyens est dénaturé par des falsifications, soustractions ou additions de billets ; et ces coupables manœuvres acquièrent un nouveau degré de gravité lorsqu'elles sont l'ouvrage des scrutateurs eux-mêmes ; car il y a, dans ce cas, violation du dépôt et abus de confiance. Mais malgré tout ce qu'a d'odieux une telle infraction, l'on a dû craindre d'ouvrir une issue trop facile à de tardives et téméraires recherches pour des faits qui ne laissent plus de traces quand le scrutin est détruit, et qu'on a terminé les opérations qui s'y rapportent.

Combien, dans cette matière surtout, les espérances trompées, les prétentions évanouies, et l'amour-propre blessé, ne feraient-ils pas naître d'accusations hasardées, s'il était permis de les recevoir après coup, et hors les cas où le coupable est surpris, pour ainsi dire, en flagrant délit !

Notre projet de loi, en s'occupant des délits commis dans l'exercice des droits civiques, ne pouvait rester muet sur la turpitude de ceux qui achètent ou vendent des suffrages.

Laissons aux Anglais le scandaleux privilège de briguer les suffrages de leurs concitoyens à prix d'argent et à force de dépenses; l'honneur français repousse un tel moyen; et la peine qu'encourront chez nous ceux qui achètent ou vendent des suffrages est tracée par la nature même de leur délit : ils ont méconnu la dignité de leur caractère, ils ont profané l'un de leurs plus beaux droits; que l'exercice de ces droits leur soit donc retiré pendant un temps suffisant pour l'expiation d'un pacte honteux, et qu'il leur soit infligé une amende comme supplément de peine due à l'esprit de corruption et de vénalité qui les a conduits.

La loi, qui pourvoit à ce que l'exercice des droits civiques ne soit ni entravé ni souillé, ne pouvait omettre de s'expliquer sur la garantie due constitutionnellement aussi à la liberté civile, sans laquelle tous les autres droits ne seraient eux-mêmes qu'un vain mot.

Protecteurs nés de cette liberté, les magistrats, qui, étant formellement requis de faire cesser ou de constater une détention illégale ou arbitraire, ne le font point, ne sont pas moins coupables que s'ils l'avaient ordonnée eux-mêmes.

L'ordre du fonctionnaire supérieur donné à des fonctionnaires subordonnés pour effectuer une détention illégale, ne deviendra même pour ceux-ci un légitime sujet d'excuse, qu'autant qu'il sera relatif à des objets pour lesquels il était dû obéissance hiérarchique; et dans ce cas la responsabilité pesera toute entière sur le supérieur qui aura donné l'ordre.

Mais si cet ordre émanait d'un ministre même, comment la réparation en serait-elle poursuivie? Le sénatus-consulte du 28 floréal an XII a prévu cette infraction; et s'il n'en a point indiqué la peine, c'est un soin qu'il a évidemment laissé à la loi organique, et un devoir qu'il faut remplir en ce moment.

Quelque grave, au surplus, que paraisse d'abord cet objet à raison de l'élévation des personnes qu'il concerne, il ne peut résulter de la répression de tels actes aucun trouble pour la société ; car, d'une part, si la signature du ministre lui avait été surprise au milieu de ses nombreux travaux, il sera à l'abri de toutes poursuites en faisant cesser l'acte arbitraire, et en dénonçant les auteurs de la surprise ; et, d'un autre côté, quand cet acte serait réellement son ouvrage, le ministre ne sera pas immédiatement sujet aux poursuites des personnes qui se prétendraient lésées.

Le recours préalable à la commission sénatoriale, créée pour la protection de la liberté individuelle, et la nécessité d'en obtenir une décision, ne peuvent manquer d'obvier à tous les inconvénients qui résulteraient d'une action brusque et rapide dirigée contre un si haut fonctionnaire.

Si la réclamation est mal fondée, la commission sénatoriale n'y aura aucun égard ; mais, si elle l'accueille, le ministre devra réparer le grief ; sinon il se rendra évidemment coupable.

Sans doute, grâces à l'harmonie qui règne entre les grands pouvoirs politiques, nous ne serons pas témoins de pareils débats ; mais, s'ils devaient éclater jamais, il convient de leur donner dès à présent des règles qui vaudront d'autant mieux, qu'elles auront été posées dans un temps plus calme.

Hors le cas de désobéissance qui vient d'être prévu et qui sera puni du bannissement, la peine de la dégradation civique est celle qui a paru généralement la plus convenable à la matière.

Ce sera donc celle que l'on proposera d'infliger et aux officiers de police judiciaire qui, au mépris des prérogatives constitutionnelles de certains fonctionnaires, auraient concouru à les poursuivre, sans les autorisations requises, et aux juges et officiers publics qui auraient retenu ou fait retenir un individu hors des lieux destinés à cet usage ; car les lois ne veillent pas seulement pour la liberté des citoyens, elles ne permettent pas de vexer ceux qui ont mérité de la perdre.

A l'égard des gardiens et concierges qui auront reçu un prisonnier sans mandat, ou auront refusé, soit de le représenter, soit d'exhiber leurs registres aux magistrats chargés de cette surveillance, c'est une peine autre que la dégradation civique qui convient à une telle classe de coupables, et ils seront punis d'emprisonnement et d'amende.

Je viens de retracer les principales dispositions contenues dans le projet de loi sur les atteintes portées à la liberté ; je vais parler d'une classe d'infractions qui n'appellent pas moins toute la sollicitude du législateur ; ce sont les *coalitions de fonctionnaires.*

Ces coalitions, inquiétantes de leur nature, pourraient souvent devenir funestes ; elles sont toujours un mal, mais elles peuvent varier d'intensité, selon l'objet qu'elles ont.

Si donc une peine de police correctionnelle a semblé suffisante pour réprimer un simple concert de mesures contraires aux lois, quand nulle circonstance plus grave n'y est jointe, une peine d'un ordre plus élevé a paru nécessaire, quand ce concert est dirigé contre l'exécution même des lois ou contre les ordres du Gouvernement.

Ce crime acquiert un nouveau degré d'intensité quand

la coalition a lieu entre des autorités civiles et des corps militaires.

Il devient énorme, quand il dégénère en complot contre la sûreté de l'État.

Des peines graduées d'après ces idées obtiendront sans doute votre assentiment.

Mais il ne suffisait pas d'atteindre les coalitions dirigées vers des mesures actives; il est une espèce de coalition qui se présente, au premier aspect, comme passive dans ses moyens d'exécution, et dont les résultats troubleraient la société à un haut degré; ce sont les démissions combinées, et dont l'objet ou l'effet serait d'empêcher ou de suspendre la justice ou tout autre service public.

Des fonctionnaires qui répondraient aussi mal à la confiance du Gouvernement et aux besoins de la cité, seront justement punis, quand on leur enlevera par la dégradation civique des droits qu'ils ont abdiqués de fait.

Il reste, Messieurs, une autre classe de crimes et délits contre les constitutions de l'Empire.

C'est par ces constitutions qu'existent, avec des pouvoirs distincts et indépendants, l'autorité judiciaire et l'autorité administrative; si l'une empiète sur l'autre, l'ordre constitutionnel est troublé; et il ne l'est assurément pas moins lorsque l'une ou l'autre de ces autorités ose s'arroger la puissance législative.

Ainsi, ni les juges ni les administrateurs ne peuvent suppléer par des règlements à des lois ou à des décrets.

Ils ne sauraient non plus, sans devenir coupables, délibérer sur la question de savoir si les lois seront ou non publiées; le temps est passé où les parlements exerçaient cette prérogative : aujourd'hui cette prétention, contraire à toute l'économie de nos pouvoirs constitués, ne serait pas un simple blasphème politique, elle serait le renversement de tout le système constitutionnel.

Nos constitutions, et l'ordre public, s'opposent aussi à ce qu'un tribunal défende d'exécuter les ordres d'une administration, ou à ce qu'une administration intime des ordres ou défenses à un tribunal.

Il n'y aurait qu'anarchie dans un Etat où de pareilles prétentions seraient tolérées, et où chaque autorité se croirait en droit de se faire ainsi justice à elle-même; c'est à un pouvoir supérieur, à un régulateur commun, qu'il faut recourir en cas de dissentiment sur les attributions respectives; et tout juge ou administrateur qui franchit cette limite devient coupable et encourt la dégradation civique.

Une amende réprimera suffisamment le délit des juges qui auraient procédé au jugement d'affaires revendiquées par l'autorité administrative, ou d'administrateurs qui, après une réclamation légale, auraient retenu la connaissance d'affaires du ressort des tribunaux : hors les cas où les juges ou administrateurs sont avertis par un conflit ou acte équivalent, leurs jugements ou arrêtés, même incompétents, pourront être cassés; mais la loi ne punira point comme des délits ce qui peut n'être que des erreurs.

J'ai mis sous vos yeux, Messieurs, les principales dispositions du projet relatives aux deux premières classes *de crimes et délits contre la chose publique.*

Parmi ces crimes, vous avez pu en remarquer plusieurs qui sont hors du ressort des tribunaux ordinaires, et dont le jugement appartiendra, soit à la haute-cour, soit à des tribunaux spéciaux; mais notre projet, qui ne change rien aux règles générales ou particulières sur la compétence ou la procédure, aura atteint le seul but qu'il se proposait, si, avec les améliorations que lui ont procurées les judicieuses observations de votre commission, il est parvenu, quels que puissent être les magistrats chargés d'appliquer ses dispositions, à éclairer et alléger leur ministère, en traçant les délits avec clarté et en graduant les peines avec sagesse.

MOTIFS

Du Livre III, Titre I, Chapitre III,

PRÉSENTÉS

PAR MM. LES COMTES BERLIER, CORSINI ET PELET,
Conseillers d'État.

Séance du 6 février 1810.

MESSIEURS,

Lorsque, dans votre dernière séance, nous vous avons entretenus des principales dispositions portées au nouveau projet de Code pénal sur les deux premières subdivisions *des Crimes et Délits dirigés contre la chose publique,* nous n'avons rempli qu'une partie de la tâche qui nous était imposée.

Pour compléter ce tableau, nous venons aujourd'hui mettre sous vos yeux la troisième subdivision, intitulée : *Des Crimes et Délits contre la paix publique.*

Ce texte est vaste, et il ne saurait être oiseux de bien déterminer son acception ; car, exactement et rigoureusement appréciés, il n'est aucuns crimes ni délits qui n'altèrent la tranquillité publique à un degré quelconque ; mais il en est pourtant, et même un grand nombre, qui lèsent plus spécialement le corps de l'État que les particuliers.

Du faux.

C'est à ce caractère que l'on s'est arrêté pour qualifier les crimes et délits contre la paix publique ; et vous ne serez point surpris, Messieurs, d'y voir figurer au premier rang *le crime de faux.*

Fausse monnaie.

L'on ne peut prononcer ce mot sans songer d'abord à la fausse monnaie, à cause de la gravité de ce crime et des alarmes qu'il répand dans la société.

Si l'Assemblée constituante réduisit aux fers la peine de ce crime, jusque-là puni de mort, l'on sait que cet essai philantropique ne fut point heureux, et que peu après il fallut rétablir la peine capitale.

Notre projet a maintenu cette peine, et y assujettit egalement ceux qui contrefont ou altèrent les monnaies d'or et d'argent ayant cours légal dans l'Empire, et ceux qui les distribuent, exposent ou introduisent en France.

Cette disposition avait d'abord alarmé quelques esprits (1), qui auraient désiré qu'on établît une distinction entre le fabricateur et le distributeur : mais toute inquiétude à ce sujet était vaine ; car, d'une part, le distributeur qui ignore le vice de la chose ne commet ni crime ni délit ; et, d'un autre côté, ceux qui ont remis en circulation des pièces qu'ils savaient être fausses, mais qu'ils avaient reçues pour bonnes, ne seront punis que d'une amende, attendu que la loi doit compatir à leur position, et ne voit en eux que des malheureux cherchant à rejeter sur la masse la perte dont ils étaient personnellement menacés.

Cela posé, qu'est-ce que peut être un distributeur ou introducteur qui connait la fausseté des pièces, et n'a

____

(1) Voyez les observations de quelques-unes des cours consultées sur le projet de Code pénal.

pas pour lui l'excuse de les avoir reçues pour bonnes? Qu'est-il, sinon le facteur volontaire, et conséquemment le complice du fabricateur? Il subira donc la même peine.

Mais cette peine si grave sera-t-elle appliquée à toute espèce de fausse monnaie, à celles de billon ou de cuivre, par exemple, et aux monnaies étrangères? La valeur exiguë des premières ne cause pas le même degré d'alarme, et la valeur purement commerciale des secondes en rend aussi la circulation moins dangereuse pour la multitude, qui, le plus souvent, ne connaîtra point ces signes monétaires, et qui, d'ailleurs, ne sera pas tenue de les accepter : la peine capitale ne sera donc point appliquée à ces deux classes de faux, qui seront suffisamment punis par les travaux forcés.

Au surplus, le crime de fausse monnaie, sans être précisément de la catégorie de ceux qui sont dirigés contre la sûreté de l'État, a plusieurs points de communs avec eux.

Vous ne serez donc point surpris, Messieurs, de voir appliquer à ce crime, et la remise de la peine en cas de révélation, et la peine de réticence, comme pour les crimes d'État. Le suprême intérêt qu'a la société d'écarter ou de faire cesser un tel fléau rend cette application légitime et nécessaire.

Vous ne serez pas étonnés non plus d'y trouver la confiscation unie à la peine capitale. *Les pertes de l'État,* a dit un orateur, pour le cas que nous examinons (1), *peuvent être immenses; elles sont vagues et inappréciables; c'est alors qu'à titre de dommages et inte-*

---

(1) Voyez le Discours préliminaire de M. Target, sur le Code, pag. 21 et 22.

rêts, il est juste et nécessaire qu'elles soient réparées par la confiscation générale des biens du condamné.

C'est d'ailleurs notre législation actuelle; et une explication bien simple vient la justifier.

Dans les crimes et délits ordinaires, où il n'y a que peu de parties lésées, et où la mesure du dommage est connue ou susceptible de l'être, les réparations civiles suffisent à tout ce qui regarde l'intérêt privé; mais peut-il en être ainsi quand le dommage est disséminé sur des milliers de personnes? et si le fruit du crime devait, à défaut de parties civiles, passer nécessairement des mains du coupable à celles de ses enfants, ne serait-ce pas une espèce de prime accordée aux faux monnayeurs sur tous les autres criminels?

En adoptant la confiscation pour ce cas, vous apercevrez aisément, Messieurs, qu'elle n'a point l'odieux objet de dépouiller les familles, mais pour but unique de ne les point gratifier des dépouilles d'autrui : la justice et l'intérêt de l'État réclamaient cette disposition.

Vous trouverez sans doute également juste et convenable que les mêmes règles et les mêmes peines soient applicables aux effets émis par le trésor public avec son timbre, et aux billets de banque, qui ont tant d'affinité avec la monnaie même dont ils sont en quelque sorte le supplément et dont ils remplissent l'office.

Contrefaction des sceaux, timbres, poinçons, etc.

Mais si la peine capitale convient à de tels crimes, et peut être appliquée aussi à la contrefaction des sceaux de l'État, des peines inférieures devront être infligées à la contrefaction des autres sceaux, timbres, poinçons et marques, en graduant ces peines selon l'importance de la destination qu'avait l'instrument contrefait.

L'on a aussi distingué la fabrication d'un faux timbre d'avec le faux emploi d'un timbre vrai : cette disposition manquait dans notre législation.

Faux en écritures.

Jusqu'ici, Messieurs, dans les diverses especes de faux dont on vient de donner l'analyse, c'est l'État ou le corps social qui est principalement attaqué ou lésé : dans le faux appliqué aux écritures publiques ou privées, l'intérêt individuel joue un plus grand rôle, et peut-être eût-on pu renvoyer cette partie au chapitre *des crimes contre les particuliers,* s'il n'eût semblé nuisible de scinder cette matière.

Le faux en écritures est matériel quand il s'est opéré par fausses signatures, par altération ou intercalation d'écritures, par supposition de personnes; mais il est aussi une autre espèce de faux moins facile à caractériser, et qui a lieu quand un officier public écrit des conventions autres que celles qui lui ont été tracées ou dictées, et constate comme vrais des faits faux, ou comme avoués des faits qui ne l'étaient pas.

Toutefois il faut prendre garde de réputer crime ce qui ne serait qu'un malentendu ou une méprise : le rédacteur d'un acte peut mal saisir la volonté des parties, et pourtant n'être pas criminel; il ne le sera, aux termes du projet, que quand il aura *frauduleusement dénaturé la substance ou les circonstances de l'acte.* D'après ce caractère, il ne reste rien qui puisse alarmer l'innocence.

Le faux en écritures privées sera puni de la réclusion, et le faux en écritures publiques, des travaux forcés; mais dans cette dernière espèce de faux, si la peine n'est que temporaire à l'égard du simple particulier contrefacteur d'écritures authentiques, elle sera perpétuelle à l'égard de l'officier public qui commettrait ce crime ; celui-ci est doublement coupable, il a trahi la foi due à son caractère.

Les faux commis en écritures de commerce et de banque ont mérité une mention spéciale sans laquelle ils eussent été confondus avec les faux en écritures privées ; l'extrême faveur due au commerce a donné lieu d'assimiler ces faux à ceux commis en écritures publiques.

Faux commis dans les passe-ports, feuilles de route et certificats.

Mais il est une autre espèce de faux qui, dans le silence des lois, a souvent embarrassé les tribunaux ; c'est le faux commis dans les passe-ports, feuilles de route et certificats.

Sans doute ce serait blesser la justice que d'assimiler la contrefaction d'un passe-port à celle d'une lettre de change, ou la fabrication d'un certificat de maladie à celle d'une obligation que l'on créerait à son profit sur un tiers.

Des peines de police correctionnelle suffiront ordinairement pour la répression des faux passe-ports, si ce n'est à l'égard des officiers publics qui auraient participé au faux ; car ils sont plus criminels que de simples particuliers quand ils abusent ainsi du pouvoir qui leur a été confié.

Les mêmes vues ont semblé applicables aux fausses feuilles de route, mais en prenant de plus en considération la lésion que le trésor public aurait pu recevoir par le paiement de sommes non dues ; car alors il y a vol joint au faux, et lieu d'appliquer des peines plus fortes.

À l'égard des certificats de maladie ou d'infirmités, fabriqués dans la vue d'affranchir quelqu'un d'un service public ; ou s'il s'agit d'attestations d'indigence ou de bonne conduite, fabriquées pour procurer à celui qui y est désigné ou qui en est porteur, des secours, du crédit ou des places ; un tel délit a semblé n'appeler que des peines de police correctionnelle : mais on a dû éviter de confondre avec des certificats de cette espèce ceux qui auraient eu pour objet de se faire donner ou payer des sommes dues ou des effets appartenant à un tiers ; car, en ce cas, c'est la peine ordinaire du faux qui devra être infligée.

Dans les actes que l'on vient de désigner, il convenait de classer non-seulement ceux qui étaient matériellement faux, mais encore ceux qui, originairement véritables, auraient été altérés pour servir à d'autres personnes.

Le projet prévoit et embrasse ces différentes espèces : il y a lieu d'espérer qu'elles seront plus efficacement réprimées par des dispositions mieux adaptées au caractère particulier de chacune d'elles.

Dispositions communes à toutes les espèces de faux.

Quelques dispositions communes à toutes les classes ou espèces de faux terminent cette partie du projet.

Ainsi l'usage d'une pièce fausse étant partout puni comme sa fabrication même, il convenait de dissiper toutes les inquiétudes en exprimant que ce terrible anathème ne regarde que ceux qui ont eu connaissance du faux.

La marque, rarement applicable à des peines temporaires, sera pourtant infligée à tout faussaire condamné aux travaux forcés à temps, ou à la réclusion ; c'est l'état actuel de la législation ; et il était difficile de le changer pour un crime qui inspire à la société de si vives alarmes, et dont les auteurs ne sauraient être trop signalés.

Enfin, dans tous les cas où le faux n'entraînera ni la peine capitale ni la confiscation générale, une amende sera jointe à la peine prononcée : *il est raisonnable, il est utile* (1) *que les crimes qui ont eu pour principe une vile cupidité soient réprimés par des condamnations qui attaquent et affligent cette passion même par laquelle ils ont été inspirés.*

Vous connaissez maintenant, Messieurs, les principales dispositions relatives aux faux : la peine de faux témoignage sera placée au chapitre des crimes contre les particuliers.

Crimes et délits des fonctionnaires publics dans leurs fonctions.

Parmi les crimes et délits qui compromettent le plus la paix publique, il était impossible de ne pas accorder aussi un rang principal à ceux que commettent les fonctionnaires publics dans l'exercice de leurs fonctions : l'ordre est manifestement troublé quand ceux que la loi a préposés pour le maintenir sont les premiers à l'enfreindre.

Tout crime commis par un fonctionnaire dans l'exercice de ses fonctions le constitue en forfaiture, et la dégradation civique est la moindre peine qui y soit attachée ; mais la peine peut s'élever selon la nature et l'intensité du crime.

______

(1) Voyez le discours de M. Target, pag. 21.

Crime de soustraction.

Ainsi la peine des travaux forcés à temps est infligée au fonctionnaire public qui détruit ou soustrait les actes ou titres dont il est dépositaire ; et il a paru convenable d'appliquer aussi cette peine aux soustractions de deniers publics commises par les personnes chargées de leur perception.

Cependant l'on a cru devoir admettre une modification pour le cas où la somme soustraite serait si modique, qu'il deviendrait vraisemblable que le percepteur avait le dessein de s'en servir pendant quelque temps, plutôt que celui d'en frustrer le trésor public.

Lors donc que le *déficit* sera moindre du tiers de la recette d'un mois, ou ne surpassera pas le montant du cautionnement fourni, et qu'en même temps il sera inférieur à 3000 fr., un emprisonnement de deux à cinq ans a paru une peine suffisante envers d'imprudents percepteurs qui sont coupables sans doute, mais pourtant beaucoup moins que ceux qui seraient partis avec le dépôt tout entier.

Rejeter toute distinction, dans cette conjoncture, selon quelques opinions sévères, et placer sur le même rang deux actes qui diffèrent dans leurs circonstances comme dans leurs résultats, ce n'eût pas été seulement blesser la justice, mais encore les vues saines d'une bonne administration.

Qu'arriverait-il, en effet, si un léger *déficit* et une soustraction totale étaient frappés de la même peine ? Ne serait-ce pas, dès que le dépôt serait entamé pour la plus légère partie, une invitation au percepteur de soustraire le tout, puisqu'il trouverait dans ce simple et funeste calcul de plus grands bénéfices, sans s'exposer à une plus grande peine? Des dispositions pénales mal combinées seraient plus nuisibles qu'utiles à la société.

Crime de concussion.

Les concussions commises par les fonctionnaires publics ne pouvaient manquer d'appeler aussi l'attention du législateur.

Ce crime existe toutes les fois qu'un fonctionnaire exige ou reçoit ce qu'il sait ne lui être pas dû, ou excéder ce qui lui est dû; et l'on conçoit aisément que, s'il importe de poser des barrières contre la cupidité, c'est surtout quand elle se trouve unie au pouvoir (1).

La peine de réclusion, toute grave qu'elle est, sera donc infligée au fonctionnaire coupable de concussion; et les simples commis ou préposés seront, pour le même fait, punis de peines correctionnelles.

Je n'ai pas besoin sans doute de justifier cette différence dans la peine, quoiqu'il s'agisse du même délit: investi d'un plus haut caractère, celui qui doit aux autres citoyens l'exemple d'une conduite pure et sans tache, est bien plus répréhensible quand il tombe en faute; il doit donc être puni davantage; et cette idée, ainsi que ses applications, se reproduiront souvent dans le cours de cette discussion.

Délit des fonctionnaires qui s'immiscent dans des affaires incompatibles avec leur qualité.

La position spéciale des fonctionnaires publics peut aussi et doit même, en plusieurs circonstances, leur faire interdire ce qui serait licite à d'autres personnes.

---

(1) *Lege Juliá* 3., *ff. De Leg. Jul. repetundarum.*

Ainsi un fonctionnaire devient coupable lorsqu'il prend, directement ou indirectement, intérêt dans les adjudications, entreprises ou régies, dont sa place lui donne l'administration ou la surveillance : que deviendrait en effet cette surveillance, quand elle se trouverait en point de contact avec l'intérêt personnel du surveillant? et comment parviendrait-on. sans blesser l'honneur et la morale, à concilier ce double rôle de l'homme public et de l'homme privé?

Tout fonctionnaire qui se sera souillé d'une telle turpitude sera donc justement puni d'emprisonnement, et déclaré indigne d'exercer désormais des fonctions dans lesquelles il se serait avili.

La sollicitude de la loi a pu et dû aussi embrasser, dans ses dispositions, des défenses aux commandants militaires et aux chefs d'administrations civiles, de s'immiscer dans le commerce des principaux comestibles, sous certaines peines de police correctionnelle.

Si l'ordre public s'oppose à ce que de tels fonctionnaires puissent, à la faveur de leur caractère, exercer, pour leur avantage particulier, une influence dangereuse sur le prix des principaux comestibles, l'interdiction d'un tel commerce est juste et convenable, même envers les administrateurs qui n'auraient pas la criminelle pensée d'en abuser.

En effet, il faut écarter tout ce qui pourrait inspirer aux citoyens de justes sujets d'inquiétudes ou d'alarmes; il serait fâcheux que la masse des citoyens craignît l'abus, et encore plus qu'elle y crût : la considération qui environne les fonctionnaires naît principalement de la confiance qu'ils inspirent; et tout ce qui peut altérer cette confiance ou dégrader leur caractère, doit leur être interdit.

De la corruption des fonctionnaires publics.

Que dirons-nous de la corruption ?

Le fonctionnaire corrompu est celui qui met son autorité à prix, soit pour faire un acte de sa fonction non sujet à salaire, soit pour ne pas faire un acte qui entre dans l'ordre de ses devoirs.

De tels hommes sont de vrais fléaux, et la société serait bientôt dissoute s'ils étaient nombreux. La république romaine était bien près de sa ruine quand Cicéron se plaignait de ce qu'il y était passé en maxime qu'un homme riche, quelque coupable qu'il fût, ne pouvait pas être condamné (1).

Le crime de corruption, isolé de toutes autres circonstances, ne sera jamais puni d'une peine moindre que le carcan, et d'une amende double des promesses agréées ou des présents reçus.

Mais si le fonctionnaire public qui retire de ses fonctions un lucre illicite devient criminel par ce seul fait, ce crime peut s'aggraver beaucoup quand il est commis pour arriver à un autre, et que celui-ci a été suivi d'exécution.

C'est surtout dans les jugements criminels que cette aggravation peut se faire remarquer : l'on sent combien serait déplorable la corruption qui rendrait un criminel à la société, et combien serait énorme et atroce celle qui ferait succomber un innocent.

Jamais donc il ne sera, pour corruption pratiquée et soumise dans les jugements criminels, appliqué une

----

(1) *Pecuniosum hominem, quamvis sit nocens, neminem posse damnari.* Cic. act. 1 in Verr. n. 1.

peine moindre que la réclusion : mais si la corruption a eu pour résultat de faire condamner un innocent à une peine plus forte, cette peine, quelle qu'elle puisse être, deviendra le juste châtiment du fonctionnaire corrompu. La loi du talion ne fut jamais plus équitable ni plus exempte d'inconvénients.

Dans tous les cas, la même peine sera subie par le corrupteur et par le fonctionnaire qui se sera laissé corrompre, et jamais le prix honteux de la corruption ne deviendra l'objet d'une restitution; la confiscation en sera prononcée au profit des hospices, et ce qui était destiné à alimenter le crime tournera quelquefois du moins au soulagement de l'humanité.

D'autres peines seront infligées à d'autres délits.

Abus d'autorité.

Les abus d'autorité, dont je vais actuellement vous entretenir, sont, par le projet de loi, divisés en deux classes, savoir : *contre les particuliers* et *contre la chose publique.*

Abus d'autorité contre les particuliers.

Les fonctionnaires abusent de leur autorité *contre les particuliers*, quand ils s'introduisent illégalement dans leurs domiciles; quand ils dénient de leur rendre justice après une réquisition des parties et un avertissement de leurs supérieurs; enfin, quand ils portent atteinte au secret de la correspondance.

Dans ces cas divers, le fonctionnaire sera puni d'une simple amende.

L'on a, dans cette matière, cherché plutôt une peine efficace qu'une peine sévère.

L'espèce de délit qu'on examine ne tire point sa source

de passions viles et basses, comme les concussions ou la corruption ; un zèle faux ou mal entendu peut produire assez souvent des abus d'autorité; et il importe de les réprimer, mais avec modération, si l'on veut que ce soit avec succès.

Une amende d'ailleurs a sa gravité relative aux personnes qui en sont l'obj t ; un fonctionnaire qui n'a point abdiqué tous les sentiments d'honneur sera plus qu'un autre sensible à cette peine, et ne s'y exposera plus.

Toutefois l'abus d'autorité qui aurait été porté jusqu'aux violences envers les personnes sera spécialement puni d'après la nature de ces violences ; car il n'y aurait plus de sûreté pour les citoyens, s'il en était autrement.

Au reste, si le plus fréquent abus du pouvoir est, par la nature des choses, celui que l'on se permet envers des personnes subordonnées, l'abus d'autorité peut aussi être dirigé contre la chose publique.

Abus d'autorité contre la chose publique.

C'est ce qui aurait lieu, si des fonctionnaires publics se permettaient de requérir ou ordonner l'emploi de la force publique pour empêcher l'exécution d'une loi , ou la perception d'une contribution légale, ou l'effet d'un ordre émané de l'autorité légitime.

Cet abus d'autorité est d'une nature fort différente de celui que nous avons examiné d'abord ; c'est une espèce de révolte, qui sera d'autant plus grave et susceptible de peines d'autant plus fortes, qu'elle aura eu plus de développements et d'effets.

Nous avançons, Messieurs, dans le détail des crimes et délits des fonctionnaires publics, et nous en avons retracé les principaux.

Il en reste pourtant de deux espèces encore.

De quelques délits des officiers de l'état civil.

Des officiers de l'état civil inscrivent-ils leurs actes sur des feuilles volantes, ou procèdent-ils à des mariages sans s'être assurés des consentements nécessaires pour leur validité, ou admettent-ils une femme qui a déjà été mariée à un nouveau mariage avant le terme indiqué par le Code Napoléon?

Dans ces cas divers, ils compromettent l'état civil des personnes; ils se rendent coupables au moins de négligence, et le besoin de régulariser une partie aussi importante justifiera aisément les peines de police correctionnelle qui leur sont infligées.

De l'exercice de l'autorité publique illégalement anticipé ou prolongé.

C'est aussi pour régulariser l'exercice même de l'autorité publique que l'on réprimera par des peines de cette nature toutes personnes qui seraient entrées en fonctions sans avoir prêté le serment requis, ou qui s'y seraient maintenues après révocation ou remplacement.

Ces deux délits ne seront cependant pas confondus : le dernier est le plus grave, et n'est jamais susceptible d'excuse; le premier peut être excusé par l'absence des fonctionnaires entre les mains desquels le serment devait être prêté, et par le besoin de pourvoir au service. Les poursuites, dans ce cas, dépendront donc des circonstances ; et il eût été imprudent de poser à cet égard une règle inflexible.

Je ne puis, Messieurs, terminer l'exposé de la partie relative aux crimes et délits des fonctionnaires publics, sans appeler votre attention sur une disposition finale qui a paru aussi importante que juste.

Toujours relative aux fonctionnaires, et à eux seuls, cette disposition ne les considère plus comme délinquants dans l'exercice ou à l'occasion de l'exercice de leurs fonctions, mais comme délinquants dans l'ordre commun, et se rendant eux-mêmes coupables de quelques-uns des crimes ou délits dont la surveillance ou la répression leur étaient confiées par la loi.

Dans cette fâcheuse hypothèse, n'infligera-t-on que les peines de l'ordre commun ? Et si, par exemple, un officier de police judiciaire a commis un vol, ne sera-t-il puni que comme un voleur ordinaire ?

Il est difficile de ne pas considérer comme plus coupable celui qui, chargé par la loi de réprimer les crimes et délits, ose les commettre lui-même ; et il a paru convenable d'élever la peine à son égard.

Si donc il s'agit d'un délit de police correctionnelle, le fonctionnaire qui l'aura commis subira toujours le *maximum* de la peine attachée à l'espèce de ce délit ; et s'il s'agit de crimes, il subira la peine immédiatement supérieure à celle qu'eût méritée tout autre coupable ; gradation qui ne cessera qu'au point où elle atteindrait la peine de mort.

Cette disposition toute morale ne saurait qu'honorer notre législation.

Je viens de parler des crimes et délits *des fonctionnaires publics,* classe dans laquelle n'entrent pas les ministres des cultes, à qui nulle autorité temporelle n'est départie, mais dont l'influence et la conduite ne sauraient être étrangères à la paix publique

Crimes et délits des ministres des cultes.

Le projet de loi s'occupe donc, dans un chapitre particulier, des troubles qui seraient apportés à l'ordre public par ces ministres dans l'exercice de leur ministère.

Cette matière est grave sans doute ; et autant la société doit de reconnaissance et d'égards à ces pasteurs vénérables dont les discours et l'exemple sont un constant hommage à la religion, aux mœurs et aux lois, autant elle doit s'armer contre ces hommes fanatiques ou séditieux qui, au nom du ciel, voudraient troubler la terre, et n'invoqueraient la puissance spirituelle que pour avilir ou entraver l'autorité des lois et du Gouvernement.

Les crimes et délits des ministres des cultes dans l'exercice de leur ministère sont, par notre projet, divisé en plusieurs classes.

Des contraventions propres à compromettre l'état civil des personnes.

Les ministres qui procèdent aux cérémonies religieuses d'un mariage sans qu'il leur ait été justifié de l'acte de mariage reçu par les officiers de l'état civil, compromettent évidemment l'état civil des gens simples, d'autant plus disposés à confondre la bénédiction nuptiale avec l'acte constitutif du mariage, que le droit d'imprimer au mariage le sceau de la loi était naguères dans les mains de ces ministres.

Il importe sans doute qu'une si funeste méprise ne se perpétue point ; et ce motif est assez puissant pour punir d'une amende les ministres de cultes qui procèdent aux cérémonies religieuses d'un mariage sans justification préalable de l'acte qui le constitue réellement.

6.

Cette peine, légère d'abord, s'aggravera en cas de récidive, et entraînera à la seconde récidive, ou, en d'autres termes, à la troisième infraction, la peine de déportation; parce que celui qui a failli trois fois se place évidemment dans un état de désobéissance permanente et de révolte contre la loi.

Critiques, censures ou provocations contre l'autorité publique.

Les critiques, censures ou provocations dirigées par ces ministres contre l'autorité publique sont d'une importance qui ne permettait point le silence et appelait des mesures répressives.

L'on a distingué la critique ou censure simple d'avec la provocation directe à la désobéissance : dans ce dernier cas, la culpabilité plus forte entraîne une plus grande peine.

L'on a distingué aussi les censures et provocations faites dans un discours public d'avec celles consignées dans un écrit pastoral; et ces dernières sont punies davantage, comme étant le produit plus réfléchi de vues perverses, et comme susceptibles d'une circulation plus dangereuse.

Correspondance avec des cours ou puissances étrangères sur des matières de religion.

Enfin, le projet de loi proclame comme infraction de l'ordre public toute correspondance que des ministres de cultes entretiendraient sur des questions ou matières religieuses avec une cour ou puissance étrangère, sans l'autorisation du ministre de l'Empereur chargé de la surveillance des cultes.

Cette disposition, d'une haute importance, ne saurait

alarmer que les artisans de troubles, et les hommes, s'il en est encore, assez insensés pour croire, ou assez audacieux pour dire que l'*Etat est dans l'Eglise, et non l'Eglise dans l'Etat*.

Cette maxime ultramontaine, qui put prevaloir lorsqu'un pontife étranger disposait des empires et déposait les rois, a été d'puis long-temps reléguée dans la c'asse des erreurs qu'enfantèrent les siècles d'ignorance.

Il ne s'agit pas, au reste, de rompre les rapports légitimes d'aucun culte avec des chefs même étrangers; il n'est question que de les connaître; et ce droit du Gouvernement, fondé sur le besoin de maintenir la tranquillité publique, impose aux ministres des cultes des devoirs que rempliront avec empressement tous ceux dont les cœurs sont purs et les vues honnêtes. Si cette obligation gêne les autres, son utilité n'en sera que mieux prouvée.

Nous ne sommes point au terme de la longue et pénible nomenclature des crimes et délits qui attaquent la paix publique.

Les crimes ou délits qui blessent l'autorité publique avec un caractère spécial de résistance ou de désobéissance n'ont point encore passé sous vos yeux; et ils sont nombreux, puisqu'ils se divisent en huit classes; la rebellion, les outrages et violences envers les dépositaires de l'autorité, le refus de service, l'évasion des détenus et le recélement des criminels, les bris de scellés, les dégradations de monuments, l'usurpation de titres, et enfin les entraves au libre exercice des cultes.

Je vais parcourir ces diverses espèces, sans m'arrêter particulièrement à chaque disposition, mais de manière à indiquer les vues principales du projet relativement à chaque classe.

Rebellion.

Le crime de *rebellion* est plus ou moins grave, d'après certains caractères qui sont devenus la base de la distribution des peines en cette matière.

Les rebelles étaient-ils nombreux ou non, armés ou sans armes? L'intensité de la rebellion dépend essentiellement de ces circonstances.

La qualité des rebelles peut aussi n'être pas sans importance : étaient-ce des ouvriers attachés à des ateliers publics, des personnes admises dans des hospices, des prisonniers même? Entre personnes de cette espèce, les rebellions ont un caractère d'autant plus dangereux, qu'il y a plus de tendance et d'occasions pour s'y livrer.

Les peines de la rebellion, établies et graduées d'après ces idées, seront quelquefois correctionnelles, quelquefois afflictives.

Mais, pour en faire une juste application, et ne point confondre surtout les réunions armées ou non armées, il convenait de bien fixer le caractère de celles qui, au premier aspect, semblent mixtes, et où les rebelles sont en partie armés et en partie sans armes.

Ces cas sont fréquents; et le projet de loi règle que la réunion armée sera celle où trois personnes au moins porteront des armes ostensibles.

Cette règle est juste; et les individus non armés ont au moins à s'imputer de s'être placés sous la protection ou la bannière de ceux qui avaient des armes.

Il convient, au surplus, de remarquer que, si la rebellion dont on traite en ce moment, dirigée contre les agents de la force publique en fonctions, a un objet différent de celui des bandes et attroupements séditieux dont je vous ai entretenus dans votre dernière séance, une telle rebellion pourra néanmoins, comme dans les cas de sédition, n'être suivie d'aucune peine envers ceux des rebelles avec attroupement qui se seraient retirés au premier avertissement de l'autorité: c'est le même motif, c'est la même alliance de l'indulgence avec la politique.

Pareillement, dans l'espèce présente, comme on l'a déjà observé dans l'autre, les crimes individuels commis dans le cours de la rebellion seront distingués du crime même de rebellion, et pourront donner lieu à de plus fortes peines contre ceux qui s'en seraient personnellement rendus coupables : mais ces peines spéciales ne s'étendront pas aux autres rebelles ; car si, dans le tumulte qui accompagne ordinairement de telles scènes, il s'est commis sur l'un des points un crime plus grave que celui de la rebellion même, ne serait-ce pas une rigueur poussée jusqu'à l'injustice que d'en appliquer sans distinction la peine à tous les rebelles ?

Sans doute ils doivent tous être punis ; mais le crime de rebellion est le seul qui soit commun à tous, et ceux qui n'ont pas pris part à d'autres crimes spéciaux n'en sauraient être considérés comme complices.

Après le crime de rebellion, le projet de loi s'occupe des outrages et violences envers les dépositaires de l'autorité et de la force publique.

Outrages et violences envers l'autorité.

Ici s'est offert un sujet de discussion assez grave, mais dont la solution pourtant a été facile : convenait-il de punir les outrages commis, même hors de tout exercice de fonctions, de peines de différents ordres, graduées d'après la simple considération du rang plus ou moins élevé que les personnes outragées tiennent dans la société ?

En agitant cette question, l'on n'a pas tardé à reconnaître que l'application d'une telle idée serait impraticable ; qu'en tarifant les peines selon le rang de l'offensé, cela irait à l'infini ; qu'il faudrait aussi prendre en considération le rang de l'offenseur ; enfin, l'on a reconnu que cela était moins utile que jamais dans un système qui, assignant à chaque classe de peines temporaires un *maximum* et un *minimum*, laissait à la justice une suffisante latitude pour varier la punition des outrages *privés* d'après la considération due aux personnes.

Il ne sera donc ici question que des seuls outrages qui compromettent la paix publique, c'est-à-dire de ceux dirigés contre les fonctionnaires ou agents publics, dans l'exercice ou à l'occasion de l'exercice de leurs fonctions : dans ce cas, ce n'est plus seulement un particulier, c'est l'ordre public qui est blessé ; et dans un grand intérêt les peines peuvent changer de classe et de nature, parce que le délit en a changé lui-même, et que l'outrage dirigé contre l'homme de la loi, dans l'exercice de ses fonctions ou de son ministère, quoique conçu dans les mêmes paroles ou les mêmes gestes, est beaucoup plus grave que s'il était dirigé contre un simple citoyen.

La hiérarchie politique sera, dans ce cas, prise en considération : celui qui se permet des outrages ou violences envers un officier ministériel est coupable sans doute ; mais il commet un moindre scandale que lorsqu'il outrage un magistrat.

L'offense envers celui-ci peut même varier d'intensité, selon qu'elle est commise dans le sanctuaire même de la justice, ou ailleurs, mais toujours à l'occasion de ses fonctions.

Dans la classification de ces outrages on a placé au moindre degré de l'échelle ceux qui sont commis par gestes ou par menaces.

Les paroles outrageantes, qui ont ordinairement un sens plus précis et mieux déterminé que de simples gestes ou menaces, ont paru être un délit supérieur à celui-ci.

Au sommet de l'echelle viennent les coups, qui, punissables envers tout citoyen, sont le comble de l'irrévérence envers les dépositaires de l'autorité.

D'après ces idées générales, le projet distribue des peines quelquefois correctionnelles, quelquefois afflictives.

A ces peines il pourra s'en joindre d'un ordre particulier, telles que les réparations par écrit ou à l'audience; l'éloignement, pendant un temps donné, du lieu où siége le magistrat offensé; et, en cas d'infraction de cette mesure, le bannissement.

Dans toutes ces dispositions, on a cherché, en observant d'ailleurs une juste gradation dans les peines, à faire respecter les organes de la justice et ses agents.

Refus d'un service dû légalement.

Le paragraphe qui traite du refus de remplir un service dû légalement n'est pas susceptible d'observations.

Les témoins, les jurés et les dépositaires de la force publique, requis par l'autorité civile et ne répondant point à ses ordres, seront punis de peines correctionnelles, seules convenables pour réprimer une désobéissance qui ne dégénère point en révolte.

Évasion de détenus, recèlement de criminels.

Mais parmi les actes de désobéissance à l'autorité publique l'on peut classer aussi l'évasion des détenus et le recèlement des criminels.

Le délit de recèlement ne s'appliquera point aux proches parents, qui trouvent dans les affections naturelles une excuse que la loi sait apprécier et admettre; mais nulles autres personnes ne pourront, sous prétexte d'humanité, soustraire le coupable à sa punition, ou le prévenu aux recherches de la justice.

L'évasion constitue un délit d'une autre espèce : considérée dans la personne des détenus eux-mêmes, elle ne saurait être traitée avec rigueur. Le désir de la liberté est si naturel à l'homme, que l'on ne saurait prononcer que celui-là devient coupable qui, trouvant la porte de sa prison ouverte, en franchit le seuil : le délit ne commence à son égard que lorsqu'il a employé des moyens criminels, tels que le bris de prison ou la violence.

A l'égard de ceux que la loi a préposés à sa garde, la position est toute différente, et la simple évasion du détenu constitue ses gardiens en délit.

Ce délit sera plus ou moins grave, selon qu'il résultera de connivence, ou simplement de négligence. La gravité sera aussi mesurée d'après celle du crime ou du délit pour lequel la détention avait eu lieu ; car, si la peine doit être proportionnée au préjudice que reçoit la société, il est certain que l'évasion d'un homme détenu pour une rixe ne répand point le même degré d'alarme que l'évasion d'un incendiaire ou d'un assassin.

Bris de scellés, dégradation de monuments, usurpations de titres.

Je n'arrêterai point votre attention, Messieurs, sur les bris de scellés, dégradations de monuments et usurpations de titres.

Les dispositions qui regardent ces diverses espèces d'attentats contre la paix publique se justifient d'elles-mêmes.

J'observerai seulement que la peine du bris de scellés est graduée elle-même sur l'importance des objets qui étaient sous le scellé, et d'après les caractères auxquels la loi attache plus ou moins d'importance.

C'est sans doute une chose utile et juste que d'appliquer cette gradation toutes les fois qu'elle est praticable ; et les dispositions dont je vous ai déjà donné connaissance ont pu vous convaincre que nulle occasion tendant à ce but n'a été négligée.

Entraves au libre exercice des cultes.

Je vais maintenant vous entretenir des peines que l'on propose d'appliquer aux entraves mises au libre exercice des cultes.

Ce libre exercice est l'une des propriétés les plus sacrées de l'homme en société, et les atteintes qui y seraient portées ne sauraient que troubler la paix publique.

Nulle religion, nulle secte n'a donc le droit de prescrire à une autre le travail ou le repos, l'observance ou l'inobservance d'une fête religieuse ; car nulle d'entre elles n'est dépositaire de l'autorité ; et tout acte qui tend à faire ouvrir ou fermer des ateliers, s'il n'émane du magistrat même, est une voie de fait punissable.

Les désordres causés dans l'intérieur d'un temple, ou dans des lieux actuellement servant aux exercices d'un culte, sont aussi un délit qu'il importe de réprimer ; l'auteur du trouble est également coupable, soit qu'il appartienne au culte dont les cérémonies ont été troublées, soit qu'il lui soit étranger ; car respect est dû à tous les cultes qui existent sous la protection de la loi.

Le perturbateur sera donc puni, et la peine s'aggravera si le trouble a dégénéré en outrages contre les objets

7.

du culte, et si ces outrages ont été commis *dans les lieux destinés ou servant actuellement à l'exercice ou au service d'un culte.*

Mais ces expressions mêmes indiquent la limite dans laquelle le législateur a cru devoir se renfermer : la juste protection due aux différents cultes pourrait perdre cet imposant caractère, et dégénérer même en vexation ou tyrannie, si de prétendus outrages faits à des signes placés hors de l'enceinte consacrée pouvaient devenir l'objet de recherches juridiques : chacun de nous se rappelle la condamnation prononcée, dans le siècle dernier, contre le jeune et malheureux *Delabarre* ; et nul ne voudra que le jet imprudent d'une pierre lancée au milieu des rues ou des champs puisse fournir matière à une accusation de sacrilége.

Renfermée dans ses vraies limites, la loi n'en sera que plus respectée ; elle prononcera une peine sevère et prise dans l'ordre des peines infamantes contre quiconque oserait porter une main téméraire sur le ministre du culte en fonction ; mais à moins qu'il n'y ait des circonstances aggravantes, elle ne punira les autres troubles que de peines correctionnelles, graduées d'après le scandale qui aura pu en résulter : ce ne sont pas, surtout en matière de troubles de cette espèce, les peines les plus sévères qui seraient les plus efficaces.

Après avoir retracé les crimes et délits qui compromettent la paix publique sous le rapport d'une résistance plus ou moins directe à l'action de l'autorité, le projet qui vous est soumis s'occupe des dispositions relatives aux associations de malfaiteurs, aux vagabonds et aux mendiants : je viens en trois mots d'indiquer trois classes d'individus dont le nom seul est un sujet d'alarme pour la société.

Remarquons, au reste, que les malfaiteurs dont il s'agit en ce moment ne sont pas ceux qui agissent isolément, ou même de concert avec d'autres pour la simple exécution d'un crime : sous ce rapport, il est déjà beaucoup de malfaiteurs dont la peine a été déterminée selon la nature de leurs crimes.

Associations de malfaiteurs.

Ce que le projet de loi considère plus particulièrement ici, ce sont les bandes ou associations de ces êtres pervers qui, faisant un métier du vol et du pillage, sont convenus de mettre en commun le produit de leurs méfaits.

Cette association est en soi-même un crime qui, lorsqu'il n'aurait été accompagné ni suivi d'aucun autre, entraînera la peine des travaux forcés à temps contre les chefs, et celle de la réclusion contre tous les autres individus de la bande.

Vagabondage.

Mais ces bandes sont ordinairement recrutées par les vagabonds ; et tout ce qui touche au vagabondage trouve naturellement ici sa place. Le projet de loi définit le vagabondage ; il l'érige en délit, et lui inflige une peine correctionnelle. Toutefois il ne s'arrête point là. Que serait-ce, en effet, qu'un emprisonnement de quelques mois, si le vagabond était ensuite purement et simplement replacé dans la société à laquelle il n'offrirait aucune garantie ?

Celui qui n'a ni domicile, ni moyens de subsistance, ni profession ou métier, n'est point en effet membre de la cité ; elle peut le rejeter et le laisser à la disposition du Gouvernement, qui pourra, dans sa prudence, ou l'admettre à caution, si un citoyen honnête et solvable veut bien en répondre, ou le placer dans une maison de travail jusqu'à ce qu'il ait appris à subvenir à ses besoins, ou enfin le détenir comme un être nuisible ou dangereux, s'il n'y a nul amendement à en espérer.

Mendicité.

Les mendiants ne sont pas dignes de beaucoup plus de faveur, aujourd'hui surtout que la bienfaisante activité du Gouvernement réalise le vœu philantropique de tant d'écrivains distingués, et ouvre, sous le nom de dépôts de mendicité, des asiles où les pauvres infirmes sont nourris aux frais de l'État, qui ne leur demandera d'ailleurs que le travail dont ils seront capables.

Quand de tels établissements existeront partout, il ne restera plus de prétexte ni d'excuse à la mendicité ; mais jusque-là la crainte de frapper le malheur et l'indigence exigera quelques ménagements en faveur des mendiants invalides.

D'après ces idées, le projet de loi assujettit, sans distinction, à des peines correctionnelles toutes personnes qui mendient dans les lieux pour lesquels il y a des dépôts de mendicité.

Dans les autres lieux on distinguera ; et la mendicité, toujours punissable à l'égard des individus valides, ne deviendra un délit à l'égard des autres qu'autant qu'ils feindraient des plaies, qu'ils mendieraient en réunion, ou qu'ils seraient entrés dans une maison sans permission des personnes qui y demeurent.

Dans sa prévoyance, le projet de loi a posé aussi quelques règles communes aux vagabonds et aux mendiants.

Dispositions communes aux vagabonds et aux mendiants.

Tout individu de cette qualité appelle une répression plus spéciale, s'il a été saisi travesti ou muni d'armes, de limes ou de crochets; s'il a été trouvé porteur d'effets d'une certaine valeur, ou s'il a exercé des violences, quelque légères qu'elles soient.

De la part des hommes dont on s'occupe en ce moment, il n'est aucun des signes indiqués qui ne soit propre à porter l'alarme et n'atteste un délit consommé ou prêt à l'être.

L'ordre public doit s'armer plus fortement contre ceux qui le menacent davantage; et c'est aussi dans ces vues que la marque sera infligée à tout vagabond ou mendiant qui aura encouru la peine des travaux forcés à temps, et qu'après toute espèce de condamnation à des peines afflictives, ou même simplement correctionnelles, les vagabonds et mendiants seront mis à la disposition de la haute police.

Réflexions générales sur les mises à la disposition de la haute police.

Cette attribution à la haute police est d'une grande importance; restreinte, par les dispositions générales du projet, aux gens sans aveu et aux individus condamnés à des peines afflictives ou au bannissement, ne s'exerçant au-delà qu'en vertu de condamnations spéciales et pour des cas bien déterminés, c'est une véritable institution dont le nom, quelque sévère qu'il puisse paraître au premier aspect, doit rassurer et non alarmer les bons citoyens.

La société n'a-t-elle donc en effet aucunes précautions

à prendre, lorsque les hommes qui l'ont grièvement troublée rentrent dans son sein ? et s'ils ne peuvent trouver sur toute la surface de l'Empire un seul citoyen solvable qui veuille cautionner leur conduite future, n'est-ce pas un nouveau degré de suspicion qui s'élève contre eux et autorise, soit à les éloigner d'un lieu désigné, soit à leur prescrire l'habitation d'un autre, soit enfin à les arrêter et détenir s'ils désobéissent ?

Eh ! quand cette restriction des droits individuels du condamné pourrait être considérée comme une aggravation de la peine principale, elle serait juste encore, puisqu'elle complète la garantie sociale.

Chez un peuple voisin dont la législation, en matière criminelle surtout, a été peut-être trop vantée, quoique souvent digne d'éloges, l'obligation de fournir cette caution a sans doute été portée trop loin quand la loi a permis de l'imposer, selon les circonstances, à tout particulier, même domicilié et non repris de justice, sur l'affirmation assermentée d'un autre citoyen touchant le péril auquel celui-ci se prétendrait exposé (1) par suite de paroles ou démarches menaçantes

Mais s'il y a de graves inconvénients à armer ainsi les citoyens les uns contre les autres, et si une telle législation semble plus propre à répandre du trouble et des inquiétudes qu'à les calmer, la scène change lorsque la surveillance légale, spécialement dirigée contre des gens sans aveu ou repris de justice, a été remise par l'autorité judiciaire, qui a déjà usé du droit de punir, à l'autorité

_____

(1) Des Lois de police et criminelles de l'Angleterre, ouvrage traduit de l'anglais de *Blackstone*, par *Ludot*, chap. I.

administrative chargée du soin de prévenir de nouveaux crimes.

Dans ce système tout se trouve en harmonie ; et si cette heureuse innovation n'arrête pas toutes les récidives, elle en préviendra beaucoup, et assurera du moins, par le cautionnement même, une indemnité aux parties qui seraient lésées par un nouveau délit.

Parmi les innovations heureuses du projet de loi, nous espérons que l'on pourra compter aussi les dispositions qu'il a adoptées, dans l'intérêt de la paix publique, contre les distributions d'écrits, images ou gravures que l'on ferait paraître sans nom, soit de l'auteur, soit de l'imprimeur ou graveur.

Distribution d'écrits, images ou gravures sans noms d'auteur, imprimeur ou graveur.

Sans rien préjuger sur les mesures d'un autre ordre que l'on pourrait prendre contre certains ouvrages dont la circulation serait dangereuse, il est, dès ce moment, et il a toujours été reconnu que l'émission d'un ouvrage entraîne une juste responsabilité, toutes les fois qu'il nuit, soit à l'ordre public, soit à des intérêts privés.

Mais l'on n'a pas jusqu'à présent tiré de ce principe toutes les conséquences qui en dérivaient naturellement ; la première sans doute est que celui qui imprime ou fait imprimer doit se faire connaître ; car que deviendrait sans cela la responsabilité, dans tous les cas où il pourrait échoir de l'appliquer ?

Dans tout système qui ne dégénérera point en licence, l'on ne saurait se plaindre d'une telle obligation : si l'ouvrage est bon, ce n'est point une gêne sensible ; s'il est dangereux ou nuisible, cette obligation devient un frein utile.

Disons donc que la société a de justes et grandes raisons pour connaître celri qui est responsable : si l'auteur, timide ou modeste, n'a pas voulu se nommer, le même motif n'existe pas pour l'imprimeur. L'alternative laissée sur ce point répond à toutes les objections que l'on pourrait élever dans l'intérêt des lettres.

Ce qui importe surtout ici, c'est qu'il y ait au moins une personne responsable, qu'elle soit connue, et que par ce moyen l'on puisse, le cas échéant, exercer toutes les actions ou poursuites que réclamerait l'ordre public.

Ainsi, puisqu'il est utile que tout ouvrage littéraire porte le nom de son auteur ou de l'imprimeur, la loi peut l'ordonner ; et, par une juste et immédiate conséquence de cette première disposition, elle pourra prohiber la distribution de tous ouvrages qui ne seraient point revêtus de ce caractère.

Si donc on colporte un ouvrage sans nom d'auteur ni d'imprimeur, le colporteur pourra être immédiatement saisi, et, pour cette seule contravention, puni de peines correctionnelles, réductibles toutefois à des peines de simple police, s'il révèle les personnes qui l'ont chargé de la distribution.

Par cette voie l'on remontera ordinairement jusqu'à l'imprimeur, et de celui-ci même jusqu'à l'auteur, sur lequel pesera toujours la plus forte peine, lorsqu'il sera découvert.

Cette peine cependant variera selon la nature de l'ouvrage distribué en contravention aux lois ; ordinairement correctionnelle, elle pourra devenir afflictive, si l'écrit anonyme contient provocation à des crimes.

Dans ce dernier cas, la peine de complicité restera irrévocablement applicable à l'imprimeur, justement considéré comme ayant connu les caractères pernicieux de l'ouvrage auquel sa criminelle complaisance aura donné cours ; et l'atténuation de la peine, pour cause de révélation, se bornera aux simples distributeurs : ceux-ci, aveugles instruments d'écrivains pervers, ont paru susceptibles de cette modération de peines, qui d'ailleurs profitera même à l'ordre public en intéressant les colporteurs à révéler ce qu'ils savent, pour n'être pas traités comme complices.

Dans la combinaison des mesures que je viens de vous exposer, Messieurs, il n'y a rien (vous vous en convaincrez facilement) qui soit dirigé contre le sage emploi des lettres, mais seulement contre les productions clandestines : or, tout auteur qui veut porter ses coups dans l'ombre mérite bien qu'on le suive à la trace ; et si, comme nous l'espérons, le projet de loi atteint ce but, il aura beaucoup fait pour le maintien du bon ordre.

Des sociétés ou réunions illicites.

Il me reste à vous parler, Messieurs, des sociétés ou réunions ayant pour but de s'occuper journellement ou périodiquement d'objets religieux, politiques ou littéraires.

Je me garderai bien de traiter ce sujet avec l'importance qu'on eût pu y mettre il y a quelques années : tout ce qui fut dit et écrit alors dérivait d'idées et de principes qui ne peuvent plus recevoir d'application sous la forme de Gouvernement qui a été depuis adoptée en France.

Le droit absolu et indéfini qu'aurait la multitude de se réunir pour traiter d'affaires politiques, religieuses, ou autres de cette nature, serait incompatible avec notre état politique actuel.

Mais si le gouvernement monarchique doit être assez

fort pour repousser ce qui pourrait lui nuire, il est aussi dans son essence de n'admettre aucune rigueur inutile : il n'interviendra donc point, hors les cas qui l'intéresseraient spécialement, dans ces petites réunions que les rapports de famille, d'amitié ou de voisinage peuvent établir sur tous les points d'un si vaste empire ; et lorsqu'il ne se passera dans ces petites réunions rien de contraire au bon ordre, l'autorité publique, qui ne saurait être tracassière, ne leur imposera aucune obligation spéciale, eussent-elles pour objet la lecture en commun de journaux ou autres ouvrages.

Cette obligation spéciale de se faire connaître de l'autorité et d'obtenir son assentiment commencera là seulement où le nombre des sociétaires serait tel, qu'il pût devenir un juste sujet de surveillance plus particulière.

C'est alors que de telles associations ne pourront exister qu'avec l'autorisation du Gouvernement et sous les conditions qui leur seront imposées : c'est alors aussi qu'en cas d'infraction ces associations pourront être dissoutes, et leurs chefs et directeurs condamnés à des amendes, et même à l'emprisonnement.

Les dispositions du projet de loi, conformes à ces idées, vous paraîtront sans doute avoir atteint le but qu'elles se proposaient.

Ici, Messieurs, se termine le tableau des crimes et délits *contre la paix publique*; tableau qui n'est lui-même que le complement du chapitre *des crimes et délits contre la chose publique.*

Cet exposé, bien que restreint aux dispositions principales, a été long, parce qu'il embrassait une multitude de matières dont plusieurs, dérivant de sources un peu abstraites, avaient besoin d'être ramenées à des termes simples, précis et tels qu'ils convinssent à une législation pénale.

Je me suis au surplus abstenu d'en comparer les détails avec ceux du Code de 1791.

Semblables sur plusieurs points, plus ou moins différentes sur d'autres, souvent ajoutées, les dispositions du nouveau projet de loi sont le résultat de méditations dans lesquelles nous nous sommes efforcés de mettre à profit les travaux mêmes de nos devanciers, et les leçons fournies par l'expérience des derniers temps.

Un travail de cette nature offrait de grandes difficultés ; la plus grave sans doute était de bien graduer les peines et d'en faire une juste application aux divers crimes ou délits.

Cet effet s'obtiendrait exactement, s'il existait une progression de peines parfaitement correspondante à la progression des délits, et *si* (selon les expressions de *Beccaria*) *la géométrie était applicable à toutes les petites combinaisons obscures de nos actions* (1).

En l'absence d'un tel guide, le législateur doit consulter son cœur au moins autant que son esprit : il doit aussi reconnaitre et respecter les limites que la nature des choses a mises à sa puissance.

Dans l'application de la peine capitale, et même des peines perpétuelles, la gravité nécessairement énorme des crimes qui y donnent lieu ne laisse pas apercevoir de nuances propres à entraîner la modification de la peine.

Il en est autrement à l'égard des crimes inférieurs, et dont la peine n'est que temporaire ; plus on descendra dans cette classe, plus il deviendra évident que chaque

______

(1) Traité des Délits et des Peines, §. VI, p. 31.

espèce est susceptible de varier d'intensité; une sage circonspection commandait donc de laisser sur ce point une suffisante latitude aux juges; et ce parti adopté par le projet, en même temps qu'il satisfait à la justice, a paru propre à rassurer aussi la conscience du législateur.

Puisse ce nouveau travail obtenir votre approbation et répondre aux vues bienfaisantes de l'auguste chef de cet Empire! Puisse le nouveau Code, dont plusieurs parties essentielles vous sont actuellement connues, obtenir bientôt une place honorable à côté de ceux qu'a déjà tracés et donnés à la France le Héros législateur du dix-neuvième siècle!

MOTIFS

Du Livre III, Titre II, Chapitre I,

PRÉSENTÉS

PAR MM. LE CHEVALIER FAURE, LES COMTES RÉAL
ET GIUNTI, Conseillers d'État.

Séance du 7 février 1810.

Messieurs,

Le projet de Code pénal offert à vos méditations vous a présenté, dans le titre premier du Livre III, le tableau des crimes et délits contre la chose publique.

Ce titre II du même Livre a pour objet les crimes et délits contre les particuliers.

Cette seconde partie est aussi d'une extrême importance : elle embrasse un grand nombre d'attentats, dont la répression est indispensable pour garantir à chacun des membres de la société la jouissance paisible de tous les avantages qu'il a droit d'attendre du pacte social. En vain les meilleures lois civiles auraient été faites, si la violence ou la fraude, l'intérêt ou la méchanceté pouvaient se jouer impunément de la vie, de la liberté, de l'honneur et de la fortune des citoyens ; ou si le vice livré aux excès les plus honteux pouvait impunément outrager les mœurs.

Ce titre se divise en deux chapitres. L'un est relatif aux attentats contre les personnes ; le second concerne les attentats contre les propriétés. Le premier forme la matière dont nous aurons l'honneur de vous entretenir aujourd'hui.

Nous parlerons d'abord des actes attentatoires à la vie.

8

Attentats à la vie.

On attente à la vie d'une personne, soit en lui donnant la mort, soit en exerçant sur elle des actes de violence. Ceux-ci, quoiqu'ils n'entraînent pas sur-le-champ la perte de la vie, peuvent cependant en abréger le cours, ou donner lieu à des maladies ou infirmités.

Pour que l'homicide soit un crime, il faut qu'il soit volontaire. S'il est tel, il est qualifié meurtre. Mais si le meurtre est commis avec préméditation ou guet-apens, la loi le qualifie assassinat.

L'assassinat est donc un plus grand crime que le meurtre, et le meurtre n'emporte la même peine que l'assassinat que dans des cas particuliers où l'assimilation est nécessitée par l'atrocité du crime résultant soit de la qualité de la personne homicidée, soit d'autres circonstances aggravantes.

La peine de l'assassinat est la mort : c'est celle du talion. Toute autre peine, quelque rigoureuse qu'elle fût, ne serait pas assez répressive, et le plus souvent produirait l'impunité. Sans cette peine, la haine ou la vengeance d'un lâche pourrait se satisfaire en jouant, si je puis parler ainsi, un jeu trop inégal contre le citoyen dont il méditerait la mort : l'un ne mettrait au jeu que sa liberté, et l'autre y mettrait sa vie.

Après avoir dit que le nouveau Code porte la peine de mort contre les assassins, nous n'avons pas besoin d'ajouter que l'homicide par poison sera puni de la même peine.

Le crime d'empoisonnement est un véritable assassinat; car il suppose nécessairement un dessein antérieur. Il est d'ailleurs, de tous les crimes, le plus lâche parmi les plus atroces.

Le nouveau Code le définit ainsi : « Est qualifié em-
« poisonnement tout attentat à la vie d'une personne par
« l'effet de substances qui peuvent donner la mort
« plus ou moins promptement, de quelque manière que
« ces substances aient été employées ou administrées, et
« quelles qu'en aient eté les suites. »

Cette définition est plus complète que celle adoptée
par la loi de 1791, en ce qu'elle comprend tout moyen
dont on aurait fait usage pour commettre ce crime, et ne
borne pas les tentatives au cas particulier où le poison
aurait été présenté ou mêlé avec des aliments ou breuvages : il est tant de moyens que la scélératesse peut in-
venter, et dont l'histoire offre l'exemple, qu'il était indispensable de recourir à des termes généraux.

D'un autre côté, il était inutile d'ajouter la disposition de cette même loi de 1791, qui porte que si,
avant que l'empoisonnement ait été effectué, ou avant
que l'empoisonnement des aliments et breuvages ait été
découvert, l'empoisonneur arrêtait l'exécution du crime,
soit en supprimant les aliments et breuvages, soit en
empêchant qu'on en fasse usage, l'accusé sera acquitté.

Cette disposition était nécessaire lorsqu'elle fut adoptée, parce qu'alors il n'existait aucune loi contre les tentatives de crime ; mais l'article 2 du nouveau Code, qui
les prévoit et les définit, annonce assez qu'aucune de ces
tentatives ne sera considérée comme le crime même,
lorsqu'elle aura été arrêtée par la volonté de l'auteur, et
non par des circonstances fortuites et indépendantes de
sa volonté.

Quant au parricide, qui consiste dans le meurtre des
pères ou mères legitimes, naturels ou adoptifs, ou de
tout autre ascendant légitime, ce crime, même commis
sans préméditation ni guet-apens, révolte tellement la

nature, que, loin de pouvoir être puni d'une peine moindre que l'assassinat, il mérite une peine plus forte. Aussi est-il dit, dans le premier Livre du nouveau Code, qu'avant d'être exécuté à mort il aura le poing droit coupé. Nous ne répéterons point les observations qui vous ont été présentées à cet égard.

On sait que chez les Romains le coupable de parricide était condamné au supplice le plus affreux.

Vous remarquerez, Messieurs, que le nouveau Code assimile les pères et mères adoptifs aux pères et mères légitimes. Le Code Napoléon a consacré cette assimilation par ses diverses dispositions. Suivant l'article 349, « l'obligation naturelle qui continuera d'exister entre « l'adopté et ses père et mère, de se fournir des ali- « ments dans les cas déterminés par la loi, sera consi- « dérée comme commune à l'adoptant et à l'adopté l'un « envers l'autre. »

Ajoutons que l'article 350 accorde à l'adopté, sur la succession de l'adoptant, les mêmes droits que ceux qui appartiennent à l'enfant né en mariage.

Le meurtre d'un enfant nouveau-né, crime que le projet qualifie infanticide, sera puni de la même peine que l'assassinat. On se rappelle que la qualification d'assassinat est donnée à tout meurtre commis avec préméditation. Or, il est impossible que l'infanticide ne soit pas prémédité : il est impossible qu'il soit l'effet subit de la colère ou de la haine, puisqu'un enfant, loin d'exciter de tels sentiments, ne peut inspirer que celui de pitié. Il est hors d'état de se défendre, hors d'état de demander du secours ; et par cela seul il est plus spécialement sous la protection de la loi. Des hospices sont établis pour recevoir ceux dont on ne peut prendre soin. L'infanticide est donc, sous tous les rapports, un acte de barbarie atroce ;

et quand il serait quelquefois le fruit du dérèglement de
mœurs, une telle cause ne peut trouver d'indulgence
dans une législation protectrice des mœurs.

La peine de l'assassinat sera aussi celle du meurtre
qui aura été précédé, accompagné ou suivi de quelque
crime ou délit. Ce concours de circonstances qui s'ag-
gravent réciproquement est d'une nature si effrayante,
qu'une peine inférieure ne suffirait pas pour tranquilliser
la société.

Enfin, le Code assimile aux assassins, et punit comme
tels, tous malfaiteurs, quelle que soit leur dénomination, qui, pour l'exécution de leurs crimes, emploient
des tortures ou commettent des actes de barbarie. Ces
individus, à qui les moyens les plus horribles ne coûtent
rien, pourvu qu'ils arrivent à leurs fins, et qui portent
la terreur et la désolation partout où ils existent, ne
peuvent être retenus que par la crainte du dernier supplice.

Quant au meurtre dénué de toute espèce de circonstances aggravantes, il sera puni de la peine qui suit immédiatement celle de mort, c'est-à-dire de la peine des
travaux forcés à perpétuité. Dès que ce crime n'est point
le résultat d'un dessein formé avant l'action, dès qu'il ne
présente aucun des caractères dont nous avons parlé, il
est sans contredit moins grave que l'assassinat, et dès-lors
ne doit pas emporter la même peine; autrement cette
juste proportion qu'on ne saurait observer avec trop de
soin entre les délits et les peines, et cette gradation qui
en est la suite nécessaire, ne subsisteraient plus.

Le nouveau Code ne se borne pas à établir des peines
contre les coupables des divers crimes dont nous venons
de parler; il en établit aussi contre ceux qui se permettent des menaces d'attentats contre la vie des per-

sonnes, lorsque ces attentats, s'ils étaient commis, seraient punis d'une peine capitale, ou au moins égale à
celle des travaux forcés à temps.

De telles menaces, lorsqu'elles sont écrites, annoncent
un dessein prémédité de faire le mal. Le plus souvent
l'écrit où elles se trouvent contient un ordre quelconque;
par exemple, l'ordre de déposer une somme d'argent
dans un lieu indiqué. Quel que soit l'ordre, la loi punit
le crime de la même peine que le vol avec violence.
N'est-ce pas en effet un crime semblable? La personne
menacée est dans une situation d'autant plus critique,
qu'elle ne peut pas se mettre continuellement en garde,
et qu'elle craint toujours que, si elle n'obéit point à
l'ordre, tôt ou tard, et au moment où elle y songera
le moins, elle ne finisse par être victime du crime dont
elle est menacée. La terreur que ces menaces inspirent
ne nuit pas seulement à la tranquillité de la personne
qui en est l'objet, elle est partagée par beaucoup d'autres
qui redoutent pour eux le même sort.

Ce que nous venons d'observer trouve également son
application, si l'écrit, au lieu de contenir l'ordre de déposer une somme, contient celui de remplir une condition
quelconque; en ce dernier cas, il y a toujours violence,
et violence préméditée avec dessein d'obtenir ce qu'on
n'a pas le droit d'exiger.

Lorsque la menace écrite n'a été accompagnée d'aucun
ordre ou condition, on ne peut l'attribuer qu'au désir de
répandre l'effroi, sans aucun but de s'approprier le bien
d'autrui. Le coupable doit être puni; mais il ne le sera
que des peines de police correctionnelle. Ce délit est en
effet bien moins grave que le premier.

Le Code veut aussi que des peines de police correctionnelle soient prononcées, quoique les menaces soient

verbales, toutes les fois qu'elles seront accompagnées d'un ordre ou condition. Les menaces verbales seront moins punies que les menaces écrites, parce que le coupable agissant plus à découvert, il est moins difficile de se mettre en garde contre lui; que dès-lors elles excitent une crainte moins forte; que, d'un autre côté, la préméditation n'est pas nécessairement attachée aux menaces verbales comme elle l'est aux menaces écrites.

A l'égard des menaces verbales qu'aucun ordre ni condition n'auront accompagnées, nulle peine n'est établie : on a considéré qu'étant dénuées de tout intérêt, elles peuvent être le résultat d'un mouvement subit produit par la colère, et dissipé bientôt par la réflexion.

Nous observerons ici que, dans les deux cas où la menace est punie correctionnellement, les coupables peuvent être mis sous la surveillance de la haute police. Cette faculté laissée aux juges leur impose le devoir d'examiner jusqu'à quel point ces individus sont dangereux, soit par leur vie habituelle, soit par leurs liaisons.

Passons maintenant à l'examen des attentats qui ne portent point le caractère de meurtre, mais qui cependant présentent des actes de violence que la loi doit sévèrement réprimer. Ainsi des coups auront été portés, ou des blessures auront été faites, et la personne blessée ou frappée aura essuyé une maladie, ou se sera trouvée dans l'incapacité absolue de se livrer à aucun travail personnel; si la maladie ou l'incapacité de travail a duré plus de vingt jours, le coupable sera puni de la réclusion. Le même crime emportera la peine des travaux forcés à temps, lorsqu'il y aura eu préméditation ou guet-apens; et comme les juges, en appliquant la loi, auront une latitude de cinq ans jusqu'à dix pour la réclusion, et de cinq ans jusqu'à vingt pour les travaux forcés à temps, il leur sera facile de proportionner la peine à la gravité du fait. C'est par cette raison qu'il n'a pas été jugé nécessaire de faire entrer dans le nouveau Code les distinctions qui se trouvent dans la loi de 1791, sur les différentes espèces de mutilations.

Si les blessures ou les coups sont d'une nature moins grave que ceux qui doivent donner lieu à la réclusion ou aux travaux forcés à temps, ils ne seront punis que des peines de police correctionnelle. Mais la durée de l'emprisonnement et la quotité de l'amende dépendent des circonstances dont la preuve aura été acquise. Il suffira que les juges se renferment dans les limites tracées par la loi à l'égard de cette espèce de délit.

Enfin, quelle qu'ait été la nature du crime ou délit, le Code veut que la peine soit plus forte, si la personne maltraitée est le père ou la mère légitime ou adoptif, ou tout autre ascendant légitime. Cette différence dérive du même principe que la disposition relative au parricide. La lecture de l'article fera voir que la peine est élevée dans une juste proportion, comparativement à celle que le coupable aurait subie, si le crime ou délit eût été commis envers tout autre.

On doit observer que, lorsque les blessures ou les coups seront susceptibles d'être qualifiés tentatives d'assassinat, les dispositions qui viennent d'être analysées ne seront plus applicables : il faudra se reporter à l'article du Code relatif aux tentatives de crime ; et si le cas d'attaque à dessein de tuer a été l'objet d'une disposition spéciale dans la loi de 1791, c'est parce que cette loi ne contenait aucune disposition générale sur les tentatives.

L'article du nouveau Code relatif à l'avortement offre aussi plusieurs modifications importantes. La nécessité de punir ce crime n'a pas besoin d'être démontrée ; la loi de

1791 ne l'a pas oublié ; mais elle punit de la même peine indistinctement toute personne coupable de ce crime. Cette confusion n'existera point dans la nouvelle loi. La femme coupable du crime d'avortement sera punie de la réclusion. Mais une peine plus rigoureuse, celle des travaux forcés à temps, aura lieu contre les médecins, chirurgiens et autres officiers de santé qui auront procuré à la femme les moyens de se faire avorter. Ils sont en effet plus coupables que la femme même, lorsqu'ils font usage, pour détruire, d'un art qu'ils ne doivent employer qu'à conserver. Le chancelier Daguesseau rapporte, à ce sujet, qu'Hippocrate, dans le serment qu'on trouve à la tête de ses ouvrages, promet solennellement de ne jamais donner à une femme grosse aucun médicament qui puisse la faire avorter. Son serment, dit-il, est suivi d'imprécations qui prouvent que ce crime était considéré comme un des plus grands qu'un médecin pût commettre. En effet, si la femme ne trouvait pas tant de facilité à se procurer les moyens d'avortement, la crainte d'exposer sa propre vie en faisant usage de médicaments qu'elle ne connaitrait pas, l'obligerait souvent de différer son crime, et elle pourrait ensuite être arrêtée par ses remords. La disposition relative aux médecins ne se trouve point dans la loi de 1791.

Je ne m'arrêterai point à la partie du Code qui concerne l'homicide, les blessures et les coups involontaires résultant du défaut d'adresse ou de précaution : ces délits sont punis de peines de police correctionnelle, et les termes généraux dans lesquels ces articles sont conçus embrassent toutes les espèces.

Je passe aux crimes ou délits qui, quoique volontaires, sont susceptibles d'être excusés. On se rappelle que le Code d'instruction criminelle porte qu'aucun fait proposé pour excuse par l'accusé ne sera, quelque prouvé qu'il soit, pris en considération par le juge, s'il n'est déclaré excusable par la loi.

C'est ici que le Code détermine les divers cas où des crimes et délits commis envers les personnes peuvent être excusés; il n'admet point l'excuse sans une provocation violente, et d'une violence telle, que le coupable n'ait pas eu, au moment même de l'action qui lui est reprochée, toute la liberté d'esprit nécessaire pour agir avec une mûre réflexion. Sans doute il a commis une action blâmable, une action que la loi ne peut se dispenser de punir; mais il ne peut être, aux yeux de la loi, tout-à-fait aussi coupable que si la provocation qui l'a entraîné n'eût pas existé.

Cette provocation, nous ne pouvons trop le redire, doit être de nature à faire la plus vive impression sur l'esprit le plus fort.

Le Code renferme plusieurs dispositions sur les faits qui sont susceptibles d'être déclarés excusables. Je me contenterai d'en citer une seule. « Dans le cas d'adultère, « porte le Code, le meurtre commis par l'époux sur son « épouse, ainsi que sur le complice, à l'instant où il les « surprend en flagrant délit dans la maison conjugale, « est excusable. » Cet outrage fait au mari est une de ces provocations violentes qui appellent l'indulgence de la loi. On remarquera que la loi n'excuse ce meurtre que sous deux conditions : 1° si l'époux l'a commis au même instant où il a surpris l'adultère; plus tard, il a eu le temps de réfléchir, et il a dû penser qu'il n'est permis à personne de se faire justice à soi-même; 2° s'il a surpris l'adultère dans sa propre maison. Cette restriction a paru nécessaire : on a craint que, si ce meurtre, commis dans tout autre lieu, était également excusable, la tranquillité des familles ne fût troublée par des époux méfiants et in-justes, qu'aveuglerait l'espoir de se venger des prétendus égarements de leurs épouses.

Il est certains meurtres à l'égard desquels la loi n'admet point d'excuse, quoiqu'il y ait eu provocation violente.

Par exemple, aucune provocation, quelque violente qu'elle soit, ne peut excuser le parricide : le respect religieux qu'on doit à l'auteur de ses jours, ou à celui que la loi place au même rang, impose le devoir de tout souffrir plutôt que de porter sur eux une main sacrilége.

A l'égard du meurtre commis par l'époux envers son épouse, dans tout autre cas que celui dont nous venons de parler au sujet de la femme adultère, ou du meurtre commis par l'épouse envers son époux, le crime n'est excusable que lorsqu'au moment même où il a été commis la vie de l'auteur du meurtre a été mise en péril par l'époux ou l'épouse homicidée. C'est en effet la seule excuse qui puisse être admise à l'égard de personnes obligées par état de vivre ensemble, et de n'épargner aucun sacrifice pour maintenir entre eux une parfaite union.

Lorsque la loi déclare un fait excusable et que ce fait est prouvé, les juges ne peuvent prononcer des peines afflictives ou infamantes : il y aurait de la contradiction à déclarer infâme, en vertu de la loi, celui qu'elle reconnaît digne d'excuse. Les peines de police correctionnelle sont donc les seules qui doivent être prononcées. Le Code établit sur ce point une échelle de proportion relative à la peine que le coupable eût dû subir si l'excuse n'avait pas existé.

Il est des circonstances où l'homicide, les blessures et les coups ne sont susceptibles d'aucune peine ; en un mot, où il ne résulte de ces actes aucun crime ni délit.

Le cas arrive, soit lorsque ces actes étaient ordonnés par la loi et commandés par l'autorité légitime, soit lorsqu'ils étaient commandés par la nécessité actuelle de la légitime défense de soi-même ou d'autrui.

Ces mots *nécessité actuelle* prouvent qu'il ne s'agit que du moment même où l'on est obligé de repousser la force par la force. Après avoir vu la loi défendre d'exercer des violences, on la voit ici permettre de les repousser. Elle veut que les hommes écoutent et respectent cette défense dans le commerce paisible qu'ils ont ensemble; mais elle les en dispense lorsque l'on commet contre eux des actes hostiles : elle ne leur commande pas d'attendre alors sa protection et son secours, et de se reposer sur elle du soin de leur vengeance, parce que l'innocent souffrirait une mort injuste avant qu'elle eût pu faire subir au coupable le juste châtiment qu'il aurait mérité.

J'ai terminé mes observations sur la partie du Code relative aux attentats contre la vie des personnes.

Le Code s'occupe ensuite des attentats contre les mœurs.

Attentats contre les mœurs.

« Les peines qui sont de la juridiction correctionnelle,
« dit l'auteur de l'Esprit des Lois, suffisent pour répri-
« mer ces sortes de délits : en effet ils sont moins fondés
« sur la méchanceté que sur l'oubli ou le mépris de soi-
« même. Il n'est ici question, ajoute-t-il, que des crimes
« qui intéressent uniquement les mœurs, non de ceux
« qui choquent aussi la sûreté publique, tels que l'enlè-
« vement et le viol. »

La distinction établie par Montesquieu a été suivie dans le Code.

Le viol sera puni dé la réclusion. Il en sera de même de tout autre attentat à la pudeur, consommé ou tenté avec violence contre des personnes de l'un ou de l'autre sexe. La loi de 1791 n'a parlé que du viol; elle s'est tue sur d'autres crimes qui n'offensent pas moins les mœurs; il convenait de remplir cette lacune. Celui qui aura commis l'un de ces attentats envers une personne âgée de moins de quinze ans accomplis encourra la peine des travaux forcés à temps. Il est même des circonstances qui, réunies au crime, attireront sur le coupable la peine des travaux forcés à perpétuité. Ces circonstances, spécifiées par le Code, résulteront, soit de la qualité du coupable, soit des moyens qu'il aura employés.

Le Code prononce aussi des peines de police correctionnelle contre les personnes convaincues d'avoir débauché ou corrompu la jeunesse : il est, en ce point, conforme à l'ancienne loi; mais, de plus, le coupable sera interdit de toute tutelle et curatelle, et de toute participation au conseil de famille pendant un temps déterminé. Si c'est le père ou la mère, il sera, indépendamment des autres peines, privé de tous les droits et avantages qu'il aurait pu réclamer, en vertu du Code Napoléon, sur la personne et les biens de l'enfant. Cette dernière disposition vengera les mœurs outragées par ceux qui devaient en être les plus fidèles gardiens.

Parmi les attentats aux mœurs est comprise la violation de la foi conjugale, soit que ce délit ait été commis par la femme, soit qu'il l'ait été par le mari. L'adultère de la femme est un délit plus grand, parce qu'il entraîne des conséquences plus graves, et qu'il peut faire entrer dans la famille légitime un enfant qui n'appartient point à celui que la loi regarde comme le père. Le Code pénal, en établissant la peine qui doit être prononcée contre la

9

femme, n'a fait que se conformer à l'article 298 du Code Napoléon ; de ce Code où l'on remarque partout le respect le plus religieux pour les mœurs : il porte un emprisonnement par voie de police correctionnelle, de trois mois au moins et de deux ans au plus.

On a rappelé dans le projet l'article 309 de ce même Code, qui laisse le mari maître d'arrêter l'effet de cette condamnation, en consentant à reprendre sa femme : en effet, la femme n'est coupable qu'envers son mari ; il doit donc avoir le droit de lui pardonner.

Si la femme n'est coupable qu'envers le mari, lui seul est en droit de se plaindre ; l'action doit être interdite à tout autre, parce que tout autre est sans qualité et sans intérêt.

Bien plus, le mari serait privé de cette action s'il avait été condamné lui-même pour cause d'adultère. Alors la justice le repousserait comme indigne de sa confiance ; et n'ayant pu, comme on va le voir, être convaincu d'adultère que sur la plainte de sa femme, il serait trop à craindre qu'il n'agît par récrimination.

Le complice de la femme sera condamné à la même peine, et de plus à l'amende.

À l'égard de la poursuite contre le mari pour cause d'adultère, elle ne peut avoir lieu que sur la plainte de la femme, parce qu'elle seule est intéressée à réclamer contre l'infidélité de son époux ; et la femme ne peut intenter cette plainte que lorsqu'il a entretenu sa concubine dans la maison conjugale. Dans tout autre cas, les recherches dégénéreraient souvent en inquisition ; mais dans celui prévu par la loi le délit est notoire. C'est d'après le même esprit que le Code Napoléon n'admet la femme à demander le divorce pour cause d'adultère de son mari, qu'en rapportant la même preuve à l'égard de la concubine Quant au délit, il sera puni d'une amende.

La loi de 1791 avait gardé le silence sur la violation de la foi conjugale de la part de l'époux ou de l'épouse : les dispositions du nouveau Code rempliront cette lacune.

La loi proposée prévoit, comme celle de 1791, le crime commis par la personne qui a contracté un nouveau mariage avant la dissolution du premier. La peine sera celle des travaux forcés à temps, et remplacera celle des fers. Le crime est très-grave en effet ; il renferme tout à la fois l'adultère et le faux ; car le coupable a déclaré faussement devant l'officier de l'état civil, et même attesté par sa signature, qu'il n'était point engagé dans les liens du mariage. Nous ne parlerons point des conséquences qui résultent de ce crime pour la seconde femme et pour les enfants. Ces détails n'entrent point dans notre sujet.

Nous arrivons maintenant à la partie du Code relative aux arrestations illégales et séquestrations de personnes.

Arrestations illégales.

Il ne s'agit point ici de celles commises par des fonctionnaires publics : cette matière est réglée par le titre Ier du troisième Livre. Les dispositions actuelles n'ont trait qu'aux attentats à la liberté, commis par des particuliers. On peut être arrêté par toute personne, lorsqu'on est surpris commettant un crime ou délit que toute personne a le droit de dénoncer. On peut aussi être arrêté par celui qu'une loi autorise à cet effet, ou qui est porteur d'ordre de l'autorité compétente. Hors ces cas, celui qui se permet de faire une arrestation est coupable de crime.

Prêter un lieu pour séquestrer la personne arrêtée est un acte de complicité : ce crime appelle un châtiment rigoureux; il porte atteinte à l'une des jouissances les plus précieuses que la société garantit à chacun de ses membres. Le Code prononce la peine des travaux forcés à temps contre l'auteur et son complice. Il se relâche cependant de sa rigueur envers le coupable, et consent à ce qu'il ne soit condamné qu'à des peines de police correctionnelle, si, avant le dixième jour accompli, il a rendu libre celui qu'il avait arrêté; alors la loi commue la peine en faveur de son repentir, et veut bien supposer que sa faute a été plutôt le résultat de l'irréflexion du moment que d'une préméditation tenant à des combinaisons criminelles; mais, passé le dixième jour, elle ne doute plus de la perversité de l'intention, et devient inflexible. Si même la détention ou séquestration a duré plus d'un mois, elle ne voit plus dans le coupable qu'un méchant tellement obstiné, tellement endurci, qu'il serait un fléau pour la société, s'il pouvait jamais rentrer dans son sein : elle l'en exclut pour toujours en le condamnant aux travaux forcés à perpétuité.

Enfin il est des circonstances particulières qui peuvent accompagner l'arrestation illégale, et qui lui donnent un tel caractère de gravité, que la loi considère alors le coupable comme atteint de brigandage et d'assassinat, et qu'elle prononce contre lui la peine de mort, peine destinée aux brigands et aux assassins.

Ces circonstances, dont la définition ne doit point dépendre de l'arbitraire du juge, sont spécifiées dans le Code : « Les coupables seront punis de mort, dit-il, « si l'arrestation a été exécutée avec le faux costume, « sous un faux nom, ou sur un faux ordre de l'autorité « publique;

« Si l'individu arrêté, détenu ou séquestré, a été me-
« nacé de la mort;

« S'il a été soumis à des tortures corporelles. »

Des attentats qui blessent l'ordre public à un tel degré
ne peuvent être trop sévèrement réprimés; ils doivent
être mis au même rang que les plus grands crimes contre
la paix publique.

Les dispositions que nous allons examiner maintenant
concernent les crimes ou délits qui tendent à empêcher ou
à détruire la preuve de l'état civil d'un enfant, ou à compromettre son existence.

Attentats contre l'état civil d'une personne.

Le Code pénal de 1791 ne contient qu'une seule disposition sur cette matière : il prononce douze ans de
fers contre celui qui a détruit la preuve de l'état civil
d'une personne.

L'expérience a fait reconnaître que cette disposition
était trop vague, et qu'il convenait de spécifier les différents cas, tels que le recélé ou la suppression d'un enfant,
la substitution d'un enfant à un autre, et la supposition
d'un enfant à une femme qui n'est point accouchée.

Nous ne parlerons point des édits et déclarations qui
furent rendus sous la dernière dynastie, relativement aux
recélés de grossesse : l'humanité eut long-temps à gémir
de lois si atroces.

L'Assemblée constituante fit disparaître cette législation si contraire aux mœurs d'un peuple civilisé, et particulièrement de la nation française.

Mais, pour éviter les détails auxquels s'étaient livrées
les anciennes lois, elle tomba dans l'excès opposé, et ne
détermina point du tout ce qui, en matière pénale, ne
peut être déterminé avec trop de soin. Les expressions du

nouveau Code ne laisseront point de doute que ceux-là seront condamnés à la peine de la réclusion, qui, par de fausses déclarations, donneront à un enfant une famille à laquelle il n'appartient point, et le priveront de celle à laquelle il appartient; ou qui, par un moyen quelconque, lui feront perdre l'état que la loi lui garantissait; ou enfin qui, étant chargés d'un enfant, ne le représenteront pas aux personnes qui ont droit de le réclamer.

Le Code Napoléon, pour assurer cet état aux enfants, exige que les naissances soient déclarées à l'officier de l'état civil, et désigne les personnes qu'il charge de faire ces déclarations. Depuis ce Code, on a remarqué que, faute d'une loi pénale, quelques personnes s'en étaient abstenues. Cette conduite est d'autant plus blâmable, qu'elles contreviennent à une loi sage dont le but est de veiller à l'intérêt d'enfants qui ne peuvent pas y veiller eux-mêmes; que la tendresse des parents eût dû être le garant de l'exécution de la loi; qu'enfin, s'il était possible de croire que le motif de ce délit fût l'espoir de soustraire un jour ces mêmes enfants aux lois sur la conscription, ils peuvent être assurés qu'ils les exposent, au contraire, à être appelés souvent plus tôt qu'ils ne le seraient, s'ils étaient en état de représenter leur acte de naissance. Le Code actuel punit ce délit.

Vous verrez, Messieurs, en parcourant les détails du projet, combien on a pris de précautions pour empêcher que l'intérêt personnel ou la négligence ne prive un enfant des moyens de reconnaître un jour la famille dont il est membre, et de réclamer les droits qui lui appartiennent comme membre de cette famille.

Parmi les délits que le Code prévoit, *je citerai l'exposition d'enfant.* Les peines de police correctionnelle auxquelles ce délit donnera lieu doivent être plus ou moins fortes, suivant le danger qu'on a fait courir à l'enfant ; et ce danger est plus ou moins grand, suivant que le lieu de l'exposition est ou n'est pas solitaire. Il était impossible que la loi donnât une explication précise à cet égard ; elle s'en rapporte aux juges ; car le lieu le plus fréquenté peut quelquefois être solitaire, et le lieu le plus solitaire être très-fréquenté : cela dépend des circonstances.

Si l'enfant exposé dans un lieu solitaire a été mutilé ou estropié, ou si la mort est résultée de l'exposition, le coupable est puni comme s'il l'avait lui-même mutilé ou estropié, ou comme s'il lui avait lui-même donné la mort ; car il ne pouvait se dissimuler que la privation absolue où il laissait l'enfant de toute espèce de secours l'exposait à cet événement, et il ne tenait qu'à lui de l'en préserver ; dès qu'il ne l'a pas fait, la loi déclare qu'il en est la cause volontaire, et le soumet aux peines établies contre les auteurs de blessures ou d'homicides volontaires.

Il faut remarquer que, d'après le Code, l'exposition d'enfant n'est un délit que lorsque l'enfant exposé a moins de sept ans. Passé cet âge, la loi présume que l'enfant peut faire connaître les personnes entre les mains desquelles il se trouvait, et le lieu de leur demeure ; qu'il peut, en un mot, fournir les renseignements nécessaires pour qu'il soit possible de retrouver la trace qu'on a voulu faire perdre.

C'est par les mêmes motifs que le Code, en prononçant des peines de police correctionnelle contre ceux qui porteraient à l'hospice un enfant dont ils se sont chargés gratuitement, ou pour lequel ils reçoivent une pension qui leur a été payée avec exactitude, ne parle que de l'enfant dont l'âge est au-dessous de sept ans accomplis.

Le législateur a craint que, tant qu'il n'aurait pas cet âge, il ne pût s'expliquer assez pour indiquer la maison où il a vécu jusqu'alors, et pour éclairer la justice de manière qu'elle puisse empêcher que son état civil ne soit perdu.

Tels sont les moyens par lesquels la loi tâche de mettre l'enfant à l'abri des atteintes directes et indirectes qu'on voudrait porter à ses droits.

Nous allons parler maintenant des précautions qu'elle prend contre l'enlevement de mineurs.

Enlevement de mineurs.

Ce crime, enfanté par la cupidité ou par le déréglement des mœurs, souvent par l'une et par l'autre à la fois, présente un des plus dangereux attentats contre la faiblesse et l'inexpérience; car l'enlevement ne peut être fait que par violence ou par fraude, et en dérobant le mineur aux personnes qui le surveillaient. Le Code porte la réclusion contre celui qui se sera rendu coupable de ce crime : mais si la personne enlevée ou détournée est une fille au-dessous de seize ans accomplis, le crime étant plus grave, la peine est plus forte : c'est celle des travaux forcés à temps. Il est évident qu'un tel enlevement n'a pu avoir lieu que pour abuser de la personne, ou pour forcer les parents à consentir au mariage. L'homme n'est pas moins coupable quand la fille l'aurait suivi volontairement; car c'est lui qui a été le corrupteur. Si cependant, lorsqu'il a commis l'enlevement, il n'avait pas encore vingt-un ans, la loi se borne à prononcer contre lui des peines de police correctionnelle : elle le punit comme ayant commis une action très-répréhensible sans doute, et comme sachant très-bien que cette action était défendue par la loi; mais elle ne veut pas le punir aussi sévèrement que s'il était d'un âge qui ne permît pas de douter qu'il a senti toutes les conséquences de son crime.

Si enfin le ravisseur a épousé la personne qu'il avait enlevée, le sort du coupable dépendra du parti que prendront ceux qui ont droit de demander la nullité du mariage. S'ils ne la demandent point, la poursuite du crime ne peut avoir lieu ; autrement, la peine qui serait prononcée contre le coupable rejaillirait sur la personne dont il a abusé, et qui, victime innocente de la faute de son époux, serait réduite à partager sa honte. Il ne suffit pas même, pour que l'époux puisse être poursuivi criminellement, que la nullité du mariage ait été demandée ; il faut encore que le mariage soit en effet déclaré nul : car il serait possible qu'à l'époque où l'action en nullité serait intentée il existât une fin de non-recevoir contre les parents, soit parce qu'ils auraient expressément ou tacitement approuvé le mariage, soit parce qu'il se serait écoulé une année sans réclamation de leur part, depuis qu'ils ont eu connaissance du mariage.

Ces fins de non-recevoir sont établies par l'article 183 du Code Napoléon. En ce cas, dès que le mariage ne pourrait plus être attaqué, les considérations que je viens d'exposer ne permettraient pas que la conduite de l'époux fût recherchée ; et si l'intérêt de la société est qu'aucun crime ne reste impuni, son plus grand intérêt, en cette occasion, est de se montrer indulgente, et de ne pas sacrifier à une vengeance tardive le bonheur d'une famille entière.

La sollicitude du législateur s'est étendue jusqu'au moment où l'homme vient de payer le dernier tribut à la nature.

Infraction aux lois sur les inhumations.

Le Code Napoléon a fixé des règles pour constater les décès, et la loi pénale prononce des peines contre ceux qui ne font point les déclarations nécessaires pour que les décès soient constatés. Il importe que les déclarations soient faites non-seulement afin de connaître les changemens qui arrivent dans les familles, et de mettre les héritiers à portée de réclamer leurs droits, mais encore afin de ne pas laisser échapper la trace des crimes qui auraient pu occasionner la mort d'une personne. Ceux à qui la loi impose le devoir de faire ces déclarations ne doivent pas perdre de vue que, dans le cas où il s'éleverait quelques présomptions de mort violente, leur négligence les exposerait à être poursuivis comme recéleurs du cadavre d'une personne homicidée.

Le nouveau Code n'oublie pas non plus de punir ceux qui se rendent coupables de violations de tombeaux et de sépultures ; cet objet ne peut être indifférent ; les anciens ont toujours montré le respect le plus religieux pour les cendres des morts. Il suffit, pour s'en convaincre, de jeter un coup-d'œil sur leur législation, particulièrement sur celle des Grecs et des Romains. Les Gaulois étaient animés du même esprit que ceux dont ils envahirent le territoire. Une loi salique, dit Montesquieu, interdisait à celui qui avait dépouillé un cadavre le commerce des hommes, jusqu'à ce que les parents, acceptant la satisfaction, eussent demandé qu'il pût vivre parmi les hommes. Ce respect est si naturel, que le simple récit de telles violations inspire une horreur qu'on ne saurait contenir. Chez les sauvages même, le souvenir des morts enflamme leur imagination et produit en eux les émotions les plus vives.

Faux témoignage.

Le faux témoignage est un crime qui, dans tous les temps, a été puni des peines les plus sévères. L'édit de 1531, qui portait la peine de mort contre toute espèce de faux, comprenait en termes exprès le faux témoignage commis en justice. Cet édit fut modifié par celui de 1680, qui n'ordonna la peine de mort que pour les faux commis dans l'exercice d'une fonction publique, et autorisa les juges, pour les autres cas où il s'agirait de faux, à prononcer telle peine qu'ils jugeraient convenable, même celle de mort, suivant les circonstances. Les rédacteurs de la loi de 1791 ne voulurent pas abandonner à l'arbitraire la faculté de disposer ainsi de la vie des accusés.

Un des articles de cette loi porte que le faux témoin en matière criminelle sera puni de la peine de vingt ans de fers, et qu'il sera puni de mort s'il est intervenu condamnation à mort contre l'accusé dans le procès duquel aura été entendu le faux témoin.

Le nouveau Code s'est conformé à l'esprit qui a dicté cette disposition, et n'a fait d'autre changement que celui qui était nécessité par le nouvel ordre de peines; il ne distingue pas non plus si le faux témoin a été corrompu par argent; c'est un crime extrêmement grave, quel qu'en ait été le motif, que de faire perdre à un innocent l'honneur et la liberté, quelquefois même la vie, ou de faire rentrer dans la société un coupable qui, enhardi par l'impunité même, commettra bientôt de nouveaux forfaits : ainsi, en matière criminelle, la loi n'a nul égard aux ressorts qui ont pu faire mouvoir le faux témoin. Quant au faux témoignage dans toute autre matière, le nouveau Code prononce la réclusion; mais il punit plus sévèrement le faux témoin qui s'est laissé corrompre par argent, par une récompense quelconque ou par des promesses : il prononce contre lui le *minimum* de la peine que doit subir le faux témoin en matière criminelle, c'est-à-dire, celle des travaux forcés à temps.

Quant a la subornation de témoins en quelque matière que ce soit, les coupables seront condamnés à une peine d'un degré supérieur à celle que subiront les faux témoins dans la même affaire : les uns et les autres ne seront condamnés à la même peine que lorsque les faux témoins devront être punis de mort. Cette subornation est une espèce de provocation si dangereuse, qu'on a pensé que le coupable devait être puni plus sévèrement que la personne provoquée.

Enfin une disposition relative au faux serment, et qui n'existait pas dans la loi de 1791, a été placée dans le nouveau Code. Ce crime sera puni de la dégradation civique. Nulle peine ne convenait mieux au crime de faux serment que celle qui consiste dans la destitution et l'exclusion du condamné de toutes fonctions ou emplois publics, et dans la privation de plusieurs droits civiques, tels, par exemple, que celui d'être juré ou témoin. Le coupable de faux serment s'est en effet rendu indigne de jouir de ces avantages.

La poursuite de ce crime appartient surtout au ministère public. Quant à la partie, ou le serment a été déféré par elle, ou il l'a été d'office. Dans le premier cas, la partie est repoussée par l'article 1363 du Code Napoléon, qui porte que « lorsque le serment déféré ou référé a été fait, l'adversaire n'est point recevable à en prouver la fausseté. » Cette disposition a pour but d'empêcher que la partie qui est condamnée par l'effet d'une déclaration à laquelle elle a consenti ne cherche à recommencer le procès, sous prétexte que la déclaration est fausse, ce qui ne manquerait presque jamais d'arriver. Dans le second cas, qui est celui ou le serment a été déféré d'office par le juge, la partie intéressée peut être admise à prouver la fausseté de la déclaration : mais elle doit se conformer aux règles prescrites par le Code de procédure civile.

A l'égard du ministère public, la question de savoir si la partie est ou non recevable à prétendre que le serment est faux lui est étrangère. L'intérêt de la société demande que le crime de faux serment ne reste pas impuni; et quoique la partie ne puisse agir pour son intérêt privé, la peine due au crime ne doit pas moins être provoquée par le ministère public.

La dernière partie du chapitre relatif aux attentats contre les personnes concerne le délit de calomnie.

Attentats contre l'honneur.

Les anciennes lois ne prononçaient contre la calomnie que des peines arbitraires.

Les lois rendues depuis 1789 n'en ont point parlé : il est résulté de là que la calomnie n'a pas été suffisamment réprimée, et que l'envie ou la haine n'ont pas craint d'attaquer la réputation des hommes les plus recommandables. Depuis long-temps on désirait que le législateur mit un frein à de tels excès; car ou le fait qu'on s'est permis d'imputer à quelqu'un est défendu par la loi, ou il ne l'est pas. S'il est défendu, c'est aux juges qu'il appartient de verifier le fait et d'appliquer la peine. Tout bon citoyen doit le dénoncer; et si, au lieu de le déclarer à la justice, il le répand dans le public, soit par ses propos, soit par ses écrits, il est évident que cette conduite est dirigée par la méchanceté plutôt que par l'amour du bien. La malignité, qui saisit avidement ce qu'on lui présente comme ridicule ou odieux, convertit bientôt les allégations en preuves, et bientôt le poison de la calomnie a fait des ravages qui souvent ne s'arrêtent pas à la personne calomniée, mais portent la désolation dans toute sa famille. C'est surtout chez un peuple pour qui l'honneur est le plus grand des biens que la calomnie doit être sévèrement réprimée.

Le nouveau Code définit en ces termes le délit de calomnie :

« Sera coupable de délit de calomnie, celui qui, soit dans « des lieux ou réunions publiques, soit dans un acte au-« thentique et public, soit dans un écrit imprimé ou non, « qui aura été affiché, vendu ou distribué, aura imputé à « un individu quelconque des faits qui, s'ils existaient, ex-« poseraient celui contre lequel ils sont articulés à des pour-« suites criminelles ou correctionnelles, ou même l'expo-« seraient seulement au mépris ou à la haine des citoyens. »

On conçoit que cette disposition ne peut s'appliquer aux fonctionnaires ou autres qui, en donnant de la publicité à certains faits, ne font que remplir l'obligation où ils sont de les révéler ou de les réprimer.

A l'égard de ceux qui ne sont point dans le cas de l'exception, ils peuvent être poursuivis comme calomniateurs.

En vain prétendraient-ils que les faits sont notoires; en vain demanderaient-ils qu'on les admette à la preuve; ils ne seraient point écoutés; de pareils débats ne serviraient qu'à donner plus d'éclat à cette publicité même qui constitue le délit. Si cependant l'auteur de l'imputation dénonce les faits, les juges doivent surseoir au jugement du délit de calomnie, jusqu'à ce qu'il soit décidé si la personne à qui ces faits sont imputés est réellement coupable; car, si elle était condamnée, on ne pourrait raisonnablement condamner le dénonciateur.

S'il est décidé que la personne dont l'honneur a été attaqué n'est pas coupable, soit parce que les faits ne sont point prouvés, soit parce qu'ils ne sont point défendus par la loi, l'auteur de l'imputation doit être déclaré convaincu de délit de calomnie, et puni des peines portées par la loi contre les calomniateurs. Ces peines sont un emprisonnement et une amende proportionnés à la gravité du fait déclaré calomnieux.

Le Code prononce une peine moindre contre celui qui, sans avoir donné auparavant de la publicité aux faits, s'est contenté de les dénoncer, et a depuis été reconnu les avoir dénoncés faussement. Le mal n'étant pas aussi considérable que dans le premier cas, la peine ne peut être aussi forte : elle ne doit pas cependant être trop faible, parce que c'est toujours un acte de méchanceté très-répréhensible.

Il est à remarquer cependant qu'il y a des faits qu'on peut répandre, quoique très-graves, sans être déclaré calomniateur; ce sont ceux dont on est en état de rapporter la preuve légale. Cette preuve légale résulte d'un jugement ou de tout autre acte authentique. Alors c'est au jugement, c'est à l'acte authentique que les faits doivent leur première publicité; ils ne pouvaient plus ensuite qu'être rappelés: or, la loi ne peut imputer à délit ce qui, par sa nature, doit être connu.

Le Code prononce une amende de 16 à 500 francs à l'égard des injures ou des expressions outrageantes qui ne renfermeraient l'imputation d'aucun fait précis, mais celle d'un vice déterminé, lorsqu'elles auront été proférées dans des lieux ou réunions publiques, ou insérées dans des écrits imprimés ou non, qui auraient été répandus et distribués.

Reprocher, par exemple, publiquement à quelqu'un un vice tel que l'ivrognerie ou la débauche, est un outrage qui ne doit pas être laissé impuni, si la personne offensée en demande réparation : mais l'injure n'est pas aussi grande que si quelques faits étaient précisés : le vague de l'injure en atténue la force, et l'amende est une peine suffisante.

Enfin, quelle que soit la quotité de l'amende qui sera prononcée, comme peine de la calomnie ou de l'injure, elle ne nuira jamais au paiement des dommages-intérêts que la partie offensée aura pu obtenir; il suffit de se rappeler qu'aux termes de l'article 54 du Code, qui s'applique à tous les crimes et délits, lorsque les biens des condamnés seront insuffisants pour acquitter la totalité des condamnations, les restitutions et dommages-intérêts seront préférés à l'amende et à la confiscation.

Nous observerons, d'un autre côté, que l'auteur de l'imputation d'un vice n'a nul moyen de s'affranchir de la peine. Demanderait-il qu'on l'admît à la preuve? la loi ne le permet pas. Voudrait-il dénoncer? on ne dénonce que des faits précis et qualifiés crimes, délits ou contraventions. Cela ne peut s'appliquer à l'imputation d'un vice en général.

Nous n'avons point à nous occuper ici des autres injures que la loi punit, quoiqu'elles n'aient aucun caractère de publicité; elles ne donnent lieu qu'à des peines de simple police, et ce sera l'objet du quatrième Livre.

Il nous reste à dire un mot sur les révélations de secrets.

A l'exception des révélations que la loi exige, parce qu'elles importent au salut public, tout dépositaire, par état ou profession, des secrets qu'on lui confie, ne peut les révéler sans encourir des peines de police correctionnelle : ne doit-on pas en effet considérer comme un délit grave des révélations qui souvent ne tendent à rien moins qu'à compromettre la réputation de la personne dont le secret est trahi, à détruire en elle une confiance devenue plus nuisible qu'utile, à déterminer ceux qui se trouvent dans la même situation à mieux aimer être victimes de leur silence que de l'indiscrétion d'autrui; enfin à ne montrer que des traîtres dans ceux dont l'état semble ne devoir offrir que des êtres bienfaisants et de vrais consolateurs? La nécessité de la peine, en pareille matière, est encore mieux sentie qu'elle ne pourrait être développée.

Telle est, Messieurs, l'analyse des principales dispositions de la partie du nouveau Code relative aux attentats contre les personnes. Vous avez remarqué les différences essentielles qu'offre la comparaison de ces dispositions avec le Code pénal et le Code correctionnel de 1791. Les lacunes que l'expérience a fait connaître ont été remplies; les distinctions qu'elle a recommandées ont été faites. S'il s'est présenté quelques difficultés, les regards de Sa Majesté, à qui rien n'échappe de tout ce qui peut être utile, les ont aperçues, et son génie les a fait disparaître. Nous espérons, Messieurs, que tant de soins réunis assureront à cet important ouvrage l'avantage glorieux d'être honoré de votre assentiment.

MOTIFS

Du Livre III, Titre II, Chapitre II,

PRÉSENTÉS

PAR MM. LE CHEVALIER FAURE, ET LES COMTES MARET
ET CORVETTO, Conseillers d'État.

Séance du 9 février 1810.

MESSIEURS,

Dans la dernière séance, nous avons eu l'honneur de vous soumettre un projet de loi destiné à faire partie du Code des délits et des peines, et relatif aux attentats contre les personnes.

Sa Majesté nous charge aujourd'hui de vous présenter un autre projet dépendant du même Code : il est relatif aux attentats contre les propriétés.

Les dispositions qu'il renferme doivent être également considérées comme la sanction de la loi civile. Tandis que le Code Napoléon règle les différentes manières dont on peut acquérir la propriété, le Code pénal détermine les différents cas où l'atteinte portée à la propriété constitue un crime ou délit. Ces cas sont très-variés. Ce qui appartient à autrui peut être soustrait par fraude ; il peut être enlevé par violence ; il peut être détruit par imprudence ou méchanceté. Chacun de ces actes est susceptible de nuances que le législateur doit saisir pour proportionner la peine au délit. Les motifs que nous allons donner des principales dispositions du projet vous feront connaître les grandes et nombreuses améliorations que promet le nouveau Code.

Nous parlerons d'abord des actes qualifiés vol.

Vol.

« Celui-là est coupable de vol, dit la loi, qui soustrait « frauduleusement une chose qui ne lui appartient pas.»

Le mot *frauduleusement* prouve qu'il faut aussi, pour qu'il y ait vol, que la chose soustraite appartienne à autrui. Si elle n'appartient à personne, il ne peut y avoir de fraude; car l'expression est corrélative, et suppose que quelqu'un peut être trompé ou dépouillé.

La soustraction frauduleuse, étant un attentat à la propriété, doit être punie. Elle doit l'être plus ou moins, suivant qu'elle est précédée, accompagnée ou suivie de circonstances plus ou moins graves.

Avant de parler du degré d'influence que ces circonstances doivent avoir sur l'intensité de la peine, je ne puis me dispenser d'offrir à vos méditations un principe consacré par la nouvelle loi.

Ce principe consiste à rejeter l'action publique, et à n'admettre que l'action privée, c'est-à-dire, l'action en dommages-intérêts, à l'égard de toute espèce de fraude commise par les maris au préjudice de leurs femmes, par les femmes au préjudice de leurs maris, par un veuf ou ou une veuve, quant aux choses qui avaient appartenu à l'époux décédé; enfin par les parents et alliés en ligne directe, ascendante ou descendante, les uns envers les autres.

Les rapports entre ces personnes sont trop intimes pour qu'il convienne, à l'occasion d'intérêts pécuniaires, de charger le ministère public de scruter des secrets de famille, qui peut-être ne devraient jamais être dévoilés, pour qu'il ne soit pas extrêmement dangereux qu'une accusation puisse être poursuivie dans des affaires où la ligne qui sépare le manque de délicatesse du véritable délit est souvent très-difficile à saisir; enfin pour que le ministère public puisse provoquer des peines dont l'effet ne se bornerait pas à répandre la consternation parmi tous les membres de la famille, mais qui pourraient encore être une source éternelle de divisions et de haines.

Loin que le silence du ministère public préjudicie à la partie privée, il ne pourra que lui être utile, puisque son action en réparations civiles lui est réservée, et qu'elle n'aura point à craindre, en la formant, que ses répétitions ne soient absorbées par les frais privilégiés d'une procédure criminelle.

Ces considérations puissantes ont nécessité la disposition spéciale dont nous venons de rendre compte. Mais comme une telle exception doit être renfermée dans le cercle auquel elle appartient, il en résulte que toute autre personne qui aurait recélé ou appliqué à son profit des objets provenant d'un vol dont le principal auteur serait compris dans l'exception, subirait la même peine que si elle-même eût commis le vol.

Souvent ces sortes de vols n'auraient pas lieu, si quelques étrangers ne les conseillaient ou ne les facilitaient.

La peine, au surplus, ne s'appliquera point à ceux qui auraient reçu les objets volés ou qui en auraient profité sans savoir qu'ils fussent volés.

Vous vous rappelez, Messieurs, qu'il résulte des articles 60 et 62 du Code, qu'on ne peut être puni pour avoir aidé, assisté ou facilité une action défendue par la loi, ou recélé une chose volée, que lorsqu'on l'a fait avec connaissance.

Après avoir parlé d'un cas particulier d'exception, nous allons faire connaître les peines établies par le nouveau Code en matière de vol.

Si le vol n'est accompagné d'aucune circonstance aggravante, il sera puni de peines de police correctionnelle, comme il l'a été jusqu'à ce jour.

Mais, si une ou plusieurs de ces circonstances existent, la rigueur de la peine devant être proportionnée à la gravité du crime, voici les bases sur lesquelles repose l'échelle proportionnelle.

La circonstance qui aggrave le plus le vol est la violence, parce qu'alors le crime offre tout à la fois un attentat contre la personne et un attentat contre la propriété.

Aussi le vol fait avec violence, quoique nulle autre circonstance n'existe, et qu'il n'ait laissé aucune trace de blessure, sera puni de la peine des travaux forcés à temps, ainsi qu'il l'était par la loi de 1791.

Mais si le vol, outre la violence, a été accompagné de plusieurs autres circonstances aggravantes ; par exemple, s'il a été commis la nuit et avec armes, ou si seulement la violence a laissé quelques traces de blessures ou de contusion, ce n'est plus la peine des travaux forcés à temps, mais celle des travaux forcés à perpétuité qui sera prononcée.

En effet, lorsque le vol porte un tel caractère, il est d'une nature si grave, que toute peine moins sévère ne serait pas assez répressive.

La loi du 26 floréal an 5 prononce la peine de mort à l'égard de tout vol commis dans une maison à l'aide de violences exercées sur les personnes qui s'y trouvaient, et lorsque ces violences auront laissé des traces, cette même loi veut aussi que la peine de mort ait lieu, si ceux qui ont commis le vol avec violence se sont introduits dans la maison par la force des armes.

Suivant le nouveau Code, le vol avec violence n'emportera la peine de mort que lorsqu'il aura été commis avec une réunion de circonstances dont l'ensemble présente un caractère si alarmant, que le crime doive être mis au même rang que l'assassinat.

Il faudra donc que le vol avec violence ait été en même temps commis la nuit par deux ou plusieurs personnes, avec armes apparentes ou cachées, et, de plus, à l'aide d'effraction extérieure, ou d'escalade, ou de fausses clefs, ou en prenant un faux titre, ou un faux costume, ou en alléguant un faux ordre.

Toutes ces circonstances réunies forment un corps de délit si grave, que la loi punit les coupables de la même peine que celui qui a commis un assassinat.

Il n'est pas même nécessaire, lorsque ce concours de circonstances existe, que les coupables aient commencé à exercer des violences; il suffit qu'ils aient menacé de faire usage de leurs armes.

A l'égard des vols commis dans les chemins publics, ces sortes de crimes qui portent toujours un caractère de violence, et qui menacent la sûreté individuelle, seront punis de la peine des travaux forcés à perpétuité : ici nous supposons qu'il n'y a eu de la part du coupable aucune attaque à dessein de tuer; autrement il subirait la peine due aux assassins.

Si le vol n'a été commis ni dans un chemin public, ni avec violence, mais avec une ou plusieurs des circonstances dont nous venons de parler, la peine sera plus ou moins forte, suivant que ces circonstances, soit par leur réunion, soit par leur nature particulière, influeront sur la gravité du délit.

Nous ajouterons que le vol, quoique dénué de toutes ces circonstances, sera puni plus rigoureusement que le vol simple, à raison de la qualité de l'auteur du vol et de la confiance nécessaire qu'a dû avoir en lui la personne volée ; si, par exemple, le vol a été commis par un domestique envers son maître, ou par un aubergiste envers la personne qu'il aura logée, ou enfin, si c'est cette dernière qui a volé l'aubergiste.

Tous ces crimes seront punis de la réclusion : une peine plus forte empêcherait souvent qu'ils ne fussent dénoncés. C'est ce dont l'expérience n'a fourni que trop d'exemples.

Quant aux vols d'objets exposés à la foi publique, la loi de 1791 les punissait tous indistinctement d'une peine afflictive. Beaucoup de ces crimes restèrent impunis, parce que la peine était trouvée trop forte, et que l'on aimait mieux acquitter les coupables que de leur faire subir un châtiment qui excédait celui qu'ils paraissaient avoir mérité. La loi du 25 frimaire an 8 parut, et la connaissance de tous ces délits indistinctement fut attribuée aux tribunaux de police correctionnelle. Alors un nouvel inconvénient se fit apercevoir. La peine était insuffisante en plusieurs cas ; et l'insuffisance de la peine produisit le même effet que l'impunité. Dès-lors ces sortes de délits se renouvelèrent fréquemment, et les tribunaux ont élevé de justes plaintes à cet égard.

La distinction que le nouveau Code établit apportera un remède efficace au mal.

Ou le vol aura été commis à l'égard d'objets qu'on ne pouvait se dispenser de confier à la foi publique, tels que les vols de bestiaux, d'instruments d'agriculture, de récoltes, ou de partie de récoltes qui se trouvaient dans les champs ; en un mot, de choses qu'il est impossible de surveiller soi-même ou de faire surveiller. En ce cas, les coupables seront punis d'une peine afflictive.

Ou les objets volés pouvaient être gardés, de sorte que c'est volontairement qu'on les aura confiés à la foi publique. Dans ce dernier cas, ce n'est plus qu'un vol simple, qui dès-lors sera puni de peines de police correctionnelle.

Jusqu'à présent on avait regretté que des circonstances qui influaient sur la gravité du délit ne fussent pas définies; des interprétations arbitraires suppléaient à l'absence des définitions, ce qui était un grand mal, surtout en matière criminelle.

Le remède se trouvera dans le nouveau Code. Ainsi, par exemple, on s'est demandé sans cesse si l'effraction, pour être qualifiée extérieure, devait nécessairement être faite à l'entrée de la porte principale de la maison, ou si cette qualification appartenait également à l'effraction à l'aide de laquelle on s'était introduit dans les appartemens ou logemens particuliers. Le Code répond que l'effraction extérieure existe aussi dans ce dernier cas, parce que l'appartement particulier qu'on occupe dans une maison est, pour celui qui l'habite, sa maison même, et que beaucoup de maisons sont trop considérables, surtout dans les grandes villes, pour que la porte principale de l'édifice puisse rester fermée constamment, et que l'édifice entier puisse être habité par la même famille.

Une autre difficulté s'était présentée dans les cours criminelles. Elles n'étaient pas d'accord sur la question de savoir s'il fallait considérer comme vol fait à l'aide de fausses clefs celui qu'on aurait commis avec des clefs non imitées, ni contrefaites, ni altérées, mais qui n'avaient pas été destinées aux fermetures auxquelles elles ont été employées.

Le Code décide cette question et prononce l'affirmative. En effet, détourner une clef de sa destination pour l'employer à commettre un crime, n'est autre chose que convertir une clef véritable en une fausse clef. En un mot, toute clef n'est véritable que relativement à sa destination.

La seule différence que la loi admet entre cette clef dont il y a eu abus, et une clef contrefaite ou altérée, est que celle-ci est toujours fausse clef, et que la première ne le devient qu'au moment qu'on l'emploie comme on aurait fait d'une clef contrefaite.

A l'egard des fausses clefs proprement dites, la loi condamne celui qui les fabrique à des peines de police correctionnelle ; elle veut même que, si c'est un serrurier, il subisse la peine de la réclusion. La faute doit être punie plus rigoureusement à raison de la facilité qu'on a eue de la commettre, et la confiance nécessairement attachée à cet état exige d'autant plus de précautions.

Nous terminerons cette partie en observant que la tentative de vol sera punie comme le vol même, quoique le vol n'eût donné lieu qu'à des peines de police correctionnelle. Une disposition spéciale était nécessaire sur ce point, vu que l'article 3 du Code en exige une à l'égard des tentatives de délits.

Nous allons examiner une autre espèce d'attentats à la propriété : ce sont ceux qui ont lieu par suite d'opérations de commerce, ou à l'aide d'entreprises réelles ou simulées ; ce sont, d'une part, les banqueroutes, et de l'autre les escroqueries.

L'escroquerie est à la vérité comprise dans la banqueroute frauduleuse; mais ce dernier crime est beaucoup plus grave par sa cause et par ses effets.

Banqueroutes et escroqueries.

Le Code de commerce distingue deux espèces de banqueroute; la banqueroute simple et la banqueroute frauduleuse.

Les articles 586 et 587 de ce Code déterminent les divers cas qui constituent la banqueroute simple; ils consistent tous dans des imprudences ou négligences graves.

L'article 593 détermine ceux qui constituent la banqueroute frauduleuse.

Le mot *frauduleux* indique assez en quoi il consiste : nous nous abstiendrons de rapporter ses dispositions, à cause des nombreux détails qu'elles renferment.

Le nouveau Code prononce, comme a fait la loi de 1791, la peine des travaux forcés à temps contre les banqueroutiers frauduleux : on sent combien il est nécessaire d'établir une peine rigoureuse contre un crime destructif de cette confiance qui est l'âme du commerce, crime dont le contre-coup se fait souvent ressentir sur tant de familles réduites à leur tour à l'impossibilité de remplir leurs engagements.

Le nouveau Code porte contre le banqueroutier simple un emprisonnement d'un mois au moins, et de deux ans au plus. Il s'est conformé littéralement à la disposition de l'article 592 du Code de commerce.

On conçoit que l'amende ne pouvait, pour ce délit, être ajoutée à l'emprisonnement; car comment serait-il possible d'obtenir le paiement d'une amende de celui qui n'est pas en état de s'acquitter envers ses créanciers?

Une autre disposition relative à la faillite des agents de change ou courtiers est une conséquence nécessaire des dispositions du Code de commerce. Vous vous rappelez, Messieurs, qu'il est expressément établi par les articles 85 et 86 de ce Code, qu'un agent de change ou courtier ne peut, dans aucun cas, ni sous aucun prétexte, faire des opérations de commerce ou de banque pour son compte ; qu'il ne peut s'intéresser directement ni indirectement, sous son nom ou sous un nom interposé, dans aucune entreprise commerciale ; qu'il ne peut recevoir ni payer pour le compte de ses commettants ; qu'enfin il ne peut se rendre garant de l'exécution des marchés où il s'entremet.

S'il est absolument défendu à l'agent de change ou courtier de faire le commerce, il ne peut donc faire faillite qu'en prévariquant.

Passons ensuite à l'article 89 du même Code : il porte « qu'en cas de faillite, tout agent de change ou courtier « est poursuivi comme banqueroutier. » L'article n'avait pas besoin d'ajouter le mot *frauduleux* ; car la disposition relative à la banqueroute simple ne peut évidemment s'appliquer à un cas de prévarication dans l'exercice de fonctions si importantes et si délicates, à un cas de prévarication dont les effets peuvent être si désastreux pour les maisons de commerce. Il résulte de là que l'agent de change ou courtier, s'il est en état de faillite, doit être puni comme le banqueroutier frauduleux ; et que, s'il est en état de banqueroute frauduleuse, il doit être puni d'une peine plus forte que celle établie pour les cas ordinaires.

Ainsi, d'après le nouveau Code, la simple faillite de la part de l'agent de change ou courtier emportera la peine des travaux forcés à temps, et la banqueroute

frauduleuse emportera celle des travaux forcés à perpétuité.

A l'égard de l'escroquerie, on a tâché, dans la nouvelle définition de ce qui constitue ce délit, d'éviter les
inconvénients qui étaient résultés des rédactions précédentes.

Celle de la loi du 22 juillet 1791 était conçue de manière qu'on en a souvent abusé, tantôt pour convertir
les procès civils en procès correctionnels, et par-là procurer à la partie poursuivante la preuve testimoniale et
la contrainte par corps au mépris de la loi générale ; tantôt pour éluder la poursuite de faux en présentant l'affaire comme une simple escroquerie, et par-là procurer
au coupable une espèce d'impunité, au grand préjudice
de l'ordre public.

La loi du 2 frimaire an 2 ne remédia qu'à un seul de
ces inconvénients. Elle put bien empêcher la confusion
du faux avec l'escroquerie ; mais elle n'empêcha pas que
la loi générale ne fût encore éludée.

Cet abus cessera sans doute d'après la rédaction du
nouveau Code. La suppression du mot *dol* qui se trouvait dans les deux premières rédactions ôtera tout prétexte de supposer qu'un délit d'escroquerie existe par la
seule intention de tromper. En approfondissant les termes de la définition, on verra que la loi ne veut pas que
la poursuite en escroquerie puisse avoir lieu sans un
concours de circonstances et d'actes antécédents qui ex-
cluent toute idée d'une affaire purement civile.

A la suite de cette définition on trouvera la réserve
de peines plus graves, s'il y a crime de faux ; et les caractères auxquels ce crime peut être reconnu sont indiqués dans le chapitre concernant le faux, de manière à
faire disparaître jusqu'à la plus légère incertitude.

Abus de confiance.

Le Code renferme plusieurs dispositions nouvelles sur les abus de confiance.

L'une atteint ceux qui auront abusé des besoins, des faiblesses ou des passions d'un mineur pour lui faire souscrire des actes préjudiciables à ses intérêts.

Depuis long-temps on gémissait de voir que cette espèce de corrupteurs de la jeunesse pouvait impunément ruiner les fils de famille. En vain le Code Napoléon déclare que la simple lésion donne lieu à la rescision en faveur du mineur émancipé contre toutes sortes de conventions; ces hommes sans pudeur se font payer plus cher leurs avances, à raison des risques qu'ils courent; ils prennent toutes leurs précautions pour éluder l'application de la loi civile; mais la crainte d'une peine correctionnelle pourra-les retenir, et les jeunes gens ne trouveront plus autant de facilité à se procurer des ressources désastreuses pour leur fortune, et quelquefois plus funestes encore sous le rapport des mœurs.

Une autre disposition, quoique applicable à un fait plus rare, était également sollicitée par l'expérience. Elle contient deux décisions à la fois. Voici l'exemple.

Un blanc-seing est destiné à être rempli d'un mandat, si le besoin l'exige : il se trouve entre les mains d'un tiers. Celui-ci le remplit d'une obligation. Le signataire réclame : il prouve la fraude. Comment ce délit sera-t-il qualifié? Ce sera, répond le Code, un abus de confiance, si le blanc-seing a été confié au tiers par le signataire qui l'a chargé d'écrire au-dessus de sa signature, non pas une obligation, mais un mandat. Dans ce cas, l'écriture est celle qui devait se trouver sur l'acte; seulement le tiers a fait ce qu'il ne lui était pas permis de faire.

Cette fraude est une véritable escroquerie. Mais c'est un faux, si le tiers n'a pas été chargé de remplir le blanc. Il n'y a point abus de confiance, puisque rien n'a été confié. Il y a faux, parce que la main qui a tracé l'écriture n'est point celle par qui le blanc devait être rempli, et qu'ainsi le blanc contient un corps d'écriture qu'il ne devait pas contenir.

Nous ne parlerons point ici de la peine que le coupable subira, s'il a commis un faux; cette peine est déterminée dans un autre titre.

S'il a commis seulement un abus de confiance, il sera condamné à des peines de police correctionnelle.

Nous passerons sous silence les modifications faites à loi du 9 germinal an 6, sur les loteries étrangères, et à celle du 16 pluviose an 12, sur les maisons de prêt.

Les dispositions principales de ces lois ont été placées dans le nouveau Code.

Nous nous abstiendrons également de parler de la disposition relative à ceux qui, dans les adjudications, auront entravé ou troublé la liberté des enchères. Le fond de cet article a été puisé dans la loi correctionnelle de 1791, et dans la loi particulière du 24 avril 1793. La nouvelle rédaction est beaucoup plus complète, et remplit plusieurs lacunes.

Préjudice porté aux manufactures, au commerce et aux arts.

Le Code s'occupe ensuite de divers délits qui portent un préjudice notable, non pas seulement aux intérêts de quelques personnes en particulier, mais encore à ceux du commerce en général. Plus les gouvernements ont senti combien la prospérité de l'État était intimement liée à celle du commerce, plus ils ont pris de précautions pour prévenir les fraudes qui pouvaient y porter atteinte. Sans doute ces fraudes rejaillissent tôt ou tard sur leurs auteurs, parce qu'elles leur font perdre le crédit nécessaire au succès de leurs opérations ; mais lorsqu'elles ont pour but de tromper sur la qualité, les dimensions ou la nature de la fabrication, à l'égard des produits de nos manufactures qui s'exportent à l'étranger, un si grand mal ne doit point rester impuni. C'est pour cette raison, et pour plusieurs autres dont nous parlerons dans un instant, que la loi du 22 germinal an 11 fut rendue. Les abus qu'elle prit soin de réprimer avaient été l'objet de vives réclamations, et il ne fallait rien moins que la crainte d'une juste peine pour en arrêter le cours.

Plusieurs dispositions de cette loi salutaire ont été rapportées dans le nouveau Code ; d'autres, que le besoin a sollicitées, y ont également trouvé place.

Le nouveau Code défend, comme l'a fait la loi de 1791, les coalitions entre les maîtres contre les ouvriers, et entre les ouvriers contre les maîtres.

Les maîtres se coalisent pour faire baisser le salaire des ouvriers, et les ouvriers pour faire augmenter leur paye.

Si cependant le salaire des ouvriers est trop modique, et qu'ils ne puissent subsister en France, ils iront chercher leurs moyens de subsistance en pays étranger. Si les maîtres sont obligés de donner aux ouvriers une paye trop forte, ils seront réduits à la triste nécessité ou de se ruiner, s'ils veulent soutenir la concurrence avec les autres établissements du même genre à qui les ouvriers ne font point la loi, ou de fermer leurs ateliers, au grand préjudice des ouvriers eux-mêmes.

Tel est l'effet que produisent aussi ces sortes de défenses ou d'interdictions que les ouvriers prononcent contre les directeurs d'ateliers et entrepreneurs d'ouvrages, et qu'ils prononcent même quelquefois les uns contre les autres. Ils croient par-là servir leur intérêt aux dépens de leur maître, et ils ne nuisent pas moins à leur propre intérêt.

Le Code prononce contre tous ces abus des peines de police correctionnelle, graduées suivant la nature du délit.

La loi regarde comme coupable de délit celui qui, dans la vue de nuire à l'industrie française, fait passer en pays étranger des directeurs, des ouvriers ou commis d'un établissement. Si chacun doit être libre de faire valoir son industrie et ses talents partout où il croit pouvoir en retirer le plus d'avantage, il convient de punir celui qui débauche des hommes nécessaires à un établissement, non pour procurer à ces hommes un plus grand bien, souvent incertain, mais pour causer la ruine de l'établissement même. Ces actes de méchanceté sont punis de peines de police correctionnelle.

La loi punit aussi correctionnellement celui qui communique à des Français résidant en France les secrets de la fabrique où il est employé : celui-ci ne fait point tort aux fabriques nationales en général, mais il préjudicie en particulier à la fabrique à laquelle ce secret appartient; il enlève à l'un le fruit de son invention, pour enrichir un autre à qui cette invention est étrangère; il décourage l'industrie par la crainte d'être frustrée de sa légitime récompense.

Mais la peine de la réclusion, c'est-à-dire une peine afflictive et infamante, attend quiconque aura communiqué de tels secrets à des étrangers ou à des Français résidant en pays étrangers. Ce n'est plus à un ou plusieurs particuliers qu'il fait tort : il nuit à la nation entière, qu'il prive d'une source de richesses; il contribue à diminuer la prospérité nationale, en contribuant à faire pencher la balance du commerce en faveur du pays étranger auquel il a sacrifié l'intérêt de la France.

Elles n'ont pas non plus échappé à la prévoyance du Code, ces manœuvres coupables qu'emploient des spéculateurs avides et de mauvaise foi pour opérer la hausse ou la baisse du prix des denrées ou des marchandises, ou des papiers et effets publics au-dessus, ou au dessous des prix qu'aurait déterminés la concurrence naturelle et libre du commerce. Le Code cite pour exemples de ces manœuvres les bruits faux ou calomnieux semés à dessein dans le public, les coalitions entre les principaux détenteurs de la marchandise ou denrée : il ajoute toute espèce de voie ou moyens frauduleux, parce qu'en effet ils sont si multipliés, qu'il ne serait guère plus facile de les détailler que de les prévoir.

La disposition ne peut s'appliquer à ces spéculations franches et loyales qui distinguent le vrai commerçant. Celles-ci, fondées sur des réalités, sont utiles à la société. Loin de créer tour à tour les baisses excessives et les hausses exagérées, elles tendent à les contenir dans les limites que comporte la nature des circonstances, et par-là servent le commerce en le préservant des secousses qui lui sont toujours funestes.

Une disposition du Code punit aussi de peines de police correctionnelle les paris qui auront été faits sur le hausse ou la baisse des effets publics.

La disposition suivante contient une explication essentielle. Voici les termes : « Sera réputée pari de ce genre « toute convention de vendre ou de livrer des effets « publics qui ne seront pas prouvés par le vendeur avoir

« existé à sa disposition au temps de la convention, ou
« avoir dû s'y trouver au temps de la livraison. »

Il résulte de cette définition, que le but de la loi est
de réprimer une foule de spéculateurs qui, sans avoir
aucune espèce de solvabilité, se livrent à ces jeux, et ne
craignent point de tromper ceux avec lesquels ils traitent.
La loi soumet le vendeur seul à la preuve qu'elle exige,
parce que c'est lui qui promet de livrer la chose ; mais si
la promesse de livrer existe de la part des deux contrac-
tants, la preuve est nécessaire pour l'un et pour l'autre ;
car tous deux sont respectivement vendeurs et acheteurs.

Ce moyen de répression, loin de nuire en aucune manière aux opérations des spéculateurs honnêtes et déli-
cats, les rendra moins périlleuses en les délivrant du
concours de ceux qui, n'ayant rien à perdre. osent tout
risquer.

Le Code contient aussi des dispositions non-seulement
contre ceux qui font usage de faux poids ou de fausses
mesures, mais encore contre ceux qui se servent d'autres
poids ou d'autres mesures que ceux qui ont été établis
par les lois de l'État. Ces deux actes n'étant pas susceptibles d'une assimilation parfaite, il a dû être établi
quelque différence dans les peines : un mot suffira pour
en faire sentir la nécessité.

En effet, l'usage de faux poids ou de fausses mesures
comprend nécessairement une fraude. Il n'en est pas de
même de l'usage des poids ou mesures anciennes : celui-
ci peut n'être pas accompagné de fraude ; et si la fraude
n'existe pas, ce n'est point un délit, c'est une contravention. Sans doute cette contravention doit être réprimée ; car la loi sur l'uniformité des poids et mesures est
d'une utilité qui ne peut être méconnue que par l'ignorance et les préjugés ; et ceux qui ne s'empressent pas de

se conformer à cette loi s'étonneront un jour d'avoir pu douter de sa sagesse. Au reste, lorsqu'ils sont trompés, ils ne peuvent pas prétendre que la loi doit venir à leur secours, comme s'ils l'avaient été par l'usage de faux poids ou de fausses mesures ayant la forme légale. Dans ce dernier cas, la loi les considérerait comme victimes d'une fraude dont ils n'ont pas dû se défier. Mais lorsqu'ils consentent à ce qu'on emploie à leur égard des poids ou mesures que la loi prohibe, ils se rendent complices d'une contravention : ils ont dû prévoir les risques auxquels ils se sont exposés, et la loi leur refuse toute action pour en obtenir la réparation. Ainsi le vendeur et même l'acheteur, quoique trompé, seront punis : le premier, pour avoir commis une fraude et une contravention, et on lui appliquera la peine relative à l'usage des faux poids et des fausses mesures; quant au second, c'est-à-dire à l'acheteur, il sera condamné, pour sa contravention, à une peine de simple police.

Je passe au délit de contrefaçon : il est évident que ce délit offre un attentat à la propriété. On peut contrefaire des ouvrages gravés ou peints, comme des ouvrages imprimés. Les règles d'après lesquelles la propriété d'un auteur est légalement reconnue, celles qui déterminent l'étendue et les bornes de cette propriété, ne sont point l'objet du Code pénal. Il ne s'agit ici que des peines qui doivent être subies par les contrefacteurs. Ces peines sont une amende et la confiscation de la chose contrefaite. Nous avons déjà dit, dans une autre occasion, que la confiscation et l'amende ne tournent jamais au profit de l'Etat qu'après que la partie lésée a été entièrement indemnisée.

Il est à considérer que le délit de contrefaçon exige une surveillance d'autant plus sévère, que son effet ne se borne pas à porter préjudice au propriétaire légitime; l'impunité d'un tel délit nuirait tout à la fois aux arts et au commerce, par le découragement qu'il apporterait parmi les auteurs et les éditeurs, puisqu'il n'en est aucun qui ne dût craindre pour lui le même sort. Disons plus, cette fraude rejaillirait sur l'Etat lui-même, qui tire son plus grand lustre de la prospérité des arts et du commerce

Délits des fournisseurs.

Le Code a prévu aussi une espèce de fraude dont la poursuite est réservée au Gouvernement seul, parce que l'intérêt de l'Etat est le seul qui en souffre. Je parle de l'inexécution des engagements contractés par les fournisseurs envers le Gouvernement. Si cette inexécution fait manquer le service, et qu'ils ne prouvent pas qu'elle est l'effet d'une force majeure, la loi les punit très-sévèrement; car il peut résulter les conséquences les plus fâcheuses de ce que le service n'a pas été fait au jour marqué. Le succès d'une bataille dépend quelquefois de l'exactitude la plus scrupuleuse à cet égard. Un moment perdu est souvent irréparable, ou ne peut se réparer que par de grands sacrifices. En un mot, il est impossible de calculer les suites d'une faute de cette espèce, et la peine que la loi porte contre les coupables est celle de la réclusion : elle ajoute une amende. Cet accessoire tient à la nature du délit, vu que les retards proviennent presque toujours de l'espoir d'augmenter les profits Nous avons dit que les fournisseurs ne sont pas punis, lorsqu'il est évident qu'une force majeure seule a causé ces retards. Ils ne le sont pas non plus, s'ils prouvent que la faute ne doit être imputée qu'à leurs agents : alors ce sont ces derniers qui doivent subir la peine. Mais la peine est plus forte si le crime a été facilité par des fonctionnaires publics ou des agents du Gouvernement. C'est un bien plus grand crime de participer au mal, lorsque par état on devait l'empêcher. La peine portée contre ces derniers est celle des travaux forcés à temps.

Nous n'avons pas besoin d'observer ici que ces dispositions relatives aux fournisseurs ne concernent que les fautes qu'ils peuvent avoir commises. S'ils avaient été d'intelligence avec l'ennemi, il faudrait se reporter au chapitre des crimes contre la sûreté de l'Etat.

Destructions et dommages.

Le Code, après s'être occupé des attentats à la propriété qui ont pour objet de s'enrichir aux dépens d'autrui, soit par fraude, soit par violence, s'occupe de ceux qui n'ont pour but que de satisfaire la vengeance ou la haine, et qui dès-lors dérivent uniquement de la méchanceté. Dans cette dernière espèce de crimes ou délits, le coupable ne prend point une chose qui appartient à autrui, afin d'en jouir lui-même ; mais il détruit cette chose pour qu'un autre n'en jouisse pas. Au premier rang de ces attentats est le crime d'incendie. Ce crime, comme celui de l'empoisonnement, est l'acte qui caractérise la plus atroce lâcheté. Il n'en est point de plus effrayant, soit par la facilité des moyens, soit à cause de la rapidité des progrès, soit enfin par l'impossibilité de se tenir continuellement en garde contre le monstre capable d'un si grand forfait. L'empoisonnement même, sous certains rapports, semble n'être pas tout-à-fait aussi grave ; car il n'offense que la personne qui doit en être la victime, tandis que l'autre crime s'étend jusqu'aux propriétés de ceux à qui l'on n'a voulu faire aucun mal, et tend à envelopper plusieurs familles dans une ruine commune. Il expose même la vie des personnes qui se trouvent dans le lieu incendié, et qui peuvent n'avoir pas le temps d'échapper aux flammes; ou si ce sont des récoltes qu'il incendie, ce feu peut se communiquer d'un champ à l'autre, et plonger un canton tout entier dans un état de détresse absolu. Un crime aussi exécrable mérite la mort; et telle est en effet la peine prononcée par le Code.

Si le crime d'incendie doit à juste titre être mis au même rang que l'assassinat, les menaces d'incendie doivent, par le même motif, être punies des mêmes peines que les menaces d'assassinat. Je ne répéterai point les observations que j'ai présentées dans la précédente séance, au sujet des menaces d'attentats contre les personnes.

On peut détruire des propriétés autrement que par le feu; comme les conséquences que ce crime entraîne ne sont pas en général aussi désastreuses que celles qui résultent du crime d'incendie, il emporte seulement la peine de la réclusion. Si cependant il en est résulté un homicide ou des blessures, celui par le fait duquel cet homicide ou ces blessures ont eu lieu, est considéré par la loi comme les ayant faits avec préméditation; car, en détruisant ou renversant un édifice, il savait que ces accidents pouvaient arriver; et l'acte de méchanceté dont il s'est rendu coupable ayant en effet produit ces accidents, ils doivent lui être imputés comme s'il les avait occasionnés à dessein.

Le Code défend aussi, sous des peines de police correctionnelle, de s'opposer par des voies de fait à l'exécution d'ouvrages que le Gouvernement a autorisés. Si le Gouvernement a été induit en erreur, il faut recourir aux autorités compétentes. Les retards occasionnés par les voies de fait doivent d'autant moins rester impunis, qu'ils peuvent causer un grand préjudice à l'intérêt public.

Si les propriétés qui ont été détruites sont des actes ou titres, la loi punit plus sévèrement la destruction des actes authentiques ou des effets de commerce ou de banque, que celle de toute autre pièce, parce que ces actes ou effets sont bien plus précieux, à raison des priviléges particuliers que la loi leur attache, et que dès-lors leur perte produit un bien plus grand r. al. Aussi leur destruction est-elle punie d'une peine afflictive, tandis que celle des autres pièces ne donne lieu qu'à des peines de police correctionnelle.

Mais lorsqu'il s'agit de propriétés qu'on a non pas détruites, mais pillées ou dévastées, ce qui, relativement au propriétaire, produit souvent le même effet, si le pillage ou le dégât ont été commis à force ouverte, ce cas présente deux crimes à la fois : 1° l'action de piller ou dévaster ; 2° une sorte de rebellion qui a été employée pour en faciliter l'exécution. Cette complication demande une peine plus rigoureuse ; et en conséquence, le Code prononce la peine des travaux forcés à temps. La loi se relâche un peu de sa rigueur en faveur de ceux qui prouveront avoir été entraînés par des provocations ou sollicitations à prendre part à ces sortes de pillage : elle autorise les juges à ne condamner les coupables qu'à la peine de la réclusion : je dis *autorise*, car elle ne leur en impose pas la nécessité ; ils se détermineront suivant les circonstances, qui sont variées à l'infini. Enfin, si les choses pillées sont des objets de première nécessité, les coupables sont condamnés à une peine perpétuelle, et cette peine est la déportation. Ces crimes peuvent en effet avoir les suites les plus désastreuses : ils peuvent amener la guerre civile ; et il convient d'exclure à jamais de la société des hommes qui, par leurs excès, commettent le double crime de porter atteinte à la propriété individuelle, et d'exposer l'État aux plus grands dangers.

Je ne m'arrêterai point aux dispositions qui prononcent des peines de police correctionnelle contre ceux qui détruisent des productions de la terre nécessaires aux besoins de la vie, ou des instruments utiles à l'agriculture, ou qui font périr des animaux dont ils privent, sans aucune nécessité, le maître auquel ils appartiennent. La plupart de ces délits étaient prévus par les anciennes lois, mais plusieurs n'étaient pas assez punis : par exemple, l'ordonnance de 1669 ne prononçait point l'emprisonnement dans le cas d'arbres abattus ou mutilés de manière à les faire périr; l'amende qu'elle prononçait était insuffisante : de là tant d'abus auxquels le nouveau Code remédiera.

A l'égard du délit qui se commet en inondant les propriétés d'autrui, faute d'avoir observé les réglements de l'autorité compétente sur la hauteur à laquelle on peut élever le déversoir, la loi n'avait jusqu'à présent parlé que de moulins et usines; le nouveau Code parle aussi des étangs : la raison est la même, et de nombreuses réclamations se sont élevées pour leur rendre commune la disposition de la loi.

Quant aux droits de l'administration à cet égard, le Code pénal n'avait point à s'en occuper : des lois et décrets particuliers en déterminent l'étendue et les limites.

Je dois ajouter une observation.

La loi du 6 octobre 1791 ne distingue point lorsque l'inondation a causé des dégradations ou lorsqu'elle n'en a point occasionné : ces deux cas sont trop différents pour que la peine doive être la même. Le nouveau Code établit la distinction. Si aucune dégradation n'a eu lieu ; si, par exemple, il n'est résulté de l'inondation d'autre mal que d'avoir interrompu pendant quelque temps la communication par un chemin ou passage, une amende seule sera prononcée, ainsi que le veut la loi du 6 octobre.

Mais s'il y a eu des dégradations, le mal étant plus considérable, la désobéissance à l'autorité doit être plus sévèrement punie. Le Code porte un emprisonnement, outre l'amende. Cet emprisonnement, quoique de courte durée, suffira pour l'efficacité de l'exemple.

Il ne me reste plus qu'à dire un mot sur quelques délits qu'on ne peut attribuer à la méchanceté, mais qui sont l'effet de l'imprudence ou du défaut de précaution.

De tout temps il a existé des ordonnances et des règlements qui ont prescrit l'observation de différentes règles pour prévenir les incendies. Si l'une de ces règles avait été négligée, et qu'un incendie eût eu lieu, les contrevenants étaient condamnés à l'amende. Telle était entre autres l'ordonnance de police du 15 novembre 1781, concernant les incendies, règlement fait pour la ville de Paris. La loi du 6 octobre 1791 a depuis généralisé une partie de ses sages dispositions, et elles se retrouveront dans le nouveau Code.

Le Code s'est enfin occupé des précautions qui ont pour objet de prévenir les maladies épizootiques. Les lois et règlements qui concernent ces maladies sont une branche particulière de législation à laquelle le Code n'a point entendu porter atteinte. Il se borne à quelques mesures générales, applicables à tous les temps et à tous les lieux. Une personne a-t-elle en sa possession des animaux ou bestiaux infectés de maladie contagieuse, ou soupçonnés de l'être, elle doit en avertir sur-le-champ le maire de la commune où ils se trouvent, et, sans attendre que le maire ait répondu, les tenir renfermés : autrement, dans l'intervalle qui s'écoulerait entre l'avertissement et la réponse, la communication libre qu'on leur laisserait pourrait occasionner une contagion parmi les autres animaux. Première précaution ordonnée sous peine d'un emprisonnement et d'une amende.

Si l'administration trouve que ces animaux ne sont infectés d'aucune maladie contagieuse, et que dès-lors nul danger ne s'oppose à ce qu'on les laisse communiquer avec d'autres, le possesseur peut, d'après la décision administrative, leur rendre la liberté.

Il doit, au contraire, se l'interdire strictement lorsque la décision est prohibitive. Deuxième précaution dont on ne peut s'écarter sans encourir un emprisonnement plus long, et une amende plus forte que dans le premier cas.

Si même, pour n'avoir pas respecté la prohibition, une contagion était survenue, le Code veut que l'emprisonnement soit de deux ans au moins, et cinq ans au plus, et que l'amende puisse être prononcée dans une proportion qui ne pourra être moindre de cent francs, ni excéder mille.

Le Code ne pourrait s'étendre davantage en cette partie sans se livrer à une multitude de détails extrêmement fastidieux, et qui appartiennent à la classe des dispositions réglementaires.

Telle est, Messieurs, l'analyse des principales dispositions du chapitre relatif aux attentats contre la propriété. A cet égard il est beaucoup de délits emportant des peines de police correctionnelle qui seront prévenus, si les gardes champêtres, les gardes forestiers et autres officiers de police exercent avec une sévère exactitude la surveillance qui leur est confiée. Ils seront donc plus coupables que les autres, lorsqu'eux-mêmes commettront ces délits. Aussi une disposition particulière rend plus forte à leur égard la peine de police correctionnelle. Cette disposition ne s'applique qu'aux attentats contre la propriété.

Je terminerai par quelques observations sur une disposition générale qui s'applique à toutes les parties du Code.

Observations générales.

Au milieu d'un si grand nombre de délits de police correctionnelle que le Code a prévus, il est facile de concevoir que plus d'une fois des actes qualifiés délits seront accompagnés de circonstances particulières, qui, loin de les aggraver, les atténueront sensiblement. La justice reconnaîtra peut-être en même temps que le dommage éprouvé par la personne lésée est extrêmement modique; il pourrait dès-lors en résulter que le *minimum* de la peine déterminée par la loi pour le cas général serait trop fort, et que les juges se trouveraient placés dans l'alternative fâcheuse d'user envers le coupable d'une rigueur dont l'excès leur paraîtrait injuste, ou de le renvoyer absous, en sacrifiant le devoir du magistrat à un sentiment inspiré par l'humanité.

Une disposition qui termine la partie du Code dont nous nous occupons en ce moment porte que, si le préjudice n'excède pas vingt-cinq francs, et que les circonstances paraissent atténuantes, les juges sont autorisés à réduire l'emprisonnement, et l'amende même, jusqu'au *minimum* des peines de police. Au moyen de cette précaution, la conscience du juge sera rassurée, et la peine sera proportionnée au délit.

Il n'était pas possible d'établir une règle semblable à l'égard des crimes. Tout crime emporte peine afflictive ou infamante, mais tout crime n'emporte pas la même espèce de peine ; tandis qu'en matière de délits de police correctionnelle, la peine est toujours soit l'emprisonnement, soit l'amende, soit l'un et l'autre ensemble.

Cela posé, la réduction des peines de police correctionnelle ne frappe que sur la quotité de l'amende et sur la durée de l'emprisonnement.

Au contraire, les peines établies pour les crimes étant de différentes espèces, il faudrait, lorsqu'un crime serait atténué par quelque circonstance qui porterait le juge à considérer la peine comme trop rigoureuse, quant à son espèce ; il faudrait, disons-nous, que le juge fût autorisé à changer l'espèce de peine, et à descendre du degré fixé par la loi à un degré inférieur, par exemple, à prononcer la réclusion au lieu des travaux forcés à temps, ou bien à substituer le carcan à la réclusion. Ce changement, cette substitution ne serait pas une réduction de peine proprement dite, elle serait une véritable commutation de peine. Or, le droit de commutation de peine est placé par la constitution dans les attributions du souverain ; il fait partie du droit de faire grâce : c'est au souverain seul qu'il appartient de décider, en matière de crimes, si telle circonstance vérifiée au procès est assez atténuante pour justifier une commutation. La seule exception laissée au pouvoir judiciaire est dans les cas d'excuse ; encore faut-il que le fait allégué pour excuse soit admis comme tel par la loi avant qu'on puisse descendre, en cas de preuves, à une peine inférieure ;

Il résulte de ces observations qu'en fait de peine afflictive ou infamante, le juge doit se renfermer dans les limites que la loi lui a tracées; qu'il ne peut dire que la faute est excusable que lorsque la loi a prévu formellement les circonstances sur lesquelles l'excuse est fondée, et que toute application d'une peine inférieure à celle fixée par la loi est un acte de clémence qui ne peut émaner que du prince, unique source de toutes les grâces

Vous venez d'entendre, Messieurs, les motifs des principales dispositions du projet de loi qui vous est soumis : en examinant ses détails, vous serez convaincus, nous osons l'espérer, que dans cette partie, comme dans toutes les autres de la législation pénale, on a tâché d'atteindre le plus haut degré de perfection possible. Nos efforts pour perfectionner le Code ont été secondés par les sages observations de votre commission. Si ce monument, fruit de longues et profondes méditations, est recommandé par vos suffrages, il réunira tous les titres à la confiance publique.

MOTIFS DU LIVRE IV,

PRÉSENTÉS

PAR MM. LE COMTE RÉAL, LES CHEVALIERS FAURE ET GIUNTI, Conseillers d'État.

Séance du 10 février 1810.

Messieurs,

Nous avons l'honneur de vous présenter le quatrième et dernier Livre du *Code des* DÉLITS ET DES PEINES, celui qui établit les *peines de police simple*, et qui définit et classe les diverses *contraventions* auxquelles ces peines seront appliquées.

Ceux qui m'ont précédé à cette tribune vous ont parlé de *crimes*, de *délits*; et, au moment où ils ont déroulé sous vos yeux cette épouvantable série d'attentats qu'il faut prévoir, chacun de vous, jetant un regard sur le passé, a vu dans ce tableau de crimes possibles, et presque prophétisés, la véritable et sanglante histoire des passions, des fureurs et de la dépravation de l'homme.

Je viens mettre sous vos yeux des tableaux moins sévères, rappeler des souvenirs moins tristes; et, dans cette série de fautes que la morale réprouve encore, et que la loi punit, du moins vous ne verrez plus de *crimes*, plus de *délits*, mais de simples *contraventions*. Dans l'énumération des peines, vous ne m'entendrez point parler de mort, de sang versé; plus de fers, plus de travaux forcés; un *emprisonnement* de quelques jours, une légère *amende*, suffiront pour proportionner ici la *peine* à la *contravention*.

Les dispositions contenues dans les trois premiers Livres, les *peines* qui y sont déterminées, établissent le Code de *Police de sûreté*; elles ont pour objet et auront pour résultat de s'assurer de la personne de tous les malfaiteurs qui, de temps en temps, et sur diverses parties du territoire, signalent leur funeste existence par des attentats à la vie ou à la propriété des citoyens.

Les dispositions renfermées dans le quatrième Livre que nous vous présentons ont pour objet, auront aussi pour résultat nécessaire le maintien habituel de l'ordre et de la tranquillité dans toutes les parties de l'Empire.

Cette quatrième partie, concourant par des moyens différents au même résultat, était le complément nécessaire et indispensable des trois premières.

Ainsi, par exemple, effrayés ou atteints par les dispositions précédentes, les brigands ne peuvent infester les grandes routes, et le voyageur peut les fréquenter avec sécurité. La partie du Code que nous vous présentons va plus loin; et sur ces routes, devenues sûres par le bienfait des précédentes dispositions, elle maintient l'ordre qui en procure l'usage, qui en écarte les accidents; et si les précédentes dispositions mettent le voyageur à l'abri des attentats du voleur, celles que nous présentons le défendent contre l'insolence et la tyrannie du roulier.

Ainsi lorsque les dispositions précédentes garantissent les propriétés des ravages de l'incendie, en punissant de mort l'incendiaire volontaire, la loi de *police* donne à la propriété une garantie nouvelle, en éveillant l'attention, en punissant des imprudences qui causent des incendies accidentels.

Au Code qui poursuit et supplicie la méchanceté qui commet les crimes il a donc fallu joindre celui qui châtie l'imprudence, cause de tant d'accidents et de malheurs.

Et pendant que les dispositions précédentes assurent le repos de la cité par le supplice du criminel consommé qui lui fait la guerre, les dispositions du Code de *police simple* arrivent au même but en faisant la guerre aux petites passions, à ces *contraventions* légères dont l'habitude ne conduit que trop souvent aux plus grands crimes.

Plusieurs des dispositions contenues dans ce Code ne seraient point déplacées dans un cours de morale; et c'est ainsi que le Code sévère des *délits et des peines*, ce Code vengeur des crimes, arrive par degrés au Code du bon voisinage et de l'urbanité.

Avant l'Assemblée constituante, les dispositions qui forment aujourd'hui le *Code de police simple* étaient disséminées et perdues dans un grand nombre de volumes, dans une infinité de règlements et d'ordonnances de police, dont plusieurs, de date très-ancienne, n'étaient plus en harmonie ni avec les mœurs, ni avec les habitudes nationales.

Chaque province, chaque ville, chaque quartier avait ses lois, ses usages locaux, sa jurisprudence particulière; et dans cette partie de la législation qui touche de plus près le peuple, et surtout dans la partie pénale de cette législation, l'arbitraire et le caprice classaient le délit, infligeaient, graduaient, et quelquefois créaient la peine.

Après s'être occupée du grand ouvrage de la *police de sûreté*, l'Assemblée constituante tira du chaos la législation relative à *la police simple*, et, par la loi du 19 juillet 1791, en créa le Code sous le nom de *police municipale*.

Le Code des *délits et des peines* du 3 brumaire an 4

(articles 595 et 596) rapporta les dispositions de la loi du 19 juillet 1791, relatives à la forme de procéder, et aux règles d'instruction à observer par les tribunaux de *police municipale* et *correctionnelle*, et interdit en conséquence aux municipalités tout exercice du pouvoir judiciaire que la loi de 1791 leur avait attribué.

Le même Code de brumaire, après avoir (art. 600) spécifié les peines de police simple, ne consacra qu'un seul article (l'article 605) à la classification des délits qui en seraient passibles; et il admit au nombre de ces délits, les délits mentionnés dans le titre II de la loi du 28 septembre 1791, sur la *police rurale*, et qui, suivant les dispositions de cette loi, *étaient dans le cas d'être jugés par voie de police municipale*.

Un second article (l'art. 606) laissait au tribunal de police le pouvoir de graduer selon les circonstances, et le plus ou le moins de gravité du délit, les *peines* qu'il était chargé de prononcer, sans néanmoins qu'elles pussent, en aucun cas, être au-dessous d'une amende de la valeur d'une journée de travail, ou d'un jour d'emprisonnement, ni s'élever au-dessus de la valeur de trois journées de travail, ou de trois jours d'emprisonnement.

Un troisième article (l'art. 607) prononçait sur la récidive; et dans ce cas, les peines devant suivre la proportion réglée par les lois des 19 juillet et 28 septembre 1791, et ces peines alors excédant la compétence du tribunal de police, ne pouvaient être prononcées que par le tribunal de *police correctionnelle*.

Enfin un quatrième et dernier article (l'art. 608) définissait la *récidive*.

Cette législation ainsi réduite présentait des lacunes à remplir.

La dernière disposition de l'article 605, comparée à quelques dispositions des articles empruntés à la loi du 28 septembre, faisait naître sur la compétence quelques incertitudes.

Quelques délits soumis à la *police simple* paraissaient assez graves pour être réclamés par la *police correctionnelle ;* et réciproquement quelques contraventions attribuées à celle-ci appartenaient évidemment à la *police simple.*

Presque la totalité des dispositions empruntées à la loi du 28 septembre 1791 paraissent étrangères à la *police simple ,* et sont réclamées par le *Code rural.*

La peine prononcée contre la *récidive ,* et surtout le changement de juridiction, qui donne les juges, et qui applique *les peines du délit* à ce qui n'est qu'une *contravention ,* ont paru répugner aux principes.

Enfin cette latitude accordée au juge, par une heureuse innovation, pour l'application de la *peine ,* cette latitude, 'dis-je, resserrait l'équité du juge dans un espace encore trop étroit, et la même *peine* pesait trop également sur des *délits* de force inégale.

Dans le projet soumis à votre sanction, vous trouverez les dispositions que désirait le dernier état des choses, et les lacunes seront remplies.

Les limites de la compétence ont été indiquées par des lignes très-prononcées.

On a restitué tous les *délits* à la *police correctionnelle ,* qui a rendu à la *police simple* toutes les *contraventions.*

On a renvoyé au *Code rural* toutes les dispositions qui lui appartenaient franchement ; quelques *contraventions* mixtes sont restées seules dans le domaine de la *police simple.*

L*a récidive* jugée *par les mêmes juges* trouve une punition plus proportionnée à la *contravention*, et plus conforme aux principes.

Enfin, dans ce projet dont je vais, en très-peu de lignes, vous tracer l'économie, vous verrez que, par le moyen d'une simple classification, combinée avec une plus grande latitude donnée au juge, nous avons évité ce que l'arbitraire du juge, ce que l'arbitraire de la loi pouvaient avoir de dangereux, pour obtenir de l'équité du juge et de la sevérité de la loi une punition bien juste, bien proportionnée à la *contravention*.

Le Livre IV est distribué en deux chapitres.

Le premier traite *des peines*.

Le second traite des *contraventions* et *peines*.

Le chapitre premier spécifie les *peines*, en détermine l'étendue, la durée.

Ces peines sont l'*emprisonnement*, l'*amende*, et la *confiscation* de certains objets saisis.

L'*emprisonnement* ne peut être moindre d'un jour, ni en excéder cinq.

Les *amendes* peuvent être prononcées depuis un franc jusqu'à quinze francs.

Le projet conserve et renouvelle la disposition qui se trouvait dans le Code de l'Assemblée constituante, et qui applique l'*amende* au profit de la commune où la *contravention* a été commise.

On a cru devoir répéter dans ce chapitre une disposition déjà consacrée dans un des précédents, et qui statue qu'en cas d'insuffisance des biens, les restitutions et les indemnités dues à la partie lésée sont préférées à l'amende.

Le paiement de l'amende, les restitutions, indemnités et frais entraîneront la *contrainte par corps*, mais avec ces différences, que, pour le *paiement de l'amende*, le condamné ne pourra être détenu plus de quinze jours, s'il justifie de son insolvabilité ; au lieu que pour le paiement des restitutions, etc., le condamné doit garder prison jusqu'à parfait paiement, à moins que ces dernières condamnations ne soient prononcées au profit de l'Etat.

Le chapitre II se subdivise en trois sections ; et chaque section comprend une classe de *contraventions* qui est punie par une *peine* proportionnée à la gravité de la *contravention*.

Les *contraventions* de la première classe sont punies d'une *amende*, depuis un franc jusqu'à cinq francs.

De toutes les *contraventions* classées dans cette première section, il n'y en a que deux qui soient passibles de l'*emprisonnement* ; encore le juge n'est-il point forcé de le prononcer, mais il le peut suivant les circonstances.

Dans ce cas, l'*emprisonnement* sera de trois jours au plus.

L'*emprisonnement* pendant trois jours au plus sera toujours prononcé en cas de récidive.

Les *contraventions* de la deuxième classe sont punies d'une *amende* qui ne peut être moindre de six francs, et qui ne peut en excéder dix.

L'*amende* de cinq jours au plus est toujours appliquée en cas de *récidive*.

Les contraventions de la troisième classe sont punies d'une *amende* de onze à quinze francs inclusivement.

Suivant les circonstances, l'*emprisonnement* pendant cinq jours au plus *pourra* être prononcé contre quelques-unes des contraventions classées dans cette troisième section ;

Et l'*emprisonnement* pendant cinq jours aura toujours lieu en cas de *récidive*.

C'est en établissant cette classification, c'est en accordant en même temps au juge le droit d'élever, dans la proportion autorisée par la classification, la quotité de l'*amende*, ou d'augmenter, dans les cas prévus, la durée de l'*emprisonnement*, que nous avons pu nous assurer que le texte de la loi ne serait ni éludé ni forcé, et que le juge jouirait cependant de l'indépendance raisonnable et suffisante dont il a besoin pour faire bonne justice : indépendance réclamée par Montesquieu, qui prononce que, *dans l'exercice de la police, c'est plutôt le magistrat qui punit que la loi.*

A la suite du chapitre IV se trouve, dans l'art. 484 et dernier, une disposition générale qui s'applique au Code entier, et qui mérite toute votre attention. Cet article dit :

« En tout ce qui n'est pas réglé par le présent Code, « en matière de *crimes, délits* et *contraventions,* les « cours et tribunaux continueront d'observer et de faire « exécuter les dispositions des lois et des règlements ac- « tuellement en vigueur. »

Cette disposition était d'absolue nécessité. Elle maintient les dispositions pénales, sans lesquelles quelques lois, des Codes entiers, des règlements généraux d'une utilité reconnue, resteraient sans exécution.

Ainsi cette dernière disposition maintient les lois et règlements actuellement en vigueur, relatifs,

Aux dispositions du Code rural, qui ne sont point entrées dans ce Code ;

Aux taxes, contributions directes ou indirectes, droits réunis, de douanes et d'octrois ;

Aux tarifs pour le prix de certaines denrées ou de certains salaires;

Aux calamités publiques, comme épidémies, épizooties, contagions, disettes, inondations;

Aux entreprises de services publics, comme coches, messageries, voitures publiques de terre et d'eau, voitures de place, numéros ou indications de noms sur voitures, postes aux lettres et postes aux chevaux;

A la formation, entretien et conservation des rues, chemins, voies publiques, ponts et canaux;

A la mer, à ses rades, rivages et ports, et aux pêcheries maritimes;

A la navigation intérieure, à la police des eaux et aux pêcheries;

A la chasse, aux bois, aux forêts;

Aux matières générales de commerce, affaires et expéditions maritimes, bourses ou rassemblements commerciaux, police des foires et marchés;

Aux commerces particuliers d'orfévrerie, bijouterie, joaillerie, de serrurerie et de gens de marteau; de pharmacie et apothicairerie; de poudres et salpêtres; des arquebusiers et artificiers; des cafetiers, restaurateurs, marchands et débitants de boissons; de cabaretiers et aubergistes;

A la garantie des matières d'or et d'argent;

A la police des maisons de débauche et de jeu;

A la police des fêtes, cérémonies et spectacles;

A la construction, entretien, solidité, alignement des édifices et aux matières de voiries;

Aux lieux d'inhumation et sépulture;

A l'administration, police et discipline des hospices; maisons sanitaires et lazarets; aux écoles, aux maisons de dépôt, d'arrêt, de justice et de peine, de détention correctionnelle et de police ; aux maisons ou lieux de fabrique, manufactures ou ateliers ; à l'exploitation des mines et des usines ;

Au port d'armes ;

Au service des gardes nationales ;

A l'état civil, etc., etc.

Vous connaissez maintenant, Messieurs, dans son ensemble et dans ses détails, ce nouveau Code qui doit donner le mouvement au Code d'Instruction criminelle que vous avez sanctionné dans votre avant-dernière session.

Vous pouvez maintenant apprécier ce bel ouvrage, et reconnaître quelle immense supériorité lui donnent sur celui de l'Assemblée constituante les nombreuses améliorations qu'il a reçues.

Le Code des *Délits et des Peines* de 1791 était déjà sans doute un monument magnifique élevé à l'humanité, à la raison sur les ruines d'institutions barbares ; mais on ne peut pas se dissimuler que ses auteurs travaillaient sur un volcan, et qu'ils n'ont pas toujours pu écouter la voix de la raison.

Vingt ans d'ailleurs se sont écoulés depuis que cette immense machine a été mise à exécution ; et pendant ces vingt ans, au nombre desquels se trouvent les longues et instructives années qui ont précédé Brumaire, pendant ces vingt ans, une expérience de tous les jours en a signalé les défauts, les parties faibles, les lacunes.

Soumises à un examen sévère, toutes les parties de ce grand ouvrage ont été l'objet d'une longue méditation ; d'innombrables lacunes ont été remplies ; tous les articles conservés ont été refondus ; toutes les définitions, rendues plus complètes, ont gagné de clarté et de précision ; des parties entières toutes nouvelles ont été ajoutées. Les juges cesseront enfin d'être les aveugles applicateurs d'un texte qui produisait, par son inflexibilité même, tous les maux d'un atroce arbitraire. L'immense bienfait de la latitude accordée aux juges débarrassera enfin leur raison de ces entraves d'acier qui la tenaient dans un homicide esclavage; tous les crimes seront atteints, tous les criminels seront punis, parce que cette latitude permettra enfin au juge d'appliquer une peine qui, pouvant être toujours proportionnée au délit, ne sera jamais cruelle, ne sera jamais dérisoire. L'impunité de beaucoup de criminels est due à l'aveugle inflexibilité de la loi ancienne, autant peut-être qu'à la faiblesse des jurés et à la mauvaise composition du jury.

Ce Code présente à la société une sécurité plus grande, en plaçant les hommes repris de justice, les vagabonds et les mendiants sous la surveillance légale de la haute police.

En insérant dans son Code ce moyen puissant d'ordre et de sûreté publics, le législateur ne hasarde point une théorie nouvelle dont les résultats soient incertains. Ce moyen, la force des choses l'avait créé; et, en l'adoptant, en lui donnant enfin une existence légale, le législateur n'a fait autre chose que consacrer une mesure dont une longue expérience avait proclamé l'efficacité. En la légalisant, il lui imprime une nouvelle force; il la dépouille de tout ce qu'elle pouvait offrir d'inquiétant et d'irrégulier, en intéressant les tribunaux à son maintien, en les associant à son exécution.

Vous n'hésiterez donc pas, Messieurs, à revêtir de votre sanction ce nouveau Code, digne de prendre place dans cette grande et majestueuse collection de Codes honorés du nom de leur illustre auteur. Ce Code portera aussi le nom de NAPOLÉON, non pas seulement parse qu'il aura été promulgué sous son règne, facile honneur dont pouvaient se contenter les monarques dont on a dit, légèrement sans doute, qu'ils étaient seulement les rois d'un grand règne; il portera le nom de NAPOLÉON parce qu'il est aussi son ouvrage, parce que ce guerrier législateur en a éclairé la discussion, parce qu'il l'a enrichi de ses inspirations, parce que ce Code porte l'empreinte de sa sagesse et de son génie.

Heureux, Messieurs, d'associer vos travaux à ses travaux !

Heureux d'assister à cette époque où sa main puissante, sa main créatrice lance ainsi dans l'espace des siècles ses lois immortalisées par son nom !

Epoque miraculeuse, époque héroïque où chaque année de son règne est signalée

Par la conquête d'un empire ;

Par une paix toujours glorieuse, toujours généreuse, parce que toujours la force et la modération l'ont dictée;

Par la confection de travaux immenses;

Par des projets nouveaux dont la conception seule aurait suffi pour immortaliser un autre monarque.

S'il combat, s'il triomphe, s'il pardonne comme César, il consolide et pacifie comme Auguste;

Econome et magnifique, il change aussi la vieille cité en une cité de marbre;

Et au moment où il rétablit et agrandit encore l'Empire de Charlemagne, au moment où il restitue à l'Italie régénérée la Rome des Césars, il donne à la grande nation des Codes qui font oublier ceux qui portent le nom de Justinien.

Ainsi, couvert de tous les genres de gloire, de tous les faits glorieux qui, pris séparément, ont illustré tant de héros, tant de siècles, le héros du dix-neuvième continue de marquer, par d'impérissables monuments, chacun des pas qu'il fait dans sa marche triomphale qui le conduit à l'immortalité.

FIN DES MOTIFS.

CODE PÉNAL.

(Décrété le 12 février 1810. Promulgué le 22 du même mois.)

DISPOSITIONS PRÉLIMINAIRES.

ARTICLE PREMIER.

L'INFRACTION que les lois punissent des peines de police est une *contravention*.

L'infraction que les lois punissent de peines correctionnelles est un *délit*.

L'infraction que les lois punissent d'une peine afflictive ou infamante est un *crime*.

2. Toute tentative de *crime* qui aura été manifestée par des actes extérieurs et suivie d'un commencement d'exécution, si elle n'a été suspendue, ou n'a manqué son effet que par des circonstances fortuites ou indépendantes de la volonté de l'auteur, est considérée comme le *crime* même.

3. Les tentatives de *délits* ne sont considérées comme *délits* que dans les cas déterminés par une disposition spéciale de la loi.

4. Nulle contravention, nul délit, nul crime, ne peuvent être punis de peines qui n'étaient pas prononcées par la loi avant qu'ils fussent commis.

5. Les dispositions du présent Code ne s'appliquent pas aux contraventions, délits et crimes *militaires*.

LIVRE PREMIER.

DES PEINES EN MATIÈRE CRIMINELLE ET CORRECTIONNELLE, ET DE LEURS EFFETS.

6. Les peines en matière criminelle sont ou afflictives et infamantes, ou seulement infamantes.

7. Les peines afflictives et infamantes sont,

1º La mort;

2º Les travaux forcés à perpétuité;

3º La déportation;

4º Les travaux forcés à temps;

5º La réclusion.

La marque et la confiscation générale peuvent être prononcées concurremment avec une peine afflictive, dans les cas déterminés par la loi.

8. Les peines infamantes sont,

1º Le carcan;

2º Le bannissement;

3º La dégradation civique.

9. Les peines en matière correctionnelle sont,

1º L'emprisonnement à temps dans un lieu de correction;

2º L'interdiction à temps de certains droits civiques, civils ou de famille;

3º L'amende;

10. La condamnation aux peines établies par la loi est toujours prononcée sans préjudice des restitutions et dommages et intérêts qui peuvent être dus aux parties.

11. Le renvoi sous la surveillance spéciale de la haute police, l'amende et la confiscation spéciale, soit du corps du délit, quand la propriété en appartient au

condamné, soit des choses produites par le délit, soit de celles qui ont servi ou qui ont été destinées à le commettre, sont des peines communes aux matières criminelle et correctionnelle.

CHAPITRE PREMIER.

Des peines en matière criminelle.

12. Tout condamné à mort aura la tête tranchée.

13. Le coupable condamné à mort pour parricide sera conduit sur le lieu de l'exécution, en chemise, nu-pieds, et la tête couverte d'un voile noir.

Il sera exposé sur l'échafaud pendant qu'un huissier fera au peuple lecture de l'arrêt de condamnation ; il aura ensuite le poing droit coupé, et sera immédiatement exécuté à mort.

14. Les corps des suppliciés seront délivrés à leurs familles, si elles les réclament, à la charge par elles de les faire inhumer sans aucun appareil.

15. Les hommes condamnés aux travaux forcés seront employés aux travaux les plus pénibles ; ils traîneront à leurs pieds un boulet, ou seront attachés deux à deux avec une chaîne, lorsque la nature du travail auquel ils seront employés le permettra.

16. Les femmes et les filles condamnées aux travaux forcés n'y seront employées que dans l'intérieur d'une maison de force.

17. La peine de la déportation consistera à être transporté et à demeurer à perpétuité dans un lieu déterminé par le Gouvernement, hors du territoire continental de l'Empire.

Si le déporté rentre sur le territoire de l'Empire, il sera, sur la seule preuve de son identité, condamné aux travaux forcés à perpétuité.

Le déporté qui ne sera pas rentré sur le territoire de l'Empire, mais qui sera saisi dans des pays occupés par les armées françaises, sera reconduit dans le lieu de sa déportation.

18. Les condamnations aux travaux forcés à perpétuité et à la déportation, emporteront mort civile.

Néanmoins le Gouvernement pourra accorder au déporté, dans le lieu de la déportation, l'exercice des droits civils, ou de quelques-uns de ces droits.

19. La condamnation à la peine des travaux forcés à temps sera prononcée pour cinq ans au moins, et vingt ans au plus.

20. Quiconque aura été condamné à la peine des travaux forcés à perpétuité, sera flétri, sur la place publique, par l'application d'une empreinte avec un fer brûlant, sur l'épaule droite.

Les condamnés à d'autres peines ne subiront la flétrissure que dans les cas où la loi l'aurait attachée à la peine qui leur est infligée.

Cette empreinte sera des lettres T. P. pour les coupables condamnés aux travaux forcés à perpétuité; de la lettre T., pour les coupables condamnés aux travaux forcés à temps, lorsqu'ils devront être flétris.

La lettre F. sera ajoutée dans l'empreinte, si le coupable est un faussaire.

21. Tout individu de l'un ou de l'autre sexe, condamné à la peine de la réclusion, sera renfermé dans une maison de force, et employé à des travaux dont le produit pourra être en partie appliqué à son profit, ainsi qu'il sera réglé par le Gouvernement.

La durée de cette peine sera au moins de cinq années, et de dix ans au plus.

22. Quiconque aura été condamné à l'une des peines des travaux forcés à perpétuité, des travaux forcés à temps, ou de la réclusion, avant de subir sa peine, sera attaché au carcan sur la place publique : il y demeurera exposé aux regards du peuple durant une heure ; au-dessus de sa tête sera placé un écriteau portant, en caractères gros et lisibles, ses noms, sa profession, son domicile, sa peine, et la cause de sa condamnation.

23. La durée de la peine des travaux forcés à temps, et de la peine de la réclusion, se comptera du jour de l'exposition.

24. La condamnation à la peine du carcan sera exécutée de la manière prescrite par l'article 22.

25. Aucune condamnation ne pourra être exécutée les jours de fêtes nationales ou religieuses, ni les dimanches.

26. L'exécution se fera sur l'une des places publiques du lieu qui sera indiqué par l'arrêt de condamnation.

27. Si une femme condamnée à mort se déclare et s'il est vérifié qu'elle est enceinte, elle ne subira la peine qu'après sa délivrance.

28. Quiconque aura été condamné à la peine des travaux forcés à temps, du bannissement, de la réclusion ou du carcan, ne pourra jamais être juré, ni expert, ni être employé comme témoin dans les actes, ni déposer en justice, autrement que pour y donner de simples renseignements.

Il sera incapable de tutelle et de curatelle, si ce n'est de ses enfants et sur l'avis seulement de sa famille.

Il sera déchu du droit de port d'armes et du droit de servir dans les armées de l'Empire.

29. Quiconque aura été condamné à la peine des travaux forcés à temps ou de la réclusion, sera de plus, pendant la durée de sa peine, en état d'interdiction légale; il lui sera nommé un curateur pour gérer et administrer ses biens, dans les formes prescrites pour la nomination des curateurs aux interdits.

30. Les biens du condamné lui seront remis après qu'il aura subi sa peine, et le curateur lui rendra compte de son administration.

31. Pendant la durée de la peine, il ne pourra lui être remis aucune somme, aucune provision, aucune portion de ses revenus.

32. Quiconque aura été condamné au bannissement, sera transporté, par ordre du Gouvernement, hors du territoire de l'Empire.

La durée du bannissement sera au moins de cinq années, et de dix ans au plus.

33. Si le banni, durant le temps de son bannissement, rentre sur le territoire de l'Empire, il sera, sur la seule preuve de son identité, condamné à la peine de la déportation.

34. La dégradation civique consiste dans la destitution et l'exclusion du condamné de toutes fonctions ou emplois publics, et dans la privation de tous les droits énoncés en l'article 28.

35. La durée du bannissement se comptera du jour où l'arrêt sera devenu irrévocable.

36. Tous arrêts qui porteront la peine de mort, des travaux forcés à perpétuité ou à temps, la déportation, la réclusion, la peine du carcan, le bannissement et la dégradation civique, seront imprimés par extrait.

Ils seront affichés dans la ville centrale du département, dans celle où l'arrêt aura été rendu, dans la commune du lieu où le délit aura été commis, dans celle où se fera l'exécution et dans celle du domicile du condamné.

37. La confiscation générale est l'attribution des biens d'un condamné au domaine de l'État.

Elle ne sera la suite nécessaire d'aucune condamnation; elle n'aura lieu que dans les cas où la loi la prononce expressément.

38. La confiscation générale demeure grevée de toutes les dettes légitimes, jusqu'à concurrence de la valeur des biens confisqués, de l'obligation de fournir aux enfants ou autres descendants une moitié de la portion dont le père n'aurait pu les priver.

De plus, la confiscation générale demeure grevée de la prestation des aliments à qui il en est dû de droit.

39. L'Empereur pourra disposer des biens confisqués, en faveur, soit des père, mère ou autres ascendants, soit de la veuve, soit des enfants, ou autres descendants légitimes, naturels ou adoptifs, soit des autres parents du condamné.

CHAPITRE II.

Des peines en matière correctionnelle.

40. Quiconque aura été condamné à la peine d'emprisonnement, sera renfermé dans une maison de correction; il y sera employé à l'un des travaux établis dans cette maison, selon son choix.

La durée de cette peine sera au moins de six jours, et de cinq années au plus; sauf les cas de récidive ou autres où la loi aura déterminé d'autres limites.

La peine à un jour d'emprisonnement est de vingt-quatre heures;

Celle à un mois est de trente jours.

41. Les produits du travail de chaque détenu pour délit correctionnel seront appliqués, partie aux dépenses communes de la maison, partie à lui procurer quelques adoucissements, s'il les mérite, partie à former pour lui, au temps de sa sortie, un fonds de réserve; le tout ainsi qu'il sera ordonné par des règlements d'administration publique.

42. Les tribunaux, jugeant correctionnellement, pourront, dans certains cas, interdire, en tout ou en partie, l'exercice des droits civiques, civils et de famille suivants :

1° De vote et d'élection;

2° D'éligibilité;

3° D'être appelé ou nommé aux fonctions de juré ou autres fonctions publiques, ou aux emplois de l'administration, ou d'exercer ces fonctions ou emplois;

4° De port d'armes;

5° De vote et de suffrage dans les délibérations de famille;

6° D'être tuteur, curateur, si ce n'est de ses enfants, et sur l'avis seulement de la famille;

7° D'être expert ou employé comme témoin dans les actes;

8° De témoignage en justice, autrement que pour y faire des simples déclarations.

43. Les tribunaux ne prononceront l'interdiction mentionnée dans l'article précédent, que lorsqu'elle aura été autorisée ou ordonnée par une disposition particulière de la loi.

CHAPITRE III.

Des peines et des autres condamnations qui peuvent être prononcées pour crimes ou délits.

44. L'effet du renvoi sous la surveillance de la haute police de l'État, sera de donner au Gouvernement, ainsi qu'à la partie intéressée, le droit d'exiger, soit de l'individu placé dans cet état, après qu'il aura subi sa peine, soit de ses père et mère, tuteur ou curateur, s'il est en âge de minorité, une caution solvable de bonne conduite, jusqu'à la somme qui sera fixée par l'arrêt ou le jugement : toute personne pourra être admise à fournir cette caution.

Faute de fournir ce cautionnement, le condamné demeure à la disposition du Gouvernement, qui a le droit d'ordonner, soit l'éloignement de l'individu d'un certain lieu, soit sa résidence continue dans un lieu déterminé de l'un des départements de l'Empire.

45. En cas de désobéissance à cet ordre, le Gouvernement aura le droit de faire arrêter et détenir le condamné, durant un intervalle de temps qui pourra s'étendre jusqu'à l'expiration du temps fixé pour l'état de la surveillance spéciale.

46. Lorsque la personne mise sous la surveillance spéciale du Gouvernement, et ayant obtenu sa liberté sous caution, aura été condamnée par un arrêt ou jugement devenu irrévocable, pour un ou plusieurs crimes, ou pour un ou plusieurs délits commis dans l'intervalle déterminé par l'acte de cautionnement, les cautions seront contraintes, même par corps, au paiement des sommes portées dans cet acte.

Les sommes recouvrées seront affectées de préférence

aux restitutions, aux dommages-intérêts et frais adjugés aux parties lésées par ces crimes ou ces délits.

47. Les coupables condamnés aux travaux forcés à temps et à la réclusion seront de plein droit, après qu'ils auront subi leur peine, et pendant toute la vie, sous la surveillance de la haute police de l'État.

48. Les coupables condamnés au bannissement seront de plein droit sous la même surveillance pendant un temps égal à la durée de la peine qu'ils auront subie.

49. Devront être renvoyés sous la même surveillance, ceux qui auront été condamnés pour crimes ou délits qui intéressent la sûreté intérieure ou extérieure de l'État.

50. Hors les cas déterminés par les articles précédents, les condamnés ne seront placés sous la surveillance de la haute police de l'État, que dans le cas où une disposition particulière de la loi l'aura permis.

51. Quand il y aura lieu à restitution, le coupable sera condamné en outre, envers la partie, à des indemnités dont la détermination est laissée à la justice de la cour ou du tribunal, lorsque la loi ne les aura pas réglées, sans qu'elles puissent jamais être au-dessous du quart des restitutions, et sans que la cour ou le tribunal puisse, du consentement même de la partie, en prononcer l'application à une œuvre quelconque.

52. L'exécution des condamnations à l'amende, aux restitutions, aux dommages-intérêts et aux frais, pourra être poursuivie par la voie de la contrainte par corps.

53. Lorsque des amendes et des frais seront prononcés au profit de l'État, si, après l'expiration de la peine afflictive ou infamante, l'emprisonnement du condamné, pour l'acquit de ces condamnations pécuniaires, a duré

une année complète, il pourra, sur la preuve acquise par les voies de droit, de son absolue insolvabilité, obtenir sa liberté provisoire.

La durée de l'emprisonnement sera réduite à six mois, s'il s'agit d'un délit ; sauf, dans tous les cas, à reprendre la contrainte par corps, s'il survient au condamné quelque moyen de solvabilité.

54. En cas de concurrence de l'amende ou de la confiscation avec les restitutions et les dommages-intérêts, sur les biens insuffisants du condamné, ces dernières condamnations obtiendront la préférence.

55. Tous les individus condamnés pour un même crime, ou pour un même délit, sont tenus solidairement des amendes, des restitutions, des dommages-intérêts et des frais.

CHAPITRE IV.

Des peines de la récidive pour crimes et délits.

56. Quiconque, ayant été condamné pour crime, aura commis un second crime emportant la dégradation civique, sera condamné à la peine du carcan.

Si le second crime emporte la peine du carcan ou le bannissement, il sera condamné à la peine de la réclusion.

Si le second crime entraîne la peine de la réclusion, il sera condamné à la peine des travaux forcés à temps et à la marque ;

Si le second crime entraîne la peine des travaux forcés à temps, ou la déportation, il sera condamné à la peine des travaux forcés à perpétuité ;

Si le second crime entraîne la peine des travaux forcés à perpétuité, il sera condamné à la peine de mort.

57. Quiconque, ayant été condamné pour un crime, aura commis un délit de nature à être puni correctionnellement, sera condamné au *maximum* de la peine portée par la loi, et cette peine pourra être élevée jusqu'au double.

58. Les coupables condamnés correctionnellement à un emprisonnement de plus d'une année, seront aussi, en cas de nouveau délit, condamnés au *maximum* de la peine portée par la loi, et cette peine pourra être élevée jusqu'au double : ils seront de plus mis sous la surveillance spéciale du Gouvernement, pendant au moins cinq années, et dix ans au plus.

FIN DU LIVRE PREMIER.

LIVRE II.

(Décrété le 13 février 1810. Promulgué le 23 du même mois.)

CHAPITRE UNIQUE.

59. Les complices d'un crime ou d'un délit seront punis de la même peine que les auteurs mêmes de ce crime ou de ce délit, sauf les cas où la loi en aurait disposé autrement.

60. Seront punis comme complices d'une action qualifiée crime ou délit, ceux qui, par dons, promesses, menaces, abus d'autorité ou de pouvoir, machinations ou artifices coupables, auront provoqué à cette action, ou donné des instructions pour la commettre;

Ceux qui auront procuré des armes, des instruments, ou tout autre moyen qui aura servi à l'action, sachant qu'ils devaient y servir.

Ceux qui auront, avec connaissance, aidé ou assisté l'auteur ou les auteurs de l'action, dans les faits qui l'auront préparée ou facilitée, ou dans ceux qui l'auront consommée; sans préjudice des peines qui seront spécialement portées par le présent Code contre les auteurs de complots ou de provocations attentatoires à la sûreté intérieure ou extérieure de l'Etat, même dans le cas où le crime qui était l'objet des conspirateurs ou des provocateurs n'aurait pas été commis.

61. Ceux qui, connaissant la conduite criminelle des malfaiteurs exerçant des brigandages ou des violences contre la sûreté de l'État, la paix publique, les personnes ou les propriétés, leur fournissent habituellement logement, lieu de retraite ou de réunion, seront punis comme leurs complices.

62. Ceux qui sciemment auront recélé, en tout ou en partie, des choses enlevées, détournées ou obtenues à l'aide d'un crime ou d'un délit, seront aussi punis comme complices de ce crime ou délit.

63. Néanmoins, et à l'égard des recéleurs désignés dans l'article précédent, la peine de mort, des travaux forcés à perpétuité, ou de la déportation, lorsqu'il y aura lieu, ne leur sera appliquée qu'autant qu'ils seront convaincus d'avoir eu, au temps du recélé, connaissance des circonstances auxquelles la loi attache les peines de ces trois genres : sinon, ils ne subiront que la peine des travaux forcés à temps.

64. Il n'y a ni crime ni délit, lorsque le prévenu était en état de démence au temps de l'action, ou lorsqu'il a été contraint par une force à laquelle il n'a pu résister.

65. Nul crime ou délit ne peut être excusé, ni la peine mitigée, que dans les cas et dans les circonstances où la loi déclare le fait excusable, ou permet de lui appliquer une peine moins rigoureuse.

66. Lorsque l'accusé aura moins de seize ans, s'il est décidé qu'il a agi *sans discernement*, il sera acquitté ; mais il sera, selon les circonstances, remis à ses parents, ou conduit dans une maison de correction, pour y être élevé et détenu pendant tel nombre d'années que le jugement déterminera, et qui toutefois ne pourra excéder l'époque où il aura accompli sa vingtième année.

67. S'il est décidé qu'il a agi avec *discernement*, les peines seront prononcées ainsi qu'il suit :

S'il a encouru la peine de mort, des travaux forcés à perpétuité, ou de la déportation, il sera condamné à la peine de dix à vingt ans d'emprisonnement dans une maison de correction ;

S'il a encouru la peine des travaux forcés à temps, ou de la réclusion, il sera condamné à être renfermé dans une maison de correction pour un temps égal au tiers au moins et à la moitié au plus de celui auquel il aurait pu être condamné à l'une de ces peines.

Dans tous ces cas, il pourra être mis, par l'arrêt ou le jugement, sous la surveillance de la haute police, pendant cinq ans au moins et dix ans au plus.

S'il a encouru la peine du carcan ou du bannissement, il sera condamné à être enfermé, d'un an à cinq ans, dans une maison de correction.

68. Dans aucun des cas prévus par l'article précédent, le condamné ne subira l'exposition publique.

69. Si le coupable n'a encouru qu'une peine correctionnelle, il pourra être condamné à telle peine correctionnelle qui sera jugée convenable, pourvu qu'elle soit au-dessous de la moitié de celle qu'il aurait subie s'il avait eu seize ans.

70. Les peines des travaux forcés à perpétuité, de la déportation et des travaux forcés à temps, ne seront prononcées contre aucun individu âgé de soixante-dix ans accomplis au moment du jugement.

71. Ces peines seront remplacées, à leur égard, par celle de la réclusion, soit à perpétuité, soit à temps, et selon la durée de la peine qu'elle remplacera.

72. Tout condamné à la peine des travaux forcés à perpétuité ou à temps, dès qu'il aura atteint l'âge de

soixante-dix ans accomplis, en sera relevé, et sera renfermé dans la maison de force pour tout le temps à expirer de sa peine, comme s'il n'eût été condamné qu'à la réclusion.

73. Les aubergistes et hôteliers convaincus d'avoir logé, plus de vingt-quatre heures, quelqu'un qui, pendant son séjour, aurait commis un crime ou un délit, seront civilement responsables des restitutions, des indemnités et des frais adjugés à ceux à qui ce crime ou ce délit aurait causé quelque dommage, faute par eux d'avoir inscrit sur leur registre le nom, la profession et le domicile du coupable; sans préjudice de leur responsabilité, dans le cas des articles 1952 et 1953 du Code Napoléon.

74. Dans les autres cas de responsabilité civile qui pourront se présenter dans les affaires criminelles, correctionnelles ou de police, les cours et tribunaux devant qui ces affaires seront portées, se conformeront aux dispositions du Code Napoléon, livre III, titre IV, chapitre II.

FIN DU LIVRE DEUXIÈME.

LIVRE III.

(Décrété le 15 février 1810. Promulgué le 25 du même mois.)

TITRE PREMIER.

Des Crimes et des Délits contre la chose publique.

CHAPITRE PREMIER.

Des Crimes et Délits contre la sûreté de l'Etat.

SECTION PREMIÈRE.

Des Crimes et Délits contre la sûreté extérieure de l'Etat.

75. Tout Français qui aura porté les armes contre la France, sera puni de mort.

Ses biens seront confisqués.

76. Quiconque aura pratiqué des machinations ou entretenu des intelligences avec les puissances étrangères ou leurs agents, pour les engager à commettre des hostilités ou entreprendre la guerre contre la France, ou pour leur en procurer les moyens, sera puni de mort, et ses biens seront confisqués.

Cette disposition aura lieu dans le cas même où lesdites machinations ou intelligences n'auraient pas été suivies d'hostilités.

77. Sera également puni de mort et de la confiscation de ses biens quiconque aura pratiqué des manœuvres ou entretenu des intelligences avec les ennemis de l'État, à l'effet de faciliter leur entrée sur le territoire et dépendances de l'Empire français, ou de leur livrer des villes, forteresses, places, postes, ports, magasins, arsenaux, vaisseaux ou bâtiments appartenant à la France, ou de fournir aux ennemis des secours en soldats, hommes, argent, vivres, armes ou munitions, ou de seconder les progrès de leurs armes sur les possessions ou contre les forces françaises de terre ou de mer, soit en ébranlant la fidélité des officiers, soldats, matelots ou autres, envers l'Empereur et l'État, soit de toute autre manière.

78. Si la correspondance avec les sujets d'une puissance ennemie, sans avoir pour objet l'un des crimes énoncés en l'article précédent, a néanmoins eu pour résultat de fournir aux ennemis des instructions nuisibles à la situation militaire ou politique de la France ou de ses alliés, ceux qui auront entretenu cette correspondance seront punis du bannissement, sans préjudice de plus fortes peines, dans le cas où ces instructions auraient été la suite d'un concert constituant un fait d'espionnage.

79. Les peines exprimées aux articles 76 et 77 seront les mêmes, soit que les machinations ou manœuvres énoncées en ces articles aient été commises envers la France, soit qu'elles l'aient été envers les alliés de la France, agissant contre l'ennemi commun.

80. Sera puni des peines exprimées en l'art. 76, tout fonctionnaire public, tout agent du Gouvernement, ou toute autre personne qui, chargée ou instruite officiellement ou à raison de son état, du secret d'une négociation ou d'une expédition, l'aura livré aux agents d'une puissance étrangère ou de l'ennemi.

81. Tout fonctionnaire public, tout agent, tout préposé du Gouvernement, chargé, à raison de ses fonctions, du dépôt des plans de fortifications, arsenaux, ports ou rades, qui aura livré ces plans ou l'un de ces plans à l'ennemi ou aux agents de l'ennemi, sera puni de mort, et ses biens seront confisqués.

Il sera puni du bannissement, s'il a livré ces plans aux agents d'une puissance étrangère, neutre ou alliée.

82. Toute autre personne qui, étant parvenue, par corruption, fraude ou violence, à soustraire lesdits plans, les aura livrés ou à l'ennemi ou aux agents d'une puissance étrangère, sera punie comme le fonctionnaire ou agent mentionné dans l'article précédent, et selon les distinctions qui y sont établies.

Si lesdits plans se trouvaient, sans le préalable emploi de mauvaises voies, entre les mains de la personne qui les a livrés, la peine sera, au premier cas mentionné dans l'article 81, la déportation;

Et au second cas du même article, un emprisonnement de deux à cinq ans.

83. Quiconque aura recélé, ou aura fait recéler les espions ou les soldats ennemis envoyés à la découverte, et qu'il aura connus pour tels, sera condamné à la peine de mort.

84. Quiconque aura, par des actions hostiles non approuvées par le Gouvernement, exposé l'État à une déclaration de guerre, sera puni du bannissement; et, si la guerre s'en est suivie, de la déportation.

85. Quiconque aura, par des actes non approuvés par le Gouvernement, exposé des Français à éprouver des représailles, sera puni du bannissement.

SECTION II.

Des Crimes contre la sûreté intérieure de l'État.

§. Ier.

Des Attentats et Complots dirigés contre l'Empereur et sa famille.

86. L'attentat ou complot contre la vie ou contre la personne de l'Empereur, est crime de lèse-majesté; ce crime est puni comme parricide, et emporte de plus la confiscation des biens.

87. L'attentat ou le complot contre la vie ou la personne des membres de la famille impériale;

L'attentat ou le complot dont le but sera,

Soit de détruire ou de changer le Gouvernement ou l'ordre de successibilité au trône,

Soit d'exciter les citoyens ou habitants à s'armer contre l'autorité impériale,

Seront punis de la peine de mort et de la confiscation des biens.

88. Il y a attentat dès qu'un acte est commis ou commencé pour parvenir à l'exécution de ces crimes, quoiqu'ils n'aient pas été consommés.

89. Il y a complot dès que la résolution d'agir est concertée et arrêtée entre deux conspirateurs ou un plus grand nombre, quoiqu'il n'y ait pas eu d'attentat.

90. S'il n'y a pas eu de complot arrêté, mais une proposition faite et non agréée d'en former un pour arriver au crime mentionné dans l'article 86, celui qui aura fait une telle proposition sera puni de la réclusion.

L'auteur de toute proposition non agréée tendante à l'un des crimes énoncés dans l'article 87, sera puni du bannissement.

§. II.

Des crimes tendant à troubler l'Etat par la guerre civile ; l'illégal emploi de la force armée, la dévastation et le pillage publics.

91. L'attentat ou le complot dont le but sera, soit d'exciter la guerre civile en armant ou en portant les citoyens ou habitants à s'armer les uns contre les autres,

Soit de porter la dévastation, le massacre et le pillage dans une ou plusieurs communes,

Seront punis de la peine de mort, et les biens des coupables seront confisqués.

92. Seront punis de mort et de la confiscation de leurs biens, ceux qui auront levé ou fait lever des troupes armées, engagé ou enrôlé, fait engager ou enrôler des soldats, ou leur auront fourni ou procuré des armes ou munitions, sans ordre ou autorisation du pouvoir légitime.

93. Ceux qui, sans droit ou motif légitime, auront pris le commandement d'un corps d'armée, d'une troupe, d'une flotte, d'une escadre, d'un bâtiment de guerre, d'une place forte, d'un poste, d'un port, d'une ville,

Ceux qui auront retenu, contre l'ordre du Gouvernement, un commandement militaire quelconque,

Les commandants qui auront tenu leur armée ou troupe rassemblée, après que le licenciement ou la séparation en auront été ordonnés,

Seront punis de la peine de mort, et leurs biens seront confisqués.

94. Toute personne qui, pouvant disposer de la force publique, en aura requis ou ordonné, fait requérir ou ordonner l'action ou l'emploi contre la levée des

gens de guerre légalement établie, sera punie de la déportation.

Si cette réquisition ou cet ordre ont été suivis de leur effet, le coupable sera puni de mort, et ses biens seront confisqués.

95. Tout individu qui aura incendié ou détruit par l'explosion d'une mine, des édifices, magasins, arsenaux, vaisseaux, ou autres propriétés appartenant à l'État, sera puni de mort, et ses biens seront confisqués.

96. Quiconque, soit pour envahir des domaines, propriétés ou deniers publics, places, villes, forteresses, postes, magasins, arsenaux, ports, vaisseaux ou bâtiments appartenant à l'État, soit pour piller ou partager des propriétés publiques ou nationales, ou celles d'une généralité de citoyens, soit enfin pour faire attaque ou résistance envers la force publique agissant contre les auteurs de ces crimes, se sera mis à la tête de bandes armées, ou y aura exercé une fonction ou commandement quelconque, sera puni de mort, et ses biens seront confisqués.

Les mêmes peines seront appliquées à ceux qui auront dirigé l'association, levé ou fait lever, organisé ou fait organiser les bandes, ou leur auront, sciemment et volontairement, fourni ou procuré des armes, munitions et instruments de crime, ou envoyé des convois de subsistances, ou qui auront de toute autre manière pratiqué des intelligences avec les directeurs ou commandants des bandes.

97. Dans le cas où l'un ou plusieurs des crimes mentionnés aux articles 86, 87 et 91 auront été exécutés ou simplement tentés par une bande, la peine de mort avec confiscation des biens sera appliquée, sans distinction de grades, à tous les individus faisant partie de la

bande et qui auront été saisis sur le lieu de la réunion séditieuse.

Sera puni des mêmes peines, quoique non saisi sur le lieu, quiconque aura dirigé la sédition, ou aura exercé dans la bande un emploi ou commandement quelconque.

98. Hors le cas où la réunion séditieuse aurait eu pour objet ou résultat l'un ou plusieurs des crimes énoncés aux articles 86, 87 et 91, les individus faisant partie des bandes, dont il est parlé ci-dessus, sans y exercer aucun commandement ni emploi, et qui auront été saisis sur les lieux, seront punis de la déportation.

99. Ceux qui, connaissant le but et le caractère desdites bandes, leur auront, sans contrainte, fourni des logements, lieux de retraite ou de réunion, seront condamnés à la peine des travaux forcés à temps.

100. Il ne sera prononcé aucune peine, pour le fait de sédition, contre ceux qui, ayant fait partie de ces bandes sans y exercer aucun commandement, et sans y remplir aucun emploi ni fonction, se seront retirés au premier avertissement des autorités civiles ou militaires, ou même depuis, lorsqu'ils n'auront été saisis que hors des lieux de la réunion séditieuse, sans opposer de résistance et sans armes.

Ils ne seront punis, dans ces cas, que des crimes particuliers qu'ils auraient personnellement commis ; et néanmoins, ils pourront être renvoyés, pour cinq ans ou au plus jusqu'à dix, sous la surveillance spéciale de la haute police.

101. Sont compris dans le mot *armes*, toutes machines, tous instruments ou ustensiles tranchants, perçants ou contondants.

Les couteaux et ciseaux de poche, les cannes simples,

ne seront réputés armes qu'autant qu'il ou aura été fait usage pour tuer, blesser ou frapper.

Disposition commune aux deux paragraphes de la présente Section.

102. Seront punis comme coupables des crimes et complots mentionnés dans la présent. section, tous ceux qui, soit par discours tenus dans des lieux ou réunions publics, soit par placards affichés, soit par des écrits imprimés, auront excité directement les citoyens ou habitants à les commettre.

Néanmoins, dans le cas où lesdites provocations n'auraient été suivies d'aucun effet, leurs auteurs seront simplement punis du bannissement.

SECTION III.

De la révélation et de la non-révélation des crimes qui compromettent la sûreté intérieure ou extérieure de l'État.

103. Toutes personnes qui, ayant eu connaissance de complots formés ou de crimes projetés contre la sûreté intérieure ou extérieure de l'État, n'auront pas fait la déclaration de ces complots ou crimes, et n'auront pas révélé au Gouvernement, ou aux autorités administratives ou de police judiciaire, les circonstances qui en seront venues à leur connaissance, le tout dans les vingt-quatre heures qui auront suivi ladite connaissance, seront, lors même qu'elles seraient reconnues exemptes de toute complicité, punies, pour le seul fait de non-révélation, de la manière et selon les distinctions qui suivent.

104. S'il s'agit du crime de lèse-majesté, tout individu

qui, au cas de l'article précédent, n'aura point fait les déclarations qui y sont prescrites, sera puni de la réclusion.

105. A l'égard des autres crimes ou complots mentionnés au présent chapitre, toute personne qui, en étant instruite, n'aura pas fait les déclarations prescrites par l'article 103, sera punie d'un emprisonnement de deux à cinq ans, et d'une amende de 500 francs à 2000 francs.

106. Celui qui aura eu connaissance desdits crimes ou complots non révélés, ne sera point admis à excuse sur le fondement qu'il ne les aurait point approuvés, ou même qu'il s'y serait opposé, et aurait cherché à en dissuader leurs auteurs.

107. Néanmoins, si l'auteur du complot ou crime est époux, même divorcé, ascendant ou descendant, frère ou sœur, ou allié aux mêmes degrés, de la personne prévenue de réticence, celle-ci ne sera point sujette aux peines portées par les articles précédents ; mais elle pourra être mise, par l'arrêt ou jugement, sous la surveillance spéciale de la haute police pendant un temps qui n'excédera point dix ans.

108. Seront exemptés des peines prononcées contre les auteurs de complots ou d'autres crimes attentatoires à la sûreté intérieure ou extérieure de l'État, ceux des coupables qui, avant toute exécution ou tentative de ces complots ou de ces crimes, et avant toutes poursuites commencées, auront les premiers donné aux autorités mentionnées en l'article 103, connaissance de ces complots ou crimes et de leurs auteurs ou complices, ou qui, même depuis le commencement des poursuites, auront procuré l'arrestation desdits auteurs ou complices.

Les coupables qui auront donné ces connaissances ou procuré ces arrestations, pourront néanmoins être condamnés à rester pour la vie ou à temps sous la surveillance spéciale de la haute police.

CHAPITRE II.

Des Crimes et Délits contre les Constitutions de l'Empire.

SECTION PREMIÈRE.

Crimes et Délits relatifs à l'exercice des Droits civiques.

109. Lorsque, par attroupement, voies de fait ou menaces, on aura empêché un ou plusieurs citoyens d'exercer leurs droits civiques, chacun des coupables sera puni d'un emprisonnement de six mois au moins et de deux ans au plus, et de l'interdiction du droit de voter et d'être éligible, pendant cinq ans au moins et dix ans au plus.

110. Si ce crime a été commis par suite d'un plan concerté pour être exécuté soit dans tout l'Empire, soit dans un ou plusieurs départements, soit dans un ou plusieurs arrondissements communaux, la peine sera le bannissement.

111. Tout citoyen qui, étant chargé, dans un scrutin, du dépouillement des billets contenant les suffrages des citoyens, sera surpris falsifiant ces billets ou en soustrayant de la masse, ou y en ajoutant, ou inscrivant sur les billets des votants non lettrés des noms autres que ceux qui lui auraient été déclarés, sera puni de la peine du carcan.

112. Toutes autres personnes coupables des faits énoncés dans l'article précédent seront punies d'un emprisonnement de six mois au moins et de deux ans au plus,

et de l'interdiction du droit de voter et d'être éligibles pendant cinq ans au moins et dix ans au plus.

113. Tout citoyen qui aura, dans les élections, acheté ou vendu un suffrage à un prix quelconque, sera puni d'interdiction des droits de citoyen et de toute fonction ou emploi public, pendant cinq ans au moins et dix ans au plus.

Seront, en outre, le vendeur et l'acheteur du suffrage, condamnés chacun à une amende double de la valeur des choses reçues ou promises.

SECTION II.

Attentats à la Liberté.

114. Lorsqu'un fonctionnaire public, un agent ou un préposé du Gouvernement, aura ordonné ou fait quelque acte arbitraire, et attentatoire à la liberté individuelle, soit aux droits civiques d'un ou de plusieurs citoyens, soit aux Constitutions de l'Empire, il sera condamné à la peine de la dégradation civique.

Si néanmoins il justifie qu'il a agi par ordre de ses supérieurs, pour des objets du ressort de ceux-ci, et sur lesquels il leur était dû obéissance hiérarchique, il sera exempt de la peine, laquelle sera, dans ce cas, appliquée seulement aux supérieurs qui auront donné l'ordre.

115. Si c'est un ministre qui a ordonné ou fait les actes ou l'un des actes mentionnés en l'article précédent, et si, après les invitations mentionnées dans les art. 63 et 67 du sénatus-consulte du 28 floréal an 12, il a refusé ou négligé de faire réparer ces actes dans les délais fixés par ledit sénatus-consulte, il sera puni du bannissement.

116. Si les ministres prévenus d'avoir ordonné ou

autorisé l'acte contraire aux Constitutions, prétendent que la signature à eux imputée leur a été surprise, ils seront tenus, en faisant cesser l'acte, de dénoncer celui qu'ils déclareront auteur de la surprise; sinon ils seront poursuivis personnellement.

117. Les dommages-intérêts qui pourraient être prononcés à raison des attentats exprimés dans l'article 114, seront demandés, soit sur la poursuite criminelle, soit par la voie civile, et seront réglés, eu égard aux personnes, aux circonstances et au préjudice souffert, sans qu'en aucun cas, et quel que soit l'individu lésé, lesdits dommages-intérêts puissent être au-dessous de 25 fr. pour chaque jour de détention illégale et arbitraire et pour chaque individu.

118. Si l'acte contraire aux Constitutions a été fait d'après une fausse signature du nom d'un ministre ou d'un fonctionnaire public, les auteurs du faux et ceux qui en auront sciemment fait usage seront punis des travaux forcés à temps, dont le *maximum* sera toujours appliqué dans ce cas.

119. Les fonctionnaires publics chargés de la police administrative ou judiciaire, qui auront refusé ou négligé de déférer à une réclamation légale tendant à constater les détentions illégales et arbitraires, soit dans les maisons destinées à la garde des détenus, soit partout ailleurs, et qui ne justifieront pas les avoir dénoncées à l'autorité supérieure, seront punis de la dégradation civique, et tenus des dommages-intérêts, lesquels seront réglés comme il est dit dans l'article 117.

120. Les gardiens et concierges des maisons de dépôt, d'arrêt, de justice ou de peine, qui auront reçu un prisonnier sans mandat ou jugement, ou sans ordre provisoire du Gouvernement; ceux qui l'auront retenu ou au-

ront refusé de le représenter à l'officier de police ou au porteur de ses ordres, sans justifier de la défense du procureur impérial ou du juge ; ceux qui auront refusé d'exhiber leurs registres à l'officier de police, seront, comme coupables de détention arbitraire, punis de six mois à deux ans d'emprisonnement, et d'une amende de seize fr. à deux cents fr.

121. Seront, comme coupables de forfaiture, punis de la dégradation civique, tout officier de police judiciaire, tous procureurs généraux ou impériaux, tous substituts, tous juges, qui auront provoqué, donné ou signé un jugement, une ordonnance ou un mandat, tendant à la poursuite personnelle ou accusation, soit d'un ministre, soit d'un membre du Sénat, du Conseil d'État ou du Corps législatif, sans les autorisations prescrit·s par les Constitutions ; ou qui, hors les cas de flagrant délit ou de clameur publique, auront, sans les mêmes autorisations, donné ou signé l'ordre ou le mandat de saisir ou arrêter un ou plusieurs ministres, ou membres du Sénat, du Conseil d'État ou du Corps législatif.

122. Seront aussi punis de la dégradation civique les procureurs généraux ou impériaux, leurs substituts, les juges ou les officiers publics qui auront retenu ou fait retenir un individu hors des lieux déterminés par le Gouvernement ou par l'administration publique, ou qui auront traduit un citoyen devant une cour d'assises ou une cour spéciale, sans qu'il ait été préalablement mis légalement en accusation.

SECTION III.

Coalitions des Fonctionnaires.

123. Tout concert de mesures contraires aux lois, pratiqué soit par la réunion d'individus ou de corps dé-

positaires de quelque partie de l'autorité publique, soit par députation ou correspondance entre eux, sera puni d'un emprisonnement de deux mois au moins et de six mois au plus, contre chaque coupable, qui pourra de plus être condamné à l'interdiction des droits civiques, et de tout emploi public, pendant dix ans au plus.

124. Si, par l'un des moyens exprimés ci-dessus, il a été concerté des mesures contre l'exécution des lois ou contre les ordres du Gouvernement, la peine sera le bannissement.

Si ce concert a eu lieu entre les autorités civiles et les corps militaires ou leurs chefs, ceux qui en seront les auteurs ou provocateurs seront punis de la déportation ; les autres coupables seront bannis.

125. Dans le cas où ce concert aurait eu pour objet ou résultat un complot attentatoire à la sûreté intérieure de l'Etat, les coupables seront punis de mort, et leurs biens seront confisqués.

126. Seront coupables de forfaiture, et punis de la dégradation civique,

Les fonctionnaires publics qui auront, par délibération, arrêté de donner des démissions dont l'objet ou l'effet serait d'empêcher ou de suspendre soit l'administration de la justice, soit l'accomplissement d'un service quelconque.

SECTION IV.

Empiétements des autorités administratives et judiciaires.

127. Seront coupables de forfaiture, et punis de la dégradation civique,

1.° Les juges, les procureurs généraux ou impériaux,

ou leurs substituts, les officiers de police, qui se seront immiscés dans l'exercice du pouvoir législatif, soit par des règlements contenant des dispositions législatives, soit en arrêtant ou en suspendant l'exécution d'une ou de plusieurs lois, soit en délibérant sur le point de savoir si les lois seront publiées ou exécutées.

2° Les juges, les procureurs généraux ou impériaux ou leurs substituts, les officiers de police judiciaire, qui auraient excédé leur pouvoir, en s'immisçant dans les matières attribuées aux autorités administratives, soit en faisant des règlements sur ces matières, soit en défendant d'exécuter les ordres émanés de l'administration, ou qui, ayant permis ou ordonné de citer des administrateurs pour raison de l'exercice de leurs fonctions, auraient persisté dans l'exécution de leurs jugements ou ordonnances, nonobstant l'annulation qui en aurait été prononcée, ou le conflit qui leur aurait été notifié.

128. Les juges qui, sur la revendication formellement faite par l'autorité administrative d'une affaire portée devant eux, auront néanmoins procédé au jugement avant la décision de l'autorité supérieure, seront punis chacun d'une amende de 16 francs au moins, et de 150 francs au plus.

Les officiers du ministère public qui auront fait des réquisitions ou donné des conclusions pour ledit jugement, seront punis de la même peine.

129. La peine sera d'une amende de 100 francs au moins, et de 500 francs au plus contre chacun des juges qui, après une réclamation légale des parties intéressées ou de l'autorité administrative, auront, sans autorisation du Gouvernement, rendu des ordonnances ou décerné des mandats contre ses agents ou préposés prévenus de crimes ou délits commis dans l'exercice de leurs fonctions.

La même peine sera appliquée aux officiers du ministère public ou de police, qui auront requis lesdites ordonnances ou mandats.

130. Les préfets, sous-préfets, maires et autres administrateurs qui se seront immiscés dans l'exercice du pouvoir législatif, comme il est dit au n° 1er de l'art. 127, ou qui se seront ingérés de prendre des arrêtés généraux tendant à intimer des ordres ou des défenses quelconques à des cours ou tribunaux, seront punis de la dégradation civique.

131. Lorsque ces administrateurs entreprendront sur les fonctions judiciaires en s'ingérant de connoître de droits et intérêts privés du ressort des tribunaux, et qu'après la réclamation des parties ou de l'une d'elles, ils auront néanmoins décidé l'affaire avant que l'autorité supérieure ait prononcé, ils seront punis d'une amende de 16 francs au moins, et de 150 francs au plus.

CHAPITRE III.

(Décrété le 16 février 1810. Promulgué le 26 du même mois.)

Crimes et Délits contre la paix publique.

SECTION PREMIÈRE.

Du Faux.

§. 1er.

Fausse monnaie.

132. Quiconque aura contrefait ou altéré les monnaies d'or ou d'argent ayant cours légal en France, ou participé à l'émission ou exposition desdites monnaies contrefaites ou altérées, ou à leur introduction sur le territoire français, sera puni de mort, et ses biens seront confisqués.

133. Celui qui aura contrefait ou altéré des monnaies de billon ou de cuivre ayant cours légal en France, ou participé à l'émission ou exposition desdites monnaies contrefaites ou altérées, ou à leur introduction sur le territoire français, sera puni des travaux forcés à perpétuité.

134. Tout individu qui aura, en France, contrefait ou altéré des monnaies étrangères, ou participé à l'émission, exposition ou introduction en France de monnaies étrangères contrefaites ou altérées, sera puni des travaux forcés à temps.

135. La participation énoncée aux précédents articles ne s'applique point à ceux qui, ayant reçu pour bonnes des pièces de monnaie contrefaites ou altérées, les ont remises en circulation.

Toutefois celui qui aura fait usage desdites pièces après en avoir vérifié ou fait vérifier les vices, sera puni d'une amende triple au moins et sextuple au plus de la somme représentée par les pièces qu'il aura rendues à la circulation, sans que cette amende puisse, en aucun cas, être inférieure à 16 francs.

136. Ceux qui auront eu connaissance d'une fabrique ou d'un dépôt de monnaies d'or, d'argent, billon ou cuivre ayant cours légal en France, contrefaites ou altérées, et qui n'auront pas, dans les vingt-quatre heures, révélé ce qu'ils savent aux autorités administratives ou de police judiciaire, seront, pour le seul fait de non-révélation, et lors même qu'ils seraient reconnus exempts de toute complicité, punis d'un emprisonnement d'un mois à deux ans.

137. Sont néanmoins exceptés de la disposition précédente les ascendants et descendants, époux même di-

vorcés, et les frères et sœurs des coupables, ou les alliés de ceux-ci aux mêmes degrés.

138. Les personnes coupables des crimes mentionnés aux articles 132 et 133, seront exemptes de peines, si, avant la consommation de ces crimes et avant toutes poursuites, elles en ont donné connaissance et révélé les auteurs aux autorités constituées, ou si, même après les poursuites commenoées, elles ont procuré l'arrestation des autres coupables.

Elles pourront néanmoins être mises pour la vie, ou à temps, sous la surveillance spéciale de la haute police.

§. II.

Contrefaction des Sceaux de l'Etat, des Billets de banque, des Effets publics, et des Poinçons, Timbres et Marques.

139. Ceux qui auront contrefait le sceau de l'Etat ou fait usage du sceau contrefait;

Ceux qui auront contrefait ou falsifié, soit des effets émis par le trésor public avec son timbre, soit des billets de banques autorisées par la loi, ou qui auront fait usage de ces effets et billets contrefaits ou falsifiés, ou qui les auront introduits dans l'enceinte du territoire français,

Seront punis de mort et leurs biens seront confisqués.

140. Ceux qui auront contrefait ou falsifié, soit un ou plusieurs timbres nationaux, soit les marteaux de l'Etat servant aux marques forestières, soit le poinçon ou les poinçons servant à marquer les matières d'or ou d'argent, ou qui auront fait usage des papiers, effets, timbres, marteaux ou poinçons falsifiés ou contrefaits, seront punis des travaux forcés à temps, dont le *maximum* sera toujours appliqué dans ce cas.

141. Sera puni de la réclusion, quiconque s'étant indûment procuré les vrais timbres, marteaux ou poinçons ayant l'une des destinations exprimées en l'article 140, en aura fait une application ou usage préjudiciable aux droits ou intérêts de l'Etat.

142. Ceux qui auront contrefait les marques destinées à être apposées au nom du Gouvernement sur les diverses espèces de denrées ou de marchandises, ou qui auront fait usage de ces fausses marques;

Ceux qui auront contrefait le sceau, timbre ou marque d'une autorité quelconque, ou d'un établissement particulier de banque ou de commerce, ou qui auront fait usage des sceaux, timbres ou marques contrefaits,

Seront punis de la réclusion.

143. Sera puni du carcan, quiconque, s'étant indûment procuré les vrais sceaux, timbres ou marques ayant l'une des destinations exprimées en l'article 142, en aura fait une application ou usage préjudiciable aux droits ou intérêts de l'Etat, d'une autorité quelconque, ou même d'un établissement particulier.

144. Les dispositions des articles 136, 137 et 138, sont applicables aux crimes mentionnés dans l'article 139.

§. III.

*Des Faux en écritures publiques ou authentiques, et
de commerce ou de banque.*

145. Tout fonctionnaire ou officier public qui, dans l'exercice de ses fonctions, aura commis un faux,

Soit par fausses signatures,

Soit par altération des actes, écritures ou signatures,

Soit par supposition de personnes,

Soit par des écritures faites ou intercalées sur des registres ou d'autres actes publics, depuis leur confection ou clôture,

Sera puni des travaux forcés à perpétuité.

146. Sera aussi puni des travaux forcés à perpétuité, tout fonctionnaire ou officier public qui, en rédigeant des actes de son ministère, en aura frauduleusement dénaturé la substance ou les circonstances, soit en écrivant des conventions autres que celles qui auraient été tracées ou dictées par les parties, soit en constatant comme vrais des faits faux, ou comme avoués des faits qui ne l'étaient pas.

147. Seront punis des travaux forcés à temps toutes autres personnes qui auront commis un faux en écriture authentique et publique, ou en écriture de commerce ou de banque.

Soit par contrefaçon ou altération d'écritures ou de signatures,

Soit par fabrication de conventions, dispositions, obligations ou décharges, ou par leur insertion après coup dans ces actes,

Soit par addition ou altération de clauses, de déclarations ou de faits que ces actes avaient pour objet de recevoir et de constater.

148. Dans tous les cas exprimés au présent paragraphe, celui qui aura fait usage des actes faux sera puni des travaux forcés à temps.

149. Sont exceptés des dispositions ci-dessus, les faux commis dans les passe-ports et feuilles de route, sur lesquels il sera particulièrement statué ci-après.

§. IV.

Du Faux en écriture privée.

150. Tout individu qui aura, de l'une des manières exprimées en l'article 147, commis un faux en écriture privée, sera puni de la réclusion.

151. Sera puni de la même peine celui qui aura fait usage de la pièce fausse.

152. Sont exceptés des dispositions ci-dessus, les faux certificats de l'espèce dont il sera ci-après parlé.

§. V.

Des Faux commis dans les Passe-ports, Feuilles de route et Certificats.

153. Quiconque fabriquera un faux passe-port ou falsifiera un passe-port originairement véritable, ou fera usage d'un passe-port fabriqué ou falsifié, sera puni d'un emprisonnement d'une année au moins, et de cinq ans au plus.

154. Quiconque prendra, dans un passe-port, un nom supposé, ou aura concouru comme témoin à faire délivrer le passe-port sous le nom supposé, sera puni d'un emprisonnement de trois mois à un an.

Les logeurs et aubergistes qui sciemment inscriront sur leurs registres, sous des noms faux ou supposés, les personnes logées chez eux, seront punis d'un emprisonnement de six jours au moins, et d'un mois au plus.

155. Les officiers publics qui délivreront un passe-port à une personne qu'ils ne connaîtront pas personnellement, sans avoir fait attester ses noms et qualités par deux citoyens à eux connus, seront punis d'un emprisonnement d'un mois à six mois.

Si l'officier public, instruit de la supposition du nom, a néanmoins délivré le passe-port sous le nom supposé, il sera puni du bannissement.

156. Quiconque fabriquera une fausse feuille de route, ou falsifiera une feuille de route originairement véritable, ou fera usage d'une feuille de route fabriquée ou falsifiée, sera puni, savoir :

D'un emprisonnement d'une année au moins, et de cinq ans au plus, si la fausse feuille de route n'a eu pour objet que de tromper la surveillance de l'autorité publique;

Du bannissement, si le trésor public a payé au porteur de la fausse feuille des frais de route qui ne lui étaient pas dus ou qui excédaient ceux auxquels il pouvait avoir droit, le tout néanmoins au-dessous de cent francs;

Et de la réclusion, si les sommes indûment reçues par le porteur de la feuille s'élèvent à cent francs ou au-delà.

157. Les peines portées en l'article précédent seront appliquées, selon les distinctions qui y sont posées, à toute personne qui se sera fait délivrer, par l'officier public, une feuille de route sous un nom supposé.

158. Si l'officier public était instruit de la supposition de nom lorsqu'il a délivré la feuille, il sera puni, savoir :

Dans le premier cas posé par l'article 156, du bannissement;

Dans le second cas du même article, de la réclusion;

Et dans le troisième cas, des travaux forcés à temps.

159. Toute personne qui, pour se rédimer elle-même ou en affranchir une autre d'un service public quel-

conque, fabriquera, sous le nom d'un médecin, chirurgien, ou autre officier de santé, un certificat de maladie ou d'infirmité, sera punie d'un emprisonnement de deux à cinq ans.

160. Tout médecin, chirurgien, ou autre officier de santé qui, pour favoriser quelqu'un, certifiera faussement des maladies ou infirmités propres à dispenser d'un service public, sera puni d'un emprisonnement de deux à cinq ans.

S'il y a été mu par dons ou promesses, il sera puni du bannissement : les corrupteurs seront, en ce cas, punis de la même peine.

161. Quiconque fabriquera, sous le nom d'un fonctionnaire ou officier public, un certificat de bonne conduite, indigence ou autres circonstances propres à appeler la bienveillance du Gouvernement ou des particuliers sur la personne y désignée, et à lui procurer places, crédit ou secours, sera puni d'un emprisonnement de six mois à deux ans.

La même peine sera appliquée, 1° à celui qui falsifiera un certificat de cette espèce, originairement véritable, pour l'approprier à une personne autre que celle à laquelle il a été primitivement délivré ; 2° à tout individu qui se sera servi du certificat ainsi fabriqué ou falsifié.

162. Les faux certificats de toute autre nature, et d'où il pourrait résulter, soit lésion envers des tiers, soit préjudice envers le trésor public, seront punis, selon qu'il y aura lieu, d'après les dispositions des paragraphes 3 et 4 de la présente section.

Dispositions communes.

163. L'application des peines portées contre ceux qui ont fait usage de monnaies, billets, sceaux, timbres, marteaux, poinçons, marques et écrits faux, contrefaits, fabriqués ou falsifiés, cessera toutes les fois que le faux n'aura pas été connu de la personne qui aura fait usage de la chose fausse.

164. Dans tous les cas où la peine du faux n'est point accompagnée de la confiscation des biens, il sera prononcé contre les coupables une amende dont le *maximum* pourra être porté jusqu'au quart du bénéfice illégitime que le faux aura procuré ou était destiné à procurer aux auteurs du crime, à leurs complices ou à ceux qui ont fait usage de la pièce fausse. Le *minimum* de cette amende ne pourra être inférieur à 100 francs.

165. La marque sera infligée à tout faussaire condamné soit aux travaux forcés à temps, soit même à la réclusion.

SECTION II.

De la Forfaiture et des Crimes et Délits des Fonctionnaires publics dans l'exercice de leurs fonctions.

166. Tout crime commis par un fonctionnaire public dans ses fonctions est une forfaiture.

167. Toute forfaiture pour laquelle la loi ne prononce pas de peines plus graves est punie de la dégradation civique.

168. Les simples délits ne constituent pas les fonctionnaires en forfaiture.

§. Ier.

Des Soustractions commises par les Dépositaires publics.

169. Tout percepteur, tout commis à une perception, dépositaire ou comptable public, qui aura détourné ou soustrait des deniers publics ou privés, ou effets actifs en tenant lieu, ou des pièces, titres, actes, effets mobiliers qui étaient entre ses mains en vertu de ses fonctions, sera puni des travaux forcés à temps, si les choses détournées ou soustraites sont d'une valeur au-dessus de trois mille francs.

170. La peine des travaux forcés à temps aura lieu également, quelle que soit la valeur des deniers ou des effets détournés ou soustraits, si cette valeur égale ou excède soit le tiers de la recette ou du dépôt, s'il s'agit de deniers ou effets une fois reçus ou déposés, soit le cautionnement, s'il s'agit d'une recette ou d'un dépôt attaché à une place sujette à cautionnement, soit enfin le tiers du produit commun de la recette pendant un mois, s'il s'agit d'une recette composée de rentrées successives et non sujette à cautionnement.

171. Si les valeurs détournées ou soustraites sont au-dessous de trois mille francs, et en outre inférieures aux mesures exprimées en l'article précédent, la peine sera un emprisonnement de deux ans au moins, et de cinq ans au plus, et le condamné sera de plus déclaré à jamais incapable d'exercer aucune fonction publique.

172. Dans les cas exprimés aux trois articles précédents, il sera toujours prononcé contre le condamné une amende dont le *maximum* sera le quart des restitutions et indemnités, et le *minimum* le douzième.

173. Tout juge, administrateur, fonctionnaire ou

officier public qui aura détruit, supprimé, soustrait ou détourné les actes et titres dont il était dépositaire en cette qualité, ou qui lui auront été remis ou communiqués à raison de ses fonctions, sera puni des travaux forcés à temps.

Tous agents, préposés ou commis, soit du Gouvernement, soit des dépositaires publics, qui se seront rendus coupables des mêmes soustractions, seront soumis à la même peine.

§. II.

Des Concussions commises par des Fonctionnaires publics

174. Tous fonctionnaires, tous officiers publics, leurs commis ou préposés, tous percepteurs des droits, taxes, contributions, deniers, revenus publics ou communaux, et leurs commis ou préposés, qui se seront rendus coupables du crime de concussion, en ordonnant de percevoir ou en exigeant ou recevant ce qu'ils savaient n'être pas dû, ou excéder ce qui était dû pour droits, taxes, contributions, deniers ou revenus, ou pour salaires ou traitements, seront punis, savoir, les fonctionnaires ou les officiers publics, de la peine de la réclusion ; et leurs commis ou préposés, d'un emprisonnement de deux ans au moins et de cinq ans au plus.

Les coupables seront de plus condamnés à une amende dont le *maximum* sera le quart des restitutions et des dommages-intérêts, et le *minimum* le douzième.

§. III.

Des Délits de Fonctionnaires qui se seront ingérés dans des Affaires ou Commerces incompatibles avec leur qualité.

175. Tout fonctionnaire, tout officier public, tout agent du Gouvernement, qui, soit ouvertement, soit par actes simulés, soit par interposition de personnes, aura pris ou reçu quelque intérêt que ce soit, dans les actes, adjudications, entreprises ou régies dont il a ou avait, au temps de l'acte, en tout ou en partie, l'administration ou la surveillance, sera puni d'un emprisonnement de six mois au moins et de deux ans au plus, et sera condamné à une amende qui ne pourra excéder le quart des restitutions et des indemnités, ni être au-dessous du douzième.

Il sera de plus déclaré à jamais incapable d'exercer aucune fonction publique.

La présente disposition est applicable à tout fonctionnaire ou agent du Gouvernement qui aura pris un intérêt quelconque dans une affaire dont il était chargé d'ordonnancer le paiement ou de faire la liquidation.

176. Tout commandant des divisions militaires, des départements ou des places et villes, tout préfet ou sous-préfet qui aura, dans l'étendue des lieux où il a droit d'exercer son autorité, fait ouvertement, ou par des actes simulés, ou par interposition de personnes, le commerce des grains, grenailles, farines, substances farineuses, vins ou boissons, autres que ceux provenant de ses propriétés, sera puni d'une amende de cinq cents francs au moins, de dix mille francs au plus, et de la confiscation des denrées appartenant à ce commerce.

§. IV.

De la Corruption des Fonctionnaires publics.

177. Tout fonctionnaire public de l'ordre administratif ou judiciaire, tout agent ou préposé d'une administration publique qui aura agréé des offres ou promesses, ou reçu des dons ou présents pour faire un acte de sa fonction ou de son emploi, même juste, mais non sujet à salaire, sera puni du carcan, et condamné à une amende double de la valeur des promesses agréées ou des choses reçues, sans que ladite amende puisse être inférieure à deux cents francs.

La présente disposition est applicable à tout fonctionnaire, agent ou préposé de la qualité ci-dessus exprimée, qui, par offres ou promesses agréées, dons ou présents reçus, se sera abstenu de faire un acte qui entrait dans l'ordre de ses devoirs.

178. Dans le cas où la corruption aurait pour objet un fait criminel emportant une peine plus forte que celle du carcan, cette peine plus forte sera appliquée aux coupables.

179. Quiconque aura contraint ou tenté de contraindre par voies de fait ou menaces, corrompu ou tenté de corrompre par promesses, offres, dons ou présents, un fonctionnaire, agent ou préposé, de la qualité exprimée en l'article 177, pour obtenir, soit une opinion favorable, soit des procès verbaux, états, certificats ou estimations contraires à la vérité, soit des places, emplois, adjudications, entreprises ou autres bénéfices quelconques, soit enfin tout autre acte du ministère du fonctionnaire, agent ou préposé, sera puni des mêmes peines que le fonctionnaire, agent ou préposé corrompu.

Toutefois, si les tentatives de contrainte ou corruption n'ont eu aucun effet, les auteurs de ces tentatives seront simplement punis d'un emprisonnement de trois mois au moins, et de six mois au plus, et d'une amende de 100 à 300 francs.

180. Il ne sera jamais fait au corrupteur restitution des choses par lui livrées, ni de leur valeur : elles seront confisquées au profit des hospices des lieux où la corruption aura été commise.

181. Si c'est un juge prononçant en matière criminelle, ou un juré qui s'est laissé corrompre, soit en faveur, soit au préjudice de l'accusé, il sera puni de la réclusion, outre l'amende ordonnée par l'article 177.

182. Si, par l'effet de la corruption, il y a eu condamnation à une peine supérieure à celle de la réclusion, cette peine, quelle qu'elle soit, sera appliquée au juge ou juré coupable de corruption.

183. Tout juge ou administrateur qui se sera décidé par faveur pour une partie, ou par inimitié contre elle, sera coupable de forfaiture et puni de la dégradation civique.

§. V.

Des Abus d'autorité.

Ire CLASSE.

Des Abus d'autorité contre les Particuliers.

184. Tout juge, tout procureur général ou impérial, tout substitut, tout administrateur ou tout autre officier de justice ou de police, qui se sera introduit dans le domicile d'un citoyen hors les cas prévus par la loi, et sans les formalités qu'elle a prescrites, sera puni d'une amende de seize francs au moins, et de deux cents francs au plus.

185. Tout juge ou tribunal, tout administrateur ou autorité administrative, qui, sous quelque prétexte que ce soit, même du silence ou de l'obscurité de la loi, aura dénié de rendre la justice qu'il doit aux parties, après en avoir été requis, et qui aura persévéré dans son déni, après avertissement ou injonction de ses supérieurs, pourra être poursuivi, et sera puni d'une amende de deux cents francs au moins, et de cinq cents francs au plus, et de l'interdiction de l'exercice des fonctions publiques depuis cinq ans jusqu'à vingt.

186. Lorsqu'un fonctionnaire ou un officier public, un administrateur, un agent ou un préposé du Gouvernement ou de la police, un exécuteur des mandats de justice ou jugements, un commandant en chef ou en sous-ordre de la force publique, aura, sans motif légitime, usé ou fait user de violence envers les personnes, dans l'exercice ou à l'occasion de l'exercice de ses fonctions, il sera puni selon la nature et la gravité de ses violences, et en élevant la peine suivant la règle posée par l'art. 198 ci-après.

187. Toute suppression, toute ouverture de lettres confiées à la poste, commise ou facilitée par un fonctionnaire ou un agent du Gouvernement ou de l'administration des postes, sera punie d'une amende de seize francs à trois cents francs. Le coupable sera, de plus, interdit de toute fonction ou emploi public pendant cinq ans au moins et dix ans au plus.

IIe CLASSE.

Des Abus d'autorité contre la chose publique.

188. Tout fonctionnaire public, agent ou préposé du Gouvernement, de quelque état et grade qu'il soit, qui

aura requis ou ordonné, fait requérir ou ordonner l'action ou l'emploi de la force publique contre l'exécution d'une loi ou contre la perception d'une contribution légale, ou contre l'exécution, soit d'une ordonnance ou mandat de justice, soit de tout autre ordre émané de l'autorité légitime, sera puni de la réclusion.

189. Si cette réquisition ou cet ordre ont été suivis de leur effet, la peine sera la déportation.

190. Les peines énoncées aux art. 188 et 189 ne cesseront d'être applicable aux fonctionnaires ou préposés qui auraient agi par ordre de leurs supérieurs, qu'autant que cet ordre aura été donné par ceux-ci pour des objets de leur ressort, et sur lesquels il leur était dû obéissance hiérarchique; dans ce cas, les peines portées ci-dessus ne seront appliquées qu'aux supérieurs qui les premiers auront donné cet ordre.

191. Si, par suite desdits ordres ou réquisitions, il survient d'autres crimes punissables de peines plus fortes que celles exprimées aux articles 188 et 189, ces peines plus fortes seront appliquées aux fonctionnaires, agents ou préposés coupables d'avoir donné lesdits ordres, ou fait lesdites réquisitions.

§. VI.

De quelques Délits relatifs à la tenue des Actes de l'état civil.

192. Les officiers de l'état civil qui auront inscrit leurs actes sur de simples feuilles volantes, seront punis d'un emprisonnement d'un mois au moins et trois mois au plus, et d'une amende de 16 francs à 200 francs.

193. Lorsque, pour la validité d'un mariage, la loi prescrit le consentement des pères, mères ou autres personnes, et que l'officier de l'état civil ne se sera point as-

suré de l'existence de ce consentement, il sera puni d'une amende de 16 fr. à 300 fr., et d'une emprisonnement de six mois au moins, et d'un an au plus.

194. L'officier de l'état civil sera aussi puni de 16 fr. à 300 fr. d'amende, lorsqu'il aura reçu, avant le terme prescrit par l'article 228 du Code Napoléon, l'acte de mariage d'une femme ayant déjà été mariée.

195. Les peines portées aux articles précédents contre les officiers de l'état civil leur seront appliquées, lors même que la nullité de leurs actes n'aurait pas été demandée, ou aurait été couverte ; le tout sans préjudice des peines plus fortes, prononcées en cas de collusion, et sans préjudice aussi des autres dispositions pénales du titre V du Livre Ier du Code Napoléon.

§. VII.

De l'Exercice de l'autorité publique illégalement anticipé ou prolongé.

196. Tout fonctionnaire public qui sera entré en exercice de ses fonctions sans avoir prêté le serment, pourra être poursuivi, et sera puni d'une amende de 16 francs à 150 francs.

197. Tout fonctionnaire public révoqué, destitué, suspendu ou interdit légalement, qui, après en avoir eu la connaissance officielle, aura continué l'exercice de ses fonctions, ou qui, étant électif ou temporaire, les aura exercées après avoir été remplacé, sera puni d'un emprisonnement de six mois au moins, et de deux ans au plus, et d'une amende de cent francs à cinq cent francs. Il sera interdit de l'exercice de toute fonction publique pour cinq ans au moins, et dix ans au plus, à compter du jour où il aura subi la peine : le tout sans préjudice des plus fortes peines

portées contre les officiers ou les commandants militaires, par l'article 93 du présent Code.

Disposition particulière.

198. Hors les cas où la loi règle spécialement les peines encourues pour crimes ou délits commis par les fonctionnaires ou officiers publics, ceux d'entre eux qui auront participé à d'autres crimes ou délits qu'ils étaient chargés de surveiller ou de réprimer, seront punis comme il suit :

S'il s'agit d'un délit de police correctionnelle, ils subiront toujours le *maximum* de la peine attachée à l'espèce de délit;

Et s'il s'agit de crimes emportant peine afflictive, ils seront condamnés, savoir :

A la réclusion, si le crime emporte contre tout autre coupable la peine du bannissement ou du carcan;

Aux travaux forcés à temps, si le crime emporte contre tout autre coupable la peine de la réclusion;

Et aux travaux forcés à perpétuité, lorsque le crime emportera contre tout autre coupable la peine de la déportation ou celle des travaux forcés à temps.

Au-delà des cas qui viennent d'être exprimés, la peine commune sera appliquée sans aggravation.

SECTION III.

Des troubles apportés à l'ordre public par les Ministres des Cultes dans l'exercice de leur ministère.

§. Ier.

Des Contraventions propres à compromettre l'Etat civil des Personnes.

199. Tout ministre d'un culte qui procédera aux cérémonies religieuses d'un mariage sans qu'il lui ait été

justifié d'un acte de mariage préalablement reçu par les officiers de l'état civil, sera, pour la première fois, puni d'une amende de 16 francs à 100 francs.

200. En cas de nouvelles contraventions de l'espèce exprimée en l'article précédent, le ministre de culte qui les aura commises, sera puni, savoir :

Pour la première récidive, d'un emprisonnement de deux à cinq ans ;

Et pour la seconde, de la déportation.

§. II.

Des Critiques , Censures ou Provocations dirigées contre l'Autorité publique dans un discours pastoral prononcé publiquement.

201. Les ministres des cultes qui prononceront, dans l'exercice de leur ministère, et en assemblée publique, un discours contenant la critique ou censure du Gouvernement, d'une loi, d'un décret impérial ou de tout autre acte de l'autorité publique, seront punis d'un emprisonnement de trois mois à deux ans.

202. Si le discours contient une provocation directe à la désobéissance aux lois ou autres actes de l'autorité publique, ou s'il tend à soulever ou armer une partie des citoyens contre les autres, le ministre du culte qui l'aura prononcé sera puni d'un emprisonnement de deux à cinq ans, si la provocation n'a été suivie d'aucun effet ; et du bannissement, si elle a donné lieu à désobéissance, autre toutefois que celle qui aurait dégénéré en sédition ou révolte.

203. Lorsque la provocation aura été suivie d'une sédition ou révolte dont la nature donnera lieu contre l'un ou plusieurs des coupables à une peine plus forte que

celle du bannissement, cette peine, quelle qu'elle soit, sera appliquée au ministre coupable de la provocation

§. III.

Des Critiques, Censures ou Provocations dirigées contre l'Autorité publique dans un écrit pastoral.

204. Tout écrit contenant des instructions pastorales, en quelque forme que ce soit, et dans lequel un ministre de culte se sera ingéré de critiquer ou censurer, soit le Gouvernement, soit tout acte de l'autorité publique, emportera la peine du bannissement contre le ministre qui l'aura publié.

205. Si l'écrit mentionné en l'article précédent contient une provocation directe à la désobéissance, aux lois ou autres actes de l'autorité publique, ou s'il tend à soulever ou armer une partie des citoyens contre les autres, le ministre qui l'aura publié sera puni de la déportation.

206. Lorsque la provocation contenue dans l'écrit pastoral aura été suivie d'une sédition ou révolte dont la nature donnera lieu contre l'un ou plusieurs des coupables à une peine plus forte que celle de la déportation, cette peine, quelle qu'elle soit, sera appliquée au ministre coupable de la provocation.

§. IV.

De la Correspondance des Ministres des cultes avec des cours ou puissances étrangères, sur des matières de religion.

207. Tout ministre d'un culte qui aura, sur des questions ou matières religieuses, entretenu une correspondance avec une cour ou puissance étrangère, sans en avoir préalablement informé le ministre de l'Empereur

chargé de la surveillance des cultes, et sans avoir obtenu son autorisation, sera, pour ce seul fait, puni d'une amende de 100 fr. à 500 fr., et d'un emprisonnement d'un mois à deux ans.

208. Si la correspondance mentionnée en l'article précédent a été accompagnée ou suivie d'autres faits contraires aux dispositions formelles d'une loi ou d'un décret de l'Empereur, le coupable sera puni du bannissement, à moins que la peine résultant de la nature de ces faits ne soit plus forte, auquel cas cette peine plus forte sera seule appliquée.

SECTION IV.

Résistance, Désobéissance, et autres Manquements envers l'Autorité publique.

§. 1er.

Rebellion.

209. Toute attaque, toute résistance avec violence et voies de fait envers les officiers ministériels, les gardes champêtres ou forestiers, la force publique, les préposés à la perception des taxes et des contributions, leurs porteurs de contraintes, les préposés des douanes, les séquestres, les officiers ou agents de la police administrative ou judiciaire, agissant pour l'exécution des lois, des ordres ou ordonnances de l'autorité publique, des mandats de justice ou jugements, est qualifiée, selon les circonstances, crime ou délit de rebellion.

210. Si elle a été commise par plus de vingt personnes armées, les coupables seront punis des travaux forcés à temps; et s'il n'y a pas eu port d'armes, ils seront punis de la réclusion.

211. Si la rebellion a été commise par une réunion

armée de trois persounes ou plus, jusqu'à vingt inclusivement, la peine sera la réclusion ; s'il n'y a pas eu port d'armes, la peine sera un emprisonnement de six mois au moins et de deux ans au plus.

212. Si la rebellion n'a été commise que par une ou deux personnes, avec armes, elle sera punie d'un emprisonnement de six mois à deux ans ; et si elle a lieu sans armes, d'un emprisonnement de six jours à six mois.

213. En cas de rebellion avec bande ou attroupement, l'article 100 du présent Code sera applicable aux rebelles sans fonctions ni emplois dans la bande, qui se seront retirés au premier avertissement de l'autorité publique, ou même depuis, s'ils n'ont été saisis que hors du lieu de la rebellion, et sans nouvelle résistance et sans armes.

214. Toute réunion d'individus pour un crime ou un délit, est réputée réunion armée, lorsque plus de deux personnes portent des armes ostensibles.

215. Les personnes qui se trouveraient munies d'armes cachées, et qui auraient fait partie d'une troupe ou réunion non réputée armée, seront individuellement punies comme si elles avaient fait partie d'une troupe ou réuniou armée.

216. Les auteurs des crimes et délits commis pendant le cours et à l'occasion d'une rebellion seront punis des peines prononcées contre chacun de ces crimes, si elles sont plus fortes que celles de la rebellion.

217. Sera puni comme coupable de la rebellion quiconque y aura provoqué, soit par des discours tenus dans des lieux ou réunions publics, soit par placards affiché, soit par écrits imprimés.

Dans le cas où la rebellion n'aurait pas eu lieu, la

provocateur sera puni d'un emprisonnement de six jours au moins, et d'un an au plus.

218. Dans tous les cas où il sera prononcé, pour fait de rebellion, une simple peine d'emprisonnement, les coupables pourront être condamnés en outre à une amende de seize francs à deux cents francs.

219. Seront punies comme réunions de rebelles, celles qui auront été formées avec ou sans armes, et accompagnées de violences ou de menaces contre l'autorité administrative, les officiers et les agents de police, ou contre la force publique,

1° Par les ouvriers ou journaliers, dans les ateliers publics ou manufactures;

2° Par les individus admis dans les hospices;

3° Par les prisonniers, prévenus, accusés ou condamnés.

220. La peine appliquée pour rebellion à des prisonniers prévenus, accusés ou condamnés relativement à d'autres crimes ou délits, sera par eux subie, savoir :

Par ceux qui, à raison des crimes ou délits qui ont causé leur détention, sont ou seraient condamnés à une peine non capitale ni perpétuelle, immédiatement après l'expiration de cette peine;

Et par les autres, immédiatement après l'arrêt ou jugement en dernier ressort, qui les aura acquittés ou renvoyés absous du fait pour lequel ils étaient détenus.

221. Les chefs d'une rebellion, et ceux qui l'auront provoquée, pourront être condamnés à rester, après l'expiration de leur peine, sous la surveillance spéciale de la haute police pendant cinq ans au moins, et dix ans au plus.

§. II.

Outrages et Violences envers les Dépositaires de l'autorité et de la force publique.

222. Lorsqu'un ou plusieurs magistrats de l'ordre administratif ou judiciaire auront reçu dans l'exercice de leurs fonctions, ou à l'occasion de cet exercice, quelque outrage par paroles tendant à inculper leur honneur ou leur délicatesse, celui qui les aura ainsi outragés sera puni d'un emprisonnement d'un mois à deux ans.

Si l'outrage a eu lieu à l'audience d'une cour ou d'un tribunal, l'emprisonnement sera de deux à cinq ans.

223. L'outrage fait par gestes ou menaces à un magistrat dans l'exercice ou à l'occasion de l'exercice de ses fonctions sera puni d'un mois à six mois d'emprisonnement; et si l'outrage a eu lieu à l'audience d'une cour ou d'un tribunal, il sera puni d'un emprisonnement d'un mois à deux ans.

224. L'outrage fait par paroles, gestes ou menaces à tout officier ministériel, ou agent dépositaire de la force publique, dans l'exercice ou à l'occasion de l'exercice de ses fonctions, sera puni d'une amende de 16 fr. à 200 fr.

225. La peine sera de six jours à un mois d'emprisonnement, si l'outrage mentionné en l'article précédent a été dirigé contre un commandant de la force publique.

226. Dans le cas des articles 222, 223 et 225, l'offenseur pourra être, outre l'emprisonnement, condamné à faire réparation, soit à la première audience, soit par écrit, et le temps de l'emprisonnement prononcé contre lui ne sera compté qu'à dater du jour où la réparation aura eu lieu.

227. Dans le cas de l'article 224, l'offenseur pourra de même, outre l'amende, être condamné à faire répara-

tion à l'offensé; et s'il retarde ou refuse, il y sera contraint par corps.

228. Tout individu qui, même sans armes, et sans qu'il en soit résulté de blessures, aura frappé un magistrat dans l'exercice de ses fonctions, ou à l'occasion de cet exercice, sera puni d'un emprisonnement de deux à cinq ans.

Si cette voie de fait a eu lieu à l'audience d'une cour ou d'un tribunal, le coupable sera puni du carcan.

229. Dans l'un et l'autre des cas exprimés en l'article précédent, le coupable pourra de plus être condamné à s'éloigner, pendant cinq à dix ans, du lieu où siège le magistrat, et d'un rayon de deux myriamètres.

Cette disposition aura son exécution à dater du jour où le condamné aura subi sa peine,

Si le condamné enfreint cet ordre avant l'expiration du temps fixé, il sera puni du bannissement.

230. Les violences de l'espèce exprimée en l'article 228, dirigées contre un officier ministériel, un agent de la force publique, ou un citoyen chargé d'un ministère de service public, si elles ont eu lieu pendant qu'ils exerçaient leur ministère ou à cette occasion, seront punies d'un emprisonnement d'un mois à six mois.

231. Si les violences exercées contre les fonctionnaires et agents désignés aux articles 228 et 230 ont été la cause d'effusion de sang, blessures ou maladie, la peine sera la réclusion; si la mort s'en est suivie dans les quarante jours, le coupable sera puni de mort.

232. Dans le cas même où ces violences n'auraient pas causé d'effusion de sang, blessures ou maladie, les coups seront punis de la réclusion, s'ils ont été portés avec préméditation ou guet-apens.

233. Si les blessures sont du nombre de celles qui

portent le caractère de meurtre, le coupable sera puni de mort.

§. III.

Refus d'un Service dû légalement.

234. Tout commandant, tout officier ou sous-officier de la force publique qui, après en avoir été légalement requis par l'autorité civile, aura refusé de faire agir la force à ses ordres, sera puni d'un emprisonnement d'un mois à trois mois, sans préjudice des réparations civiles qui pourraient être dues aux termes de l'article 11 du présent Code.

235. Les lois pénales et règlements relatifs à la conscription militaire continueront de recevoir leur exécution.

236. Les témoins et jurés qui auront allégué une excuse reconnue fausse, seront condamnés, outre les amendes prononcées pour la non-comparution, à un emprisonnement de six jours à deux mois.

§. IV.

Evasion de détenus Recèlement de criminels.

237. Toutes les fois qu'une évasion de détenus aura lieu, les huissiers, les commandants en chef ou en sous-ordre, soit de la gendarmerie, soit de la force armée servant d'escorte ou garnissant les postes, les concierges, gardiens, geôliers, et tous autres préposés à la conduite, au transport ou à la garde des détenus, seront punis ainsi qu'il suit.

238. Si l'évadé était prévenu de délits de police, ou de crimes simplement infamants, ou s'il était prisonnier de guerre, les préposés à sa garde ou conduite seront pu-

nis, en cas de négligence, d'un emprisonnement de six jours à deux mois;

Et en cas de connivence, d'un emprisonnement de six mois à deux ans.

Ceux qui, n'étant pas chargés de la garde ou de la conduite du détenu, auront procuré ou facilité son évasion, seront punis de six jours à trois mois d'emprisonnement.

239. Si les détenus évadés, ou l'un d'eux, étaient prévenus ou accusés d'un crime de nature à entraîner une peine afflictive à temps, ou condamnés pour l'un de ces crimes, la peine sera, contre les préposés à la garde ou conduite, en cas de négligence, un emprisonnement de deux à six mois;

En cas de connivence, la réclusion.

Les individus non chargés de la garde des détenus, qui auront procuré ou facilité l'évasion, seront punis d'un emprisonnement de trois mois à deux ans.

240. Si les évadés ou l'un d'eux sont prévenus ou accusés de crimes de nature à entraîner le peine de mort ou des peines perpétuelles, ou s'ils sont condamnés à l'une de ces peines, leurs conducteurs ou gardiens seront punis d'un an à deux ans d'emprisonnement, en cas de négligence, et des travaux forcés à temps, en cas de connivence.

Les individus non chargés de la conduite ou de la garde, qui auront facilité ou procuré l'évasion, seront punis d'un emprisonnement d'un an au moins, et de cinq ans au plus.

241. Si l'évasion a eu lieu ou a été tentée avec violence ou bris de prison, les peines contre ceux qui l'auront favorisée en fournissant des instruments propres à l'opérer, seront, au cas que l'évadé fût de la qualité

exprimée en l'article 238, trois mois à deux ans d'emprisonnement;

Au cas de l'article 239, deux à cinq ans d'emprisonnement; et au cas de l'article 240, la réclusion.

242. Dans tous les cas ci-dessus, lorsque les tiers qui auront procuré ou facilité l'évasion, y seront parvenus en corrompant les gardiens ou geôliers, ou de connivence avec eux, ils seront punis des mêmes peines que lesdits gardiens ou geôliers.

243. Si l'évasion avec bris ou violence a été favorisée par transmission d'armes, les gardiens et conducteurs qui y auront participé seront punis des travaux forcés à perpétuité; les autres personnes, des travaux forcés à temps.

244. Tous ceux qui auront connivé à l'évasion d'un détenu, seront solidairement condamnés, à titre de dommages-intérêts, à tout ce que la partie civile du détenu aurait eu droit d'obtenir contre lui.

245. A l'égard des détenus qui se seront évadés ou qui auront tenté de s'évader par bris de prison ou par violence, ils seront, pour ce seul fait, punis de six mois à un an d'emprisonnement, et subiront cette peine immédiatement après l'expiration de celle qu'ils auront encourue pour le crime ou délit à raison duquel ils étaient détenus, ou immédiatement après l'arrêt ou jugement qui les aura acquittés ou renvoyés absous dudit crime ou délit; le tout sans préjudice des plus fortes peines qu'ils auraient pu encourir pour d'autres crimes qu'ils auraient commis dans leurs violences.

246. Quiconque sera condamné pour avoir favorisé une évasion, ou des tentatives d'évasion, à un emprisonnement de plus de six mois, pourra, en outre, être mis

sous la surveillance spéciale de la haute police, pour un intervalle de cinq à dix ans.

247. Les peines d'emprisonnement ci-dessus établies contre les conducteurs ou les gardiens en cas de négligence seulement, cesseront lorsque les évadés seront repris ou représentés, pourvu que ce soit dans les quatre mois de l'évasion, et qu'ils ne soient pas arrêtés pour d'autres crimes ou délits commis postérieurement.

248. Ceux qui auront recélé ou fait recéler des personnes qu'ils savaient avoir commis des crimes emportant peine afflictive, seront punis de trois mois d'emprisonnement au moins, et de deux ans au plus.

Sont exceptés de la présente disposition les ascendants ou descendants, époux ou épouse même divorcés, frères ou sœurs des criminels recélés, ou leurs alliés au même degré.

§. V.

Bris de Scellés et Enlevement de pièces dans les Dépôts publics.

249. Lorsque des scellés apposés soit par ordre du Gouvernement, soit par suite d'une ordonnance de justice rendue en quelque matière que ce soit, auront été brisés, les gardiens seront punis, pour simple négligence, de six jours à six mois d'emprisonnement.

250. Si le bris de scellés s'applique à des papiers et effets d'un individu prévenu ou accusé d'un crime emportant la peine de mort, des travaux forcés à perpétuité, ou de la déportation, ou qui soit condamné à l'une de ces peines, le gardien négligent sera puni de six mois à deux ans d'emprisonnement.

251. Quiconque aura, à dessein, brisé des scellés apposés sur des papiers ou effets de la qualité énoncée en

l'art. precédent, ou participé au bris des scellés, sera puni de la réclusion ; et si c'est le gardien lui-même, il sera puni des travaux forcés à temps.

252. A l'égard de **tous autres** bris de scellés, les coupables seront punis de six mois à deux ans d'emprisonnement ; et si c'est le gardien lui-même, il sera puni de deux à cinq ans de la même peine.

253. Tout vol commis à l'aide d'un bris de scellés sera puni comme vol commis à l'aide d'effraction.

254. Quant aux soustractions, destructions et enlevements de pièces ou de procédures criminelles, ou d'autres papiers, registres, actes et effets, contenus dans des archives, greffes ou dépôts publics, ou remis à un dépositaire public en cette qualité, les peines seront, contre les greffiers, archivistes, notaires ou autres dépositaires négligents, de trois mois à un an d'emprisonnement, et d'une amende de cent francs à trois cents francs.

255. Quiconque se sera rendu coupable des soustractions, enlevements ou destructions mentionnés en l'article précédent, sera puni de la réclusion.

Si le crime est l'ouvrage du dépositaire lui-même, il sera puni des travaux forcés à temps.

256. Si le bris de scellés, les soustractions, enlevements ou destruction de pièces ont été commis avec violence envers les personnes, la peine sera, contre toute personne, celle des travaux forcés à temps, sans préjudice de peines plus fortes, s'il y a lieu, d'après la nature des violences et des autres crimes qui y seraient joints.

§. VI.

Dégradations de monuments.

257. Quiconque aura détruit, abattu, mutilé ou dégradé des monuments, statues et autres objets destinés à l'utilité ou à la décoration publique, et élevés par l'autorité publique ou avec son autorisation, sera puni d'un emprisonnement d'un mois à deux ans, et d'une amende de 100 francs à 500 fr.

§. VII.

Usurpation de titres ou fonctions.

258. Quiconque, sans titre, se sera immiscé dans des fonctions publiques, civiles ou militaires, ou aura fait les actes d'une de ces fonctions, sera puni d'un emprisonnement de deux à cinq ans, sans préjudice de la peine de faux, si l'acte porte le caractère de ce crime.

259. Toute personne qui aura publiquement porté un costume, un uniforme ou une décoration qui ne lui appartenaient pas, ou qui se sera attribué des titres impériaux qui ne lui auraient pas été légalement conférés, sera punie d'un emprisonnement de six mois à deux ans.

§. VIII.

Entraves au libre exercice des Cultes.

260. Tout particulier qui, par des voies de fait ou des menaces, aura contraint ou empêché une ou plusieurs personnes d'exercer l'un des cultes autorisés, d'assister à l'exercice de ce culte, de célébrer certaines fêtes, d'observer certains jours de repos, et, en conséquence, d'ouvrir ou de fermer leurs ateliers, boutiques ou maga-

sins, et de faire ou quitter certains travaux, sera puni, pour ce seul fait, d'une amende de 16 fr. à 200 fr., et d'un emprisonnement de six jours à deux mois.

261. Ceux qui auront empêché, retardé ou interrompu les exercices d'un culte par des troubles ou désordres causés dans le temple ou autre lieu destiné ou servant actuellement à ces exercices, seront punis d'une amende de 16 fr. à 300 fr., et d'un emprisonnement de six jours à trois mois.

262. Toute personne qui aura, par paroles ou gestes, outragé les objets d'un culte dans les lieux destinés ou servant actuellement à son exercice, ou les ministres de ce culte dans leurs fonctions, sera punie d'une amende de 16 fr. à 500 fr., et d'un emprisonnement de quinze jours à six mois.

263. Quiconque aura frappé le ministre d'un culte dans ses fonctions, sera puni du carcan.

264. Les dispositions du présent paragraphe ne s'appliquent qu'aux troubles, outrages ou voies de fait dont la nature ou les circonstances ne donneront pas lieu à de plus fortes peines, d'après les autres dispositions du présent Code.

SECTION V.

Association de malfaiteurs, Vagabondage et Mendicité.

§. Ier.

Association de malfaiteurs.

265. Toute association de malfaiteurs envers les personnes ou les propriétés, est un crime contre la paix publique.

266. Ce crime existe par le seul fait d'organisation de bandes ou de correspondance entre elles et leurs chefs ou commandants, ou de convention tendant à rendre compte ou à faire distribution ou partage du produit des méfaits.

267. Quand ce crime n'aurait été accompagné ni suivi d'aucun autre, les auteurs, directeurs de l'association, et les commandants en chef ou en sous-ordre de ces bandes seront punis des travaux forcés à temps.

268. Seront punis de la réclusion tous autres individus chargés d'un service quelconque dans ces bandes, et ceux qui auront sciemment et volontairement fourni aux bandes ou à leurs divisions, des armes, munitions, instruments de crime, logement, retraite ou lieu de réunion.

§. 11.

Vagabondage.

269. Le vagabondage est un délit.

270. Les vagabonds ou gens sans aveu sont ceux qui n'ont ni domicile certain, ni moyens de subsistance, et qui n'exercent habituellement ni métier ni profession.

271. Les vagabonds ou gens sans aveu qui auront été légalement déclarés tels, seront, pour ce seul fait, punis de trois à six mois d'emprisonnement, et demeureront, après avoir subi leur peine, à la disposition du Gouvernement pendant le temps qu'il déterminera, eu égard à leur conduite.

272. Les individus déclarés vagabonds par jugement pourront, s'ils sont étrangers, être conduits, par les ordres du Gouvernement, hors du territoire de l'Empire.

273. Les vagabonds nés en France pourront, après un jugement même passé en force de chose jugée, être réclamés par délibération du conseil municipal de la commune où ils sont nés, ou cautionnés par un citoyen solvable.

Si le Gouvernement accueille la réclamation ou agrée la caution, les individus ainsi réclamés ou cautionnés seront, par ses ordres, renvoyés ou conduits dans la commune qui les a réclamés, ou dans celle qui leur sera assignée pour résidence, sur la demande de la caution.

§. III.

Mendicité.

274. Toute personne qui aura été trouvée mendiant dans un lieu pour lequel il existera un établissement public organisé afin d'obvier à la mendicité, sera punie de trois à six mois d'emprisonnement, et sera, après l'expiration de sa peine, conduite au dépôt de mendicité.

275. Dans les lieux où il n'existe point encore de tels établissements, les mendiants d'habitude valides seront punis d'un mois à trois mois d'emprisonnement.

S'ils ont été arrêtés hors du canton de leur résidence, ils seront punis d'un emprisonnement de six mois à deux ans.

276. Tous mendiants, même invalides, qui auront usé de menaces, ou seront entrés sans permission du propriétaire ou des personnes de sa maison, soit dans une habitation, soit dans un enclos en dépendant,

Ou qui feindront des plaies ou infirmités,

Ou qui mendieront en réunion, à moins que ce ne soit le mari et la femme, le père ou la mère et leurs jeunes enfants, l'aveugle et son conducteur,

Seront punis d'un emprisonnement de six mois à deux ans.

Dispositions communes aux Vagabonds et Mendiants.

277. Tout mendiant ou vagabond qui aura été saisi travesti d'une manière quelconque,

Ou porteur d'armes, bien qu'il n'en ait usé ni menacé,

Ou muni de limes, crochets ou autres instruments propres, soit à commettre des vols ou d'autres délits, soit à lui procurer les moyens de pénétrer dans les maisons,

Sera puni de deux à cinq ans d'emprisonnement.

278. Tout mendiant ou vagabond qui sera trouvé porteur d'un ou de plusieurs effets d'une valeur supérieure à cent francs, et qui ne justifiera point d'où ils lui proviennent, sera puni de la peine portée en l'article 276.

279. Tout mendiant ou vagabond qui aura exercé quelque acte de violence que ce soit envers les personnes, sera puni de la réclusion, sans préjudice de peines plus fortes, s'il y a lieu, à raison du genre et des circonstances de la violence.

280. Tout vagabond ou mendiant qui aura commis un crime emportant la peine des travaux forcés à temps, sera en outre marqué.

281. Les peines établies par le présent Code contre les individus porteurs de faux certificats, faux passe-ports ou fausses feuilles de route, seront toujours, dans leur espèce, portées au *maximum* quand elles seront appliquées à des vagabonds ou mendiants.

282. Les vagabonds ou mendiants qui auront subi les peines portées par les articles précédents, demeure-

ront, à la fin de cos peines, à la disposition du Gouvernement.

SECTION VI.

Délits commis par la voie d'Ecrits, Images ou Gravures distribués sans nom d'Auteur, Imprimeur ou Graveur.

283. Toute publication ou distribution d'ouvrages, écrits, avis, bulletins, affiches, journaux, feuilles périodiques ou autres imprimés, dans lesquels ne se trouvera pas l'indication vraie des noms, profession et demeure de l'auteur ou de l'imprimeur, sera, pour ce seul fait, punie d'un emprisonnement de six jours à six mois, contre toute personne qui aura sciemment contribué à la publication ou distribution.

284. Cette disposition sera réduite à des peines de simple police,

1° A l'égard des crieurs, afficheurs, vendeurs ou distributeurs qui auront fait connaître la personne de laquelle ils tiennent l'écrit imprimé ;

2° A l'égard de quiconque aura fait connaître l'imprimeur;

3° A l'égard même de l'imprimeur qui aura fait connaître l'auteur.

285. Si l'écrit imprimé contient quelques provocations à des crimes ou délits, les crieurs, afficheurs, vendeurs et distributeurs seront punis comme complices des provocateurs, à moins qu'ils n'aient fait connaître ceux dont ils tiennent l'écrit contenant la provocation.

En cas de révélation, ils n'encourront qu'un emprisonnement de six jours à trois mois, et la peine de complicité ne restera applicable qu'à ceux qui n'auront point fait connaître les personnes dont ils auront reçu l'écrit imprimé, et à l'imprimeur, s'il est connu.

286. Dans tous les cas ci-dessus, il y aura confiscation des exemplaires saisis.

287. Toute exposition ou distribution de chansons, pamphlets, figures ou images contraires aux bonnes mœurs, sera punie d'une amende de seize francs à cinq cents francs, d'un emprisonnement d'un mois à un an, et de la confiscation des planches et des exemplaires imprimés ou gravés de chansons, figures ou autres objets du délit.

288. La peine d'emprisonnement et l'amende prononcée par l'article précédent seront réduites à des peines de simple police,

1° A l'égard des crieurs, vendeurs ou distributeurs qui auront fait connaître la personne qui leur a remis l'objet du délit;

2° A l'égard de quiconque aura fait connaître l'imprimeur ou le graveur;

3° A l'égard même de l'imprimeur ou du graveur qui auront fait connaître l'auteur ou la personne qui les aura chargés de l'impression ou de la gravure.

289. Dans tous les cas exprimés en la présente section, et où l'auteur sera connu, il subira le *maximum* de la peine attachée à l'espèce du délit.

Disposition particulière.

290. Tout individu qui, sans y avoir été autorisé par la police, fera le métier de crieur ou afficheur d'écrits imprimés, dessins ou gravures, même munis des noms d'auteurs, imprimeurs, dessinateurs ou graveurs, sera puni d'un emprisonnement de six jours à deux mois.

SECTION VII.

Des Associations ou Réunions illicites.

291. Nulle association de plus de vingt personnes, dont le but sera de se réunir tous les jours ou à certains jours marqués pour s'occuper d'objets religieux, littéraires, politiques ou autres, ne pourra se former qu'avec l'agrément du Gouvernement, et sous les conditions qu'il plaira à l'autorité publique d'imposer à la société.

Dans le nombre de personnes indiqué par le présent article ne sont pas comprises celles domiciliées dans la maison où l'association se réunit.

292. Toute association de la nature ci-dessus exprimée qui se sera formée sans autorisation, ou qui, après l'avoir obtenue, aura enfreint les conditions à elle imposées, sera dissoute.

Les chefs, directeurs ou administrateurs de l'association seront en outre punis d'une amende de seize francs à deux cents francs.

293. Si, par discours, exhortations, invocations ou prières, en quelque langue que ce soit, ou par lecture, affiche, publication ou distribution d'écrits quelconques, il a été fait, dans ces assemblées, quelques provocations à des crimes ou à des délits, la peine sera de cent francs à trois cents francs d'amende, et de trois mois à deux ans d'emprisonnement, contre les chefs, directeurs et administrateurs de ces associations, sans préjudice des peines plus fortes qui seraient portées par la loi contre les individus personnellement coupables de la provocation, lesquels, en aucun cas, ne pourront être punis d'une peine moindre que celle infligée aux chefs, directeurs et administrateurs de l'association.

294. Tout individu qui, sans la permission de l'autorité municipale, aura accordé ou consenti l'usage de sa maison ou de son appartement, en tout ou en partie, pour la réunion des membres d'une association même autorisée, ou pour l'exercice d'un culte, sera puni d'une amende de seize francs à deux cents francs.

(Décrété le 17 février 1810. Promulgué le 27 du même mois.)

TITRE II.

CRIMES ET DÉLITS CONTRE DES PARTICULIERS.

CHAPITRE PREMIER.

Crimes et Délits contre les Personnes.

SECTION PREMIÈRE.

Meurtre et autres Crimes capitaux, Menaces d'attentats contre les Personnes.

§. 1er.

Meurtre, Assassinat, Parricide, Infanticide, Empoisonnement.

295. L'HOMICIDE commis volontairement est qualifié meurtre.

296. Tout meurtre commis avec préméditation ou de guet-apens, est qualifié assassinat.

297. La préméditation consiste dans le dessein formé, avant l'action, d'attenter à la personne d'un individu déterminé, ou même de celui qui sera trouvé ou rencontré, quand même ce dessein serait dépendant de quelque circonstance ou de quelque condition.

298. Le guet-apens consiste à attendre plus ou moins de temps, dans un ou divers lieux, un individu, soit pour

lui donner la mort, soit pour exercer sur lui des actes de violence.

299. Est qualifié parricide le meurtre des pères ou mères légitimes, naturels ou adoptifs, ou de tout autre ascendant légitime.

300. Est qualifié infanticide le meurtre d'un enfant nouveau-né.

301. Est qualifié empoisonnement tout attentat à la vie d'une personne, par l'effet de substances qui peuvent donner la mort plus ou moins promptement, de quelque manière que ces substances aient été employées ou administrées, et quelles qu'en aient été les suites.

302. Tout coupable d'assassinat, de parricide, d'infanticide et d'empoisonnement, sera puni de mort, sans préjudice de la disposition particulière contenue en l'article 13, relativement au parricide.

303. Seront punis comme coupables d'assassinat, tous malfaiteurs, quelle que soit leur dénomination, qui, pour l'exécution de leurs crimes, emploient des tortures ou commettent des actes de barbarie.

304. Le meurtre emportera la peine de mort, lorsqu'il aura précédé, accompagné ou suivi un autre crime ou délit.

En tout autre cas, le coupable de meurtre sera puni de la peine des travaux forcés à perpétuité.

§. II.

Menaces.

305. Quiconque aura menacé, par écrit anonyme ou signé, d'assassinat, d'empoisonnement, ou de tout autre attentat contre les personnes qui serait punissable de la peine de mort, des travaux forcés à perpétuité, ou de la

déportation, sera puni de la peine des travaux forcés à temps, dans le cas où la menace aurait été faite avec ordre de déposer une somme d'argent dans un lieu indiqué, ou de remplir toute autre condition.

306. Si cette menace n'a été accompagnée d'aucun ordre ou condition, la peine sera d'un emprisonnement de deux ans au moins, et de cinq ans au plus, et d'une amende de cent francs à six cents francs.

307. Si la menace faite avec ordre ou sous condition a été verbale, le coupable sera puni d'un emprisonnement de six mois à deux ans, et d'une amende de vingt-cinq francs à trois cents francs.

308. Dans les cas prévus par les deux précédents articles, le coupable pourra de plus être mis, par l'arrêt ou le jugement, sous la surveillance de la haute police pour cinq ans au moins et dix ans au plus.

SECTION II.

Blessures et Coups volontaires non qualifiés Meurtre, et autres Crimes et Délits volontaires.

309. Sera puni de la peine de la réclusion, tout individu qui aura fait des blessures ou porté des coups, s'il est résulté de ces actes de violence une maladie ou incapacité de travail personnel pendant plus de vingt jours.

310. Si le crime mentionné au précédent article a été commis avec préméditation ou guet-apens, la peine sera celle des travaux forcés à temps.

311. Lorsque les blessures ou les coups n'auront occasionné aucune maladie ni incapacité de travail personnel de l'espèce mentionnée en l'article 309, le coupable sera puni d'un emprisonnement d'un mois à deux ans, et d'une amende de seize francs à deux cents francs.

S'il y a eu préméditation ou guet-apens, l'emprisonnement sera de deux ans à cinq ans, et l'amende de cinquante francs à cinq cents francs.

312. Dans les cas prévus par les articles 309, 310 et 311, si le coupable a commis le crime envers ses père ou mère légitimes, naturels ou adoptifs, ou autres ascendants légitimes, il sera puni ainsi qu'il suit :

Si l'article auquel le cas se référera prononce l'emprisonnement et l'amende, le coupable subira la peine de la réclusion ;

Si l'article prononce la peine de la réclusion, il subira celle des travaux forcés à temps ;

Si l'article prononce la peine des travaux forcés à temps, il subira celle des travaux forcés à perpétuité.

313. Les crimes et les délits prévus dans la présente section et dans la section précédente, s'ils sont commis en réunion séditieuse, avec rebellion ou pillage, sont imputables aux chefs, auteurs, instigateurs et provocateurs de ces réunions, rebellions ou pillages, qui seront punis comme coupables de ces crimes ou de ces délits, et condamnés aux mêmes peines que ceux qui les auront personnellement commis.

314. Tout individu qui aura fabriqué ou débité des stilets, tromblons ou quelque espèce que ce soit d'armes prohibées par loi ou par des règlements d'administration publique, sera puni d'un emprisonnement de six jours à six mois.

Celui qui sera porteur desdites armes sera puni d'une amende de seize francs à deux cents francs.

Dans l'un et l'autre cas, les armes seront confisquées.

Le tout sans préjudice de plus forte peine, s'il y échet, en cas de complicité de crime.

315. Outre les peines correctionnelles mentionnées dans les articles précédents, les tribunaux pourront pro-

noncer le renvoi sous la surveillance de la haute police depuis deux ans jusqu'à dix ans.

316. Toute personne coupable du crime de castration subira la peine des travaux forcés à perpétuité.

Si la mort en est résultée avant l'expiration des quarante jours qui auront suivi le crime, le coupable subira la peine de mort.

317. Quiconque, par aliments, breuvages, médicaments, violences, ou par tout autre moyen, aura procuré l'avortement d'une femme enceinte, soit qu'elle y ait consenti ou non, sera puni de la réclusion.

La même peine sera prononcée contre la femme qui se sera procuré l'avortement à elle-même, ou qui aura consenti à faire usage des moyens à elle indiqués ou administrés à cet effet, si l'avortement s'en est ensuivi.

Les médecins, chirurgiens et autres officiers de santé, ainsi que les pharmaciens qui auront indiqué ou administré ces moyens, seront condamnés à la peine des travaux forcés à temps, dans le cas où l'avortement aurait eu lieu.

318. Quiconque aura vendu ou débité des boissons falsifiées, contenant des mixtions nuisibles à la santé, sera puni d'un emprisonnement de six jours à deux ans, et d'une amende de seize francs à cinq cents francs.

Seront saisies et confisquées les boissons falsifiées trouvées appartenir au vendeur ou débitant.

SECTION III.

Homicide, Blessures et Coups involontaires ; Crimes et Délits excusables, et Cas ou ils ne peuvent être excusés ; Homicide Blessures et Coups qui ne sont ni crimes ni délits.

§. Ier.

Homicide, Blessures et Coups involontaires.

319. Quiconque, par maladresse, imprudence, inattention, négligence ou inobservation des règlements, aura commis involontairement un homicide, ou en aura involontairement été la cause, sera puni d'un emprisonnement de trois mois à deux ans, et d'une amende de cinquante francs à six cents francs.

320. S'il n'est résulté du défaut d'adresse ou de précaution que des blessures ou coups, l'emprisonnement sera de six jours à deux mois, et l'amende sera de seize francs à cent francs.

§. II.

Crimes et Délits excusables, et Cas où ils ne peuvent être excusés.

321. Le meurtre, ainsi que les blessures et les coups, sont excusables s'ils ont été provoqués par des coups ou violences graves envers les personnes.

322. Les crimes et délits mentionnés au précédent article sont également excusables, s'ils ont été commis en repoussant pendant le jour l'escalade ou l'effraction des clôtures, murs ou entrée d'une maison ou d'un appartement habité ou de leurs dépendances.

Si le fait est arrivé pendant la nuit, ce cas est réglé par l'article 329.

3a3. Le parricide n'est jamais excusable.

3a4. Le meurtre commis par l'époux sur l'épouse, ou par celle-ci sur son époux, n'est pas excusable, si la vie de l'époux ou de l'épouse qui a commis le meurtre n'a pas été mise en péril dans le moment même où le meurtre a eu lieu.

Néanmoins, dans le cas d'adultère, prévu par l'article 336, le meurtre commis par l'époux sur son épouse, ainsi que sur le complice, à l'instant où il les surprend en flagrant délit dans la maison conjugale, est excusable.

3a5. Le crime de castration, s'il a été immédiatement provoqué par un outrage violent à la pudeur, sera considéré comme meurtre ou blessures excusables.

326. Lorsque le fait d'excuse sera prouvé,

S'il s'agit d'un crime emportant la peine de mort, ou celle des travaux forcés à perpétuité, ou celle de la déportation, la peine sera réduite à un emprisonnement d'un an à cinq ans;

S'il s'agit de tout autre crime, elle sera réduite à un emprisonnement de six mois à deux ans;

Dans ces deux premiers cas, les coupables pourront de plus être mis, par l'arrêt ou jugement, sous la surveillance de la haute police pendant cinq ans au moins, et dix ans au plus.

S'il s'agit d'un délit, la peine sera réduite à un emprisonnement de six jours à six mois.

§. III.

Homicide, Blessures et Coups non qualifiés crimes ni délits.

327. Il n'y a ni crime ni délit, lorsque l'homicide, les blessures et les coups étaient ordonnés par la loi et commandés par l'autorité légitime.

328. Il n'y a ni crime ni délit, lorsque l'homicide, les blessures et les coups étaient commandés par la nécessité actuelle de la légitime défense de soi-même ou d'autrui.

329. Sont compris dans les cas de nécessité actuelle de défense, les deux cas suivants :

1° Si l'homicide a été commis, si les blessures ont été faites, ou si les coups ont été portés en repoussant, pendant la nuit, l'escalade ou l'effraction des clôtures, murs ou entrée d'une maison ou d'un appartement habité ou de leurs dépendances ;

2° Si le fait a eu lieu en se défendant contre les auteurs de vols ou de pillages exécutés avec violence.

SECTION IV.

Attentats aux Mœurs.

330. Toute personne qui aura commis un outrage public à la pudeur, sera punie d'un emprisonnement de trois mois à un an, et d'une amende de seize francs à deux cents francs.

331. Quiconque aura commis le crime de viol, ou sera coupable de tout autre attentat à la pudeur, consommé ou tenté avec violence contre des individus de l'un ou de l'autre sexe, sera puni de la réclusion.

332. Si le crime a été commis sur la personne d'un

enfant au-dessous de l'âge de quinze ans accomplis, le coupable subira la peine des travaux forcés à temps.

333. La peine sera celle des travaux forcés à perpétuité, si les coupables sont de la classe de ceux qui ont autorité sur la personne envers laquelle ils ont commis l'attentat, s'ils sont ses instituteurs ou ses serviteurs à gages, ou s'ils sont fonctionnaires publics, ou ministres d'un culte, ou si le coupable, quel qu'il soit, a été aidé dans son crime par une ou plusieurs personnes.

334. Quiconque aura attenté aux mœurs, en excitant, favorisant ou facilitant habituellement la débauche ou la corruption de la jeunesse de l'un ou de l'autre sexe au-dessous de l'âge de vingt-un ans, sera puni d'un emprisonnement de six mois à deux ans, et d'une amende de cinquante francs à cinq cents francs.

Si la prostitution ou la corruption a été excitée, favorisée ou facilitée par leurs pères, mères, tuteurs ou autres personnes chargées de leur surveillance, la peine sera de deux ans à cinq ans d'emprisonnement, et de trois cents francs à mille francs d'amende.

335. Les coupables du délit mentionné au précédent article seront interdits de toute tutelle et curatelle, et de toute participation aux conseils de famille; savoir, les individus auxquels s'applique le premier paragraphe de cet article, pendant deux ans au moins et cinq ans au plus; et ceux dont il est parlé au second paragraphe, pendant dix ans au moins et vingt ans au plus.

Si le délit a été commis par le père ou la mère, le coupable sera de plus privé des droits et avantages à lui accordés sur la personne et les biens de l'enfant par le Code Napoléon, Livre Ier, titre IX, *De la Puissance paternelle.*

Dans tous les cas, les coupables pourront de plus être

mis, par l'arrêt ou le jugement, sous la surveillance de la haute police, en observant, pour la durée de la surveillance, ce qui vient d'être établi pour la durée de l'interdiction mentionnée au présent article.

336. L'adultère de la femme ne pourra être dénoncé que par le mari : cette faculté même cessera, s'il est dans le cas prévu par l'article 339.

337. La femme convaincue d'adultère subira la peine de l'emprisonnement pendant trois mois au moins et deux ans au plus.

Le mari restera le maître d'arrêter l'effet de cette condamnation, en consentant à reprendre sa femme.

338. Le complice de la femme adultère sera puni de l'emprisonnement pendant le même espace de temps, et, en outre, d'une amende de cent francs à deux mille francs.

Les seules preuves qui pourront être admises contre le prévenu de complicité, seront, outre le flagrant délit, celles résultant de lettres ou autres pièces écrites par le prévenu.

339. Le mari qui aura entretenu une concubine dans la maison conjugale, et qui aura été convaincu sur la plainte de la femme, sera puni d'une amende de cent francs à deux mille francs.

340. Quiconque étant engagé dans les liens du mariage en aura contracté un autre avant la dissolution du précédent, sera puni de la peine des travaux forcés à temps.

L'officier public qui aura prêté son ministère à ce mariage, connaissant l'existence du précédent, sera condamné à la même peine.

SECTION V.

Arrestations illégales et Séquestrations de personnes.

341. Seront punis de la peine des travaux forcés à temps ceux qui, sans ordre des autorites constituées et hors les cas où la loi ordonne de saisir des prévenus, auront arrêté, détenu ou séquestré des personnes quelconques;

Quiconque aura prêté un lieu pour exécuter la détention, ou séquestration, subira la même peine.

342. Si la détention ou séquestation a duré plus d'un mois, la peine sera celle des travaux forcés à perpétuité.

343. La peine sera réduite à l'emprisonnement de deux ans à cinq ans, si les coupables des délits mentionnés en l'article 341, non encore poursuivis de fait, ont rendu la liberté à la personne arrêtée, séquestrée ou détenue, avant le dixième jour accompli depuis celui de l'arrestation, détention ou séquestration. Ils pourront néanmoins être renvoyés sous la surveillance de la haute police, depuis cinq ans jusqu'à dix ans.

344. Dans chacun des trois cas suivants,

1º Si l'arrestation a été exécutée avec le faux costume, sous un faux nom, ou sur un faux ordre de l'autorité publique;

2º Si l'individu arrêté, détenu ou séquestré, a été menacé de la mort;

3º S'il a été soumis à des tortures corporelles;

Les coupables seront punis de mort.

SECTION VI.

Crimes et Délits tendant à empécher ou détruire la preuve de l'état civil d'un Enfant, ou à compromettre son existence. — Enlevement de Mineurs. — Infraction aux lois sur les Inhumations.

§. Ier.

Crimes et Délits envers l'Enfant.

345. Les coupables d'enlevement, de recélé ou de suppression d'un enfant, de substitution d'un enfant à un autre, ou de supposition d'un enfant à une femme qui ne sera pas accouchée, seront punis de la réclusion.

La même peine aura lieu contre ceux qui, étant chargés d'un enfant, ne le représenteront point aux personnes qui ont droit de le réclamer.

346. Toute personne qui, ayant assisté à un accouchement, n'aura pas fait la déclaration à elle prescrite par l'article 56 du Code Napoléon, et dans le délai fixé par l'article 55 du même Code, sera punie d'un emprisonnement de six jours à six mois, et d'une amende de seize francs à trois cents francs.

347. Toute personne qui, ayant trouvé un enfant nouveau-né, ne l'aura pas remis à l'officier de l'état civil, ainsi qu'il est prescrit par l'article 58 du Code Napoléon, sera punie des peines portées au précédent article.

La présente disposition n'est point applicable à celui qui aurait consenti à se charger de l'enfant, et qui aurait fait sa déclaration à cet égard devant la municipalité du lieu où l'enfant a été trouvé.

348. Ceux qui auront porté à un hospice un enfant au-dessous de l'âge de sept ans accomplis, qui leur aurait

été confié afin qu'ils en prissent soin ou pour toute autre cause, seront punis d'un emprisonnement de six semaines à six mois, et d'une amende de seize francs à cinquante francs.

Toutefois aucune peine ne sera prononcée, s'ils n'étaient pas tenus ou ne s'étaient pas obligés de pourvoir gratuitement à la nourriture et à l'entretien de l'enfant, et si personne n'y avait pourvu.

349. Ceux qui auront exposé et délaissé en un lieu solitaire un enfant au-dessous de l'âge de sept ans accomplis, ceux qui auront donné l'ordre de l'exposer ainsi, si cet ordre a été exécuté, seront, pour ce seul fait, condamnés à un emprisonnement de six mois à deux ans, et à une amende de seize francs à deux cents francs.

350. La peine portée au précédent article sera de deux ans à cinq ans, et l'amende de cinquante fr. à quatre cents francs, contre les tuteurs ou tutrices, instituteurs ou institutrices de l'enfant exposé et délaissé par eux ou par leur ordre.

351. Si, par suite de l'exposition et du délaissement prévus par les articles 349 et 350, l'enfant est demeuré mutilé ou estropié, l'action sera considérée comme blessures volontaires à lui faites par la personne qui l'a exposé et délaissé; et si la mort s'en est ensuivie, l'action sera considérée comme meurtre: au premier cas, les coupables subiront la peine applicable aux blessures volontaires; et, au second cas, celle du meurtre.

352. Ceux qui auront exposé et délaissé en un lieu non solitaire un enfant au-dessous de l'âge de sept ans accomplis, seront punis d'un emprisonnement de trois mois à un an, et d'une amende de seize francs à cent francs.

353. Le délit prévu par le précédent article sera puni

d'un emprisonnement de six mois à deux ans, et d'une amende de vingt-cinq francs à deux cents francs, s'il a été commis par les tuteurs ou tutrices, instituteurs ou institutrices de l'enfant.

§. II.

Enlevement de Mineurs.

354. Quiconque aura, par fraude ou violence, enlevé ou fait enlever des mineurs, ou les aura entraînés, détournés ou déplacés, ou les aura fait entraîner, détourner ou déplacer des lieux où ils étaient mis par ceux à l'autorité ou à la direction desquels ils étaient soumis ou confiés, subira la peine de la réclusion.

355. Si la personne ainsi enlevée ou détournée est une fille au-dessous de seize ans accomplis, la peine sera celle des travaux forcés à temps.

356. Quand la fille au-dessous de seize ans aurait consenti à son enlevement ou suivi volontairement le ravisseur, si celui-ci était majeur de vingt-un ans ou au-dessus, il sera condamné aux travaux forcés à temps.

Si le ravisseur n'avait pas encore vingt-un ans, il sera puni d'un emprisonnement de deux à cinq ans.

357. Dans le cas où le ravisseur aurait épousé la fille qu'il a enlevée, il ne pourra être poursuivi que sur la plainte des personnes qui, d'après le Code Napoléon, ont le droit de demander la nullité du mariage, ni condamné, qu'après que la nullité du mariage aura été prononcée.

§. III.

Infractions aux lois sur les Inhumations.

358. Ceux qui, sans l'autorisation préalable de l'officier public, dans le cas où elle est prescrite, auront fait

inhumer un individu décédé, seront punis de six jours à deux mois d'emprisonnement, et d'une amende de seize fr. à cinquante fr.; sans préjudice de la poursuite des crimes dont les auteurs de ce délit pourraient être prévenus dans cette circonstance.

La même peine aura lieu contre ceux qui auront contrevenu, de quelque manière que ce soit, à la loi et aux règlements relatifs aux inhumations précipitées.

359. Quiconque aura recélé ou caché le cadavre d'une personne homicidée ou morte des suites de coups ou blessures, sera puni d'un emprisonnement de six mois à deux ans, et d'une amende de cinquante francs à quatre cents francs; sans préjudice de peines plus graves, s'il a participé au crime.

360. Sera puni d'un emprisonnement de trois mois à un an, et de seize francs à deux cents francs d'amende, quiconque se sera rendu coupable de violation de tombeaux ou de sépultures, sans préjudice des peines contre les crimes ou les délits qui seraient joints à celui-ci.

SECTION VII.

Faux Témoignage, Calomnie, Injures, Révélation de secrets.

§. Ier.

Faux Témoignage.

361. Quiconque sera coupable de faux témoignage en matière criminelle, soit contre l'accusé, soit en sa faveur, sera puni de la peine des travaux forcés à temps.

Si néanmoins l'accusé a été condamné à une peine plus forte que celle des travaux forcés à temps, le faux témoin qui a déposé contre lui subira la même peine.

362. Quiconque sera coupable de faux témoignage en matière correctionnelle ou de police, soit contre le prévenu, soit en sa faveur, sera puni de la réclusion.

363. Le coupable de faux témoignage en matière civile sera puni de la peine portée au précédent article.

364. Le faux témoin en matière correctionnelle, de police ou civile, qui aura reçu de l'argent, une récompense quelconque ou des promesses, sera puni des travaux forcés à temps.

Dans tous les cas, ce que le faux témoin aura reçu sera confisqué.

365. Le coupable de subornation de témoins sera condamné à la peine des travaux forcés à temps, si le faux témoignage qui en a été l'objet emporte la peine de la réclusion; aux travaux forcés à perpétuité, lorsque le faux témoignage emportera la peine des travaux forcés à temps, ou celle de la déportation; et à la peine de mort, lorsqu'il emportera celle des travaux forcés à perpétuité ou la peine capitale.

366. Celui à qui le serment aura été déféré ou référé en matière civile, et qui aura fait un faux serment, sera puni de la dégradation civique.

§. II.

Calomnies, Injures, Révélation de secrets.

367. Sera coupable du délit de calomnie, celui qui, soit dans des lieux ou réunions publiques, soit dans un acte authentique et public, soit dans un écrit imprimé ou non qui aura été affiché, vendu ou distribué, aura imputé à un individu quelconque des faits qui, s'ils existaient, exposeraient celui contre lequel ils sont articulés à des poursuites criminelles ou correctionnelles, ou

même l'exposeraient seulement au mépris ou à la haine des citoyens..

La présente disposition n'est point applicable aux faits dont la loi autorise la publicité, ni à ceux que l'auteur de l'imputation était, par la nature de ses fonctions ou de ses devoirs, obligé de révéler ou de réprimer.

368. Est réputée fausse, toute imputation à l'appui de laquelle la preuve légale n'est point rapportée. En conséquence, l'auteur de l'imputation ne sera pas admis, pour sa défense, à demander que la preuve en soit faite : il ne pourra pas non plus alléguer comme moyen d'excuse que les pièces ou les faits sont notoires, ou que les imputations qui donnent lieu à la poursuite sont copiées ou extraites de papiers étrangers, ou d'autres écrits imprimés.

369. Les calomnies mises au jour par la voie de papiers étrangers pourront être poursuivies contre ceux qui auront envoyé les articles ou donné l'ordre de les insérer, ou contribué à l'introduction ou à la distribution de ces papiers en France.

370. Lorsque le fait imputé sera légalement prouvé vrai, l'auteur de l'imputation sera à l'abri de toute peine.

Ne sera considérée comme preuve légale que celle qui résultera d'un jugement, ou de tout autre acte authentique.

371. Lorsque la preuve légale ne sera pas rapportée, le calomniateur sera puni des peines suivantes :

Si le fait imputé est de nature à mériter la peine de mort, les travaux forcés à perpétuité ou la déportation, le coupable sera puni d'un emprisonnement de deux à cinq ans, et d'une amende de deux cents francs à cinq mille francs.

Dans tous les autres cas, l'emprisonnement sera d'un mois à six mois, et à l'amende de cinquante fr. à deux mille francs.

372. Lorsque les faits imputés seront punissables suivant la loi, et que l'auteur de l'imputation les aura dénoncés, il sera, durant l'instruction sur ces faits, sursis à la poursuite et au jugement du délit de calomnie.

373. Quiconque aura fait par écrit une dénonciation calomnieuse contre un ou plusieurs individus, aux officiers de justice ou de police administrative ou judiciaire, sera puni d'un emprisonnement d'un mois à un an, et d'une amende de cent francs à trois mille francs.

374. Dans tous les cas, le calomniateur sera, à compter du jour où il aura subi sa peine, interdit pendant cinq ans au moins, et dix ans au plus, des droits mentionnés en l'article 42 du présent Code.

375. Quant aux injures ou aux expressions outrageantes qui ne renfermeraient l'imputation d'aucun fait précis, mais celle d'un vice déterminé, si elles ont été proférées dans des lieux ou réunions publiques, ou insérées dans des écrits imprimés ou non, qui auraient été répandus et distribués, la peine sera une amende de seize francs à cinq cents francs.

376. Toutes autres injures ou expressions outrageantes qui n'auront pas eu ce double caractère de gravité et de publicité, ne donneront lieu qu'à des peines de simple police.

377. A l'égard des imputations et des injures qui seraient contenues dans les écrits relatifs à la défense des parties, ou dans les plaidoyers, les juges saisis de la contestation pourront, en jugeant la cause, ou prononcer la suppression des injures ou des écrits injurieux, ou faire des injonctions aux auteurs du délit, ou les suspendre

de leurs fonctions, et statuer sur les dommages-inté‐
rêts.

La durée de cette suspension ne pourra excéder six
mois; en cas de récidive, elle sera d'un an au moins, et
de cinq ans au plus.

Si les injures ou écrits injurieux portent le caractère
de calomnie grave, et que les juges saisis de la contestation
ne puissent connaitre du délit, ils ne pourront prononcer
contre les prévenus qu'une suspension provisoire de leurs
fonctions, et les renverront, pour le jugement du délit,
devant les juges compétents.

378. Les médecins, chirurgiens et autres officiers de
santé, ainsi que les pharmaciens, les sages-femmes, et
toutes autres personnes dépositaires, par état ou profes‐
sion, des secrets qu'on leur confie, qui, hors le cas où la
loi les oblige à se porter dénonciateurs, auront révélé ces
secrets, seront punis d'un emprisonnement d'un mois
à six mois, et d'une amende de 100 francs à 500 francs.

CHAPITRE II.

(Décrété le 19 février 1810. Promulgué le 1er mars 1810.)

Crimes et Délits contre les Propriétés.

SECTION PREMIÈRE.

Vols.

379. Quiconque a soustrait frauduleusement une chose
qui ne lui appartient pas, est coupable de vol.

380. Les soustractions commises par des maris au pré‐
judice de leurs femmes, par des femmes au préjudice de
leurs maris, par un veuf ou une veuve, quant aux
choses qui avaient appartenu à l'époux décédé, par des
enfants ou autres descendants au préjudice de leurs père
ou mères ou autres ascendants, par des pères et mères ou
autres ascendants au préjudice de leurs enfants ou autre

descendants, ou par des alliés aux mêmes degrés, ne pourront donner lieu qu'à des réparations civiles.

A l'égard de tous autres individus qui auraient recélé ou appliqué à leur profit tout ou partie des objets volés, ils seront punis comme coupables de vol.

381. Seront punis de la peine de mort, les individus coupables de vols commis avec la réunion des cinq circonstances suivantes :

1° Si le vol a été commis la nuit ;

2° S'il a été commis par deux ou plusieurs personnes ;

3° Si les coupables ou l'un d'eux étaient porteurs d'armes apparentes ou cachées ;

4° S'ils ont commis le crime soit à l'aide d'effraction extérieure ou d'escalade ou de fausses clefs, dans une maison, appartement, chambre ou logement habités ou servant à l'habitation, ou leurs dépendances, soit en prenant le titre d'un fonctionnaire public ou d'un officier civil ou militaire, ou après s'être revêtus de l'uniforme ou du costume du fonctionnaire ou de l'officier, ou en alléguant un faux ordre de l'autorité civile ou militaire.

5° S'ils ont commis le crime avec violence ou menaces de faire usage de leurs armes.

382. Sera puni de la peine des travaux forcés à perpétuité, tout individu coupable de vol commis à l'aide de violence, et, de plus, avec deux des quatre premières circonstances prévues par le précédent article.

Si même la violence à l'aide de laquelle le vol a été commis, a laissé des traces de blessures ou de contusions, cette circonstance seule suffira pour que la peine des travaux forcés à perpétuité soit prononcée.

383. Les vols commis dans les chemins publics em-

porteront également la peine des travaux forcés à perpétuité.

384. Sera puni de la peine des travaux forcés à temps,
tout individu coupable de vols commis à l'aide d'un des
moyens énoncés dans le n° 4 de l'article 381, même
quoique l'effraction, l'escalade et l'usage des fausses clefs
aient eu lieu dans des édifices, parcs ou enclos non servant à l'habitation et non dépendants des maisons habi-
tées, et lors même que l'effraction n'aurait été qu'intérieure.

385. Sera également puni de la peine des travaux forcés à temps tout individu coupable de vols commis, soit
avec violence, lorsqu'elle n'aura laissé aucune trace de
blessure ou de contusion, et qu'elle ne sera accompagnée d'aucune autre circonstance, soit sans violence,
mais avec la réunion des trois circonstances suivantes :

1° Si le vol a été commis la nuit ;

2° S'il a été commis par deux ou plusieurs personnes ;

3° Si le coupable, ou l'un des coupables, était porteur d'armes apparentes ou cachées.

386. Sera puni de la peine de la réclusion tout individu coupable de vols commis dans l'un des cas ci-après :

1° Si le vol a été commis la nuit, et par deux ou
plusieurs personnes, ou s'il a été commis avec une de
ces deux circonstances seulement, mais en même temps
dans un lieu habité ou servant à l'habitation ;

2° Si le coupable, ou l'un des coupables, était porteur d'armes apparentes ou cachées, même quoique le
lieu où le vol a été commis ne fût ni habité ni servant à
l'habitation, et encore quoique le vol ait été commis le
jour et par une seule personne :

3° Si le voleur est un domestique ou un homme de
service à gages, même lorsqu'il aura commis le vol en-

vers des personnes qu'il ne servait pas, mais qui se trouvaient soit dans la maison de son maître, soit dans celle où il l'accompagnait ; ou si c'est un ouvrier, compagnon ou apprenti, dans la maison, l'atelier ou le magasin de son maître, ou un individu travaillant habituellement dans l'habitation où il aura volé ;

4° Si le vol a été commis par un aubergiste, un hôtelier, un voiturier, un batelier ou un de leurs préposés, lorsqu'ils auront volé tout ou partie des choses qui leur étaient confiées à ce titre ; ou enfin, si le coupable a commis de vol dans l'auberge ou l'hôtellerie dans laquelle il était reçu.

387. Les voituriers, bateliers ou leurs préposés, qui auront altéré des vins, ou toute autre espèce de liquide ou de marchandises dont le transport leur avait été confié, et qui auront commis cette altération par le mélange de substances malfaisantes, seront punis de la peine portée au précédent article.

S'il n'y a pas eu mélange de substances malfaisantes, la peine sera un emprisonnement d'un mois à un an, et une amende de seize francs à cent francs.

388. Quiconque aura volé, dans les champs, des chevaux, ou bêtes de charge, de voiture ou de monture, gros et menus bestiaux, des instruments d'agriculture, des récoltes ou meules de grains faisant partie de récoltes, sera puni de la réclusion.

Il en sera de même à l'égard des vols de bois dans les ventes, et de pierres dans les carrières, ainsi qu'à l'égard du vol de poisson en étang, vivier ou réservoir.

389. La même peine aura lieu, si, pour commettre un vol, il y a eu enlèvement ou déplacement de bornes servant de séparation aux propriétés.

390. Est réputé maison habitée, tout bâtiment, loge-

ment, loge, cabane même mobile, qui, sans être actuellement habitée, est destinée à l'habitation, et tout ce qui en dépend, comme cours, basses-cours, granges, écuries, édifices qui y sont enfermés, quel qu'en soit l'usage, et quand même ils auraient une clôture particulière dans la clôture ou enceinte générale.

391. Est réputé *parc* ou *enclos*, tout terrain environné de fossés, de pieux, de claies, de planches, de haies vives ou sèches, ou de murs, de quelque espèce de matériaux que ce soit, quelles que soient la hauteur, la profondeur, la vétusté, la dégradation de ces diverses clôtures, quand il n'y aurait pas de porte fermant à clef ou autrement, ou quand la porte serait à claire-voie et ouverte habituellement.

392. Les parcs mobiles destinés à contenir du bétail dans la campagne, de quelque matière qu'ils soient faits, sont aussi réputés enclos; et lorsqu'ils tiennent aux cabanes mobiles ou autres abris destinés aux gardiens, ils sont réputés dépendants de maison habitée.

393. Est qualifié *effraction*, tout forcement, rupture, dégradation, démolition, enlevement de murs, toits, planchers, portes, fenêtres, serrures, cadenas, ou autres ustensiles ou instruments servant à fermer ou à empêcher le passage, et de toute espèce de clôture, quelle qu'elle soit.

394. Les effractions sont extérieures ou intérieures.

395. Les effractions extérieures sont celles à l'aide desquelles on peut s'introduire dans les maisons, cours, basses-cours, enclos ou dépendances, ou dans les appartements ou logements particuliers.

396. Les effractions intérieures sont celles qui, après l'introduction dans les lieux mentionnés en l'article pré-

cèdent, sont faites aux portes ou clôtures du dedans, ainsi qu'aux armoires ou autres meubles fermés.

Est compris dans la classe des effractions intérieures, le simple enlèvement des caisses, boîtes, ballots sous toile et corde, et autres meubles fermés, qui contiennent des effets quelconques, bien que l'effraction n'ait pas été faite sur le lieu.

397. Est qualifiée *escalade*, toute entrée dans les maisons, bâtiments, cours, basse-cours, édifices quelconques, jardins, parcs et enclos, exécutée par-dessus les murs, portes, toitures ou toute autre clôture.

L'entrée par une ouverture souterraine, autre que celle qui a été établie pour servir d'entrée, est une circonstance de même gravité que l'escalade.

398. Sont qualifiés *fausses clefs*, tous crochets, rossignols, passe-partout, clefs imitées, contrefaites, altérées, ou qui n'ont pas été destinées par le propriétaire, locataire, aubergiste ou logeur, aux serrures, cadenas ou aux fermetures quelconques auxquelles le coupable les aura employées.

399. Quiconque aura contrefait ou altéré des clefs, sera condamné à un emprisonnement de trois mois à deux ans, et à une amende de vingt-cinq francs à cent cinquante francs.

Si le coupable est un serrurier de profession, il sera puni de la réclusion ;

Le tout sans préjudice de plus fortes peines, s'il y échet, en cas de complicité de crime.

400. Quiconque aura extorqué par force, violence ou contrainte, la signature ou la remise d'un écrit, d'un acte, d'un titre, d'une pièce quelconque contenant ou opérant obligation, disposition ou décharge, sera puni de la peine des travaux forcés à temps.

401. Les autres vols non spécifiés dans la présente section, les larcins et filouteries, ainsi que les tentatives de ces mêmes délits, seront punis d'un emprisonnement d'un an au moins, et de cinq ans au plus, et pourront même l'être d'une amende qui sera de seize francs au moins, et de cinq cents francs au plus.

Les coupables pourront encore être interdits des droits mentionnés en l'article 42 du présent Code, pendant cinq ans au moins, et dix ans au plus, à compter du jour où ils auront subi leur peine.

Ils pourront aussi être mis, par l'arrêt ou le jugement, sous la surveillance de la haute police pendant le même nombre d'années.

SECTION II.

Banqueroutes, Escroqueries, et autres espèces de Fraude.

§. Ier.

Banqueroute et Escroquerie.

402. Ceux qui, dans les cas prévus par le Code de Commerce, seront déclarés coupables de banqueroute, seront punis ainsi qu'il suit :

Les banqueroutiers frauduleux seront punis de la peine des travaux forcés à temps ;

Les banqueroutiers simples seront punis d'un emprisonnement d'un mois au moins, et de deux ans au plus.

403. Ceux qui, conformément au Code de Commerce, seront déclarés complices de banqueroute frauduleuse, seront punis de la même peine que les banqueroutiers frauduleux.

404. Les agents de change et courtiers qui auront fait faillite, seront punis de la peine des travaux forcés à temps ; s'ils sont convaincus de banqueroute frauduleuse, la peine sera celle des travaux forcés à perpétuité.

405. Quiconque, soit en faisant usage de faux noms ou de fausses qualités, soit en employant des manœuvres frauduleuses pour persuader l'existence de fausses entreprises, d'un pouvoir ou d'un crédit imaginaire, ou pour faire naître l'espérance ou la crainte d'un succès, d'un accident ou de tout autre événement chimérique, se sera fait remettre ou délivrer des fonds, des meubles ou des obligations, dispositions, billets, promesses, quittances ou décharges, et aura, par un de ces moyens, escroqué ou tenté d'escroquer la totalité ou partie de la fortune d'autrui, sera puni d'un emprisonnement d'un an au moins et de cinq ans au plus, et d'une amende de 50 francs au moins et de 3000 francs au plus.

Le coupable pourra être, en outre, à compter du jour où il aura subi sa peine, interdit, pendant cinq ans au moins et dix ans au plus, des droits mentionnés en l'article 42 du présent Code : le tout sauf les peines plus graves, s'il y a crime de faux.

§. II.

Abus de confiance.

406. Quiconque aura abusé des besoins, des faiblesses ou des passions d'un mineur, pour lui faire souscrire, à son préjudice, des obligations, quittances ou décharges, pour prêt d'argent ou de choses mobilières, ou d'effets de commerce, ou de tous autres effets obligatoires, sous quelque forme que cette négociation ait été faite ou déguisée, sera puni d'un emprisonnement de deux mois au moins, de deux ans au plus, et d'une amende qui ne

pourra excéder le quart des **restitutions** et des dommages-intérêts qui seront dus aux parties lésées, ni être moindre de vingt-cinq francs.

La disposition portée au second paragraphe du précédent article pourra de plus être appliquée.

407. Quiconque abusant d'un blanc-seing qui lui aura été confié, aura frauduleusement écrit au-dessus une obligation ou décharge, ou tout autre acte pouvant compromettre la personne ou la fortune du signataire, sera puni des peines portées en l'article 405.

Dans le cas où le blanc-seing ne lui aurait pas été confié, il sera poursuivi comme faussaire, ou puni comme tel.

408. Quiconque aura détourné ou dissipé, au préjudice du propriétaire, possesseur ou détenteur, des effets, deniers, marchandises, billets, quittances ou tous autres écrits contenant ou opérant obligation ou décharge, qui ne lui auraient été remis qu'à titre de dépôt ou pour un travail salarié, à la charge de les rendre ou représenter, ou d'en faire un usage ou un emploi déterminé, sera puni des peines portées dans l'art. 406.

Le tout sans préjudice de ce qui est dit aux art. 254, 255 et 256, relativement aux soustractions et enlevements de deniers, effets ou pièces, commis dans les dépôts publics.

409. Quiconque, après avoir produit dans une contestation judiciaire quelque titre, pièce ou mémoire, l'aura soustrait de quelque manière que ce soit, sera puni d'une amende de vingt-cinq fr. à trois cents fr.

Cette peine sera prononcée par le tribunal saisi de la contestation.

§. III.

*Contravention aux Règlements sur les maisons de jeu,
les loteries, et les maisons de prêt sur gages.*

410. Ceux qui auront tenu une maison de jeux de
hasard, et y auront admis le public, soit librement, soit
sur la présentation des intéressés ou affiliés, les banquiers
de cette maison, tous ceux qui auront établi ou tenu des
loteries non autorisées par la loi, tous administrateurs,
préposés ou agents de ces établissements, seront punis
d'un emprisonnement de deux mois au moins et de six
mois au plus, et d'une amende de cent francs à six mille
francs.

Les coupables pourront être de plus, à compter du
jour où ils auront subi leur peine, interdits, pendant
cinq ans au moins et dix ans au plus, des droits mentionnés en l'article 42 du présent Code.

Dans tous les cas, seront confisqués tous les fonds ou
effets qui seront trouvés exposés au jeu ou mis à la loterie, les meubles, instruments, ustensiles, appareils employés ou destinés au service des jeux ou des loteries, les
meubles et les effets mobiliers dont les lieux seront garnis
ou décorés.

411. Ceux qui auront établi ou tenu des maisons de
prêt sur gages ou nantissement, sans autorisation légale,
ou qui, ayant une autorisation, n'auront pas tenu un
registre conforme aux règlements, contenant de suite,
sans aucun blanc ni interligne, les sommes ou les objets
prêtés, les noms, domiciles et profession des emprun-
teurs, la nature, la qualité, la valeur des objets mis en
nantissement, seront punis d'un emprisonnement de
quinze jours au moins, de trois mois au plus, et d'une
amende de cent francs à deux mille francs.

§. IV.

Entraves apportées à la liberté des Enchères.

412. Ceux qui, dans les adjudications de la propriété, de l'usufruit ou de la location de choses mobilières ou immobilières, d'une entreprise, d'une fourniture, d'une exploitation ou d'un service quelconque, auront entravé ou troublé la liberté des enchères ou des soumissions, par voies de fait, violences ou menaces, soit avant, soit pendant les enchères ou les soumissions, seront punis d'un emprisonnement de quinze jours au moins, de trois mois au plus, et d'une amende de cent francs au moins et de cinq mille francs au plus.

La même peine aura lieu contre ceux qui, par dons ou promesses, auront écarté les enchérisseurs.

§. V.

Violation des Règlemens relatifs aux manufactures, au commerce et aux arts.

413. Toute violation des règlemens d'administration publique, relatifs aux produits des manufactures françaises qui s'exporteront à l'étranger, et qui ont pour objet de garantir la bonne qualité, les dimensions et la nature de la fabrication, sera punie d'une amende de deux cents francs au moins, de trois mille francs au plus, et de la confiscation des marchandises. Ces deux peines pourront être prononcées cumulativement ou séparément, selon les circonstances.

414. Toute coalition entre ceux qui font travailler des ouvriers, tendant à forcer injustement et abusivement l'abaissement des salaires, suivie d'une tentative ou d'un commencement d'exécution, sera punie d'un

emprisonnement de six jours à un mois, et d'une amende de deux cents francs à trois mille francs.

415. Toute coalition de la part des ouvriers pour faire cesser en même temps de travailler, interdire le travail dans un atelier, empêcher de s'y rendre et d'y rester avant ou après de certaines heures, et en général pour suspendre, empêcher, enchérir les travaux, s'il y a eu tentative ou commencement d'exécution, sera punie d'un emprisonnement d'un mois au moins et de trois mois au plus.

Les chefs ou moteurs seront punis d'un emprisonnement de deux ans à cinq ans.

416. Seront aussi punis de la peine portée par l'article précédent, et d'après les mêmes distinctions, les ouvriers qui auront prononcé des amendes, des défenses, des interdictions ou toutes proscriptions sous le nom de damnations et sous quelque qualification que ce puisse être, soit contre les directeurs d'ateliers et entrepreneurs d'ouvrages, soit les uns contre les autres.

Dans le cas du présent article et dans celui du précédent, les chefs ou moteurs du délit pourront, après l'expiration de leur peine, être mis sous la surveillance de la haute police pendant deux ans au moins et cinq ans au plus.

417. Quiconque, dans la vue de nuire à l'industrie française, aura fait passer en pays étranger des directeurs, commis ou des ouvriers d'un établissement, sera puni d'un emprisonnement de six mois à deux ans. et d'une amende de cinquante francs à trois cents francs.

418. Tout directeur, commis, ouvrier de fabrique qui aura communiqué à des étrangers ou à des Français résidant en pays étranger, des secrets de la fabrique où

il est employé, sera puni de la réclusion, et d'une amende de cinq cents francs à vingt mille francs.

Si ces secrets ont été communiqués à des Français résidant en France, la peine sera d'un emprisonnement de trois mois à deux ans, et d'une amende de seize francs à deux cents francs.

419. Tous ceux qui, par des faits faux ou calomnieux semés à dessein dans le public, par des sur-offres faites aux prix que demandaient les vendeurs eux-mêmes, par réunions ou coalitions entre les principaux détenteurs d'une même marchandise ou denrée, tendant à ne la pas vendre ou à ne la vendre qu'à un certain prix, ou qui, par des voies ou moyens frauduleux quelconques auront opéré la hausse ou la baisse du prix des denrées ou marchandises, ou des papiers et effets publics au-dessus ou au-dessous des prix qu'aurait déterminés la concurrence naturelle et libre du commerce, seront punis d'un emprisonnement d'un mois au moins, d'un an au plus, et d'une amende de cinq cents francs à dix mille francs. Les coupables pourront, de plus, être mis, par l'arrêt ou le jugement sous la surveillance de la haute police, pendant deux ans au moins et cinq ans au plus.

420. La peine sera d'un emprisonnement de deux mois au moins et de deux ans au plus, et d'une amende de mille francs à vingt mille francs, si ces manœuvres ont été pratiquées sur grains, grenailles, farines, substances farineuses, pain, vin, ou toute autre boisson.

La mise en surveillance qui pourra être prononcée, sera de cinq ans au moins et dix ans au plus.

421. Les paris qui auront été faits sur la hausse ou la baisse des effets publics, seront punis des peines portées par l'article 419.

422. Sera réputée pari de ce genre, toute convention

de vendre ou de livrer des effets publics qui ne seront
pas prouvés par le vendeur avoir existé à sa disposition
au temps de la convention, ou avoir dû s'y trouver au
temps de la livraison.

423. Quiconque aura trompé l'acheteur sur le titre
des matières d'or ou d'argent, sur la qualité d'une pierre
fausse vendue pour fine, sur la nature de toutes marchandises ; quiconque, par usage de faux poids ou de
fausses mesures, aura trompé sur la quantité des choses
vendues, sera puni de l'emprisonnement pendant trois
mois au moins, un an au plus, et d'une amende qui ne
pourra excéder le quart des restitutions et dommages-
intérêts, ni être au-dessous de cinquante francs.

Les objets du délit, ou leur valeur, s'ils appartiennent
encore au vendeur, seront confisqués : les faux poids et
les fausses mesures seront aussi confisqués, et de plus
seront brisés.

424. Si le vendeur et l'acheteur se sont servis, dans
leurs marchés, d'autres poids ou d'autres mesures que
ceux qui ont été établis par les lois de l'État, l'acheteur
sera privé de toute action contre le vendeur qui l'aura
trompé par l'usage de poids ou de mesures prohibés ;
sans préjudice de l'action publique pour la punition tant
de cette fraude que de l'emploi même des poids et des
mesures prohibés.

La peine, en cas de fraude, sera celle portée par l'article précédent.

La peine, pour l'emploi des mesures et poids prohibés, sera déterminée par le livre IV du présent Code,
contenant les peines de simple police.

425. Toute édition d'écrits, de composition musicale,
de dessin, de peinture ou de toute autre production,
imprimée ou gravée en entier ou en partie, au mépris

des lois et règlements relatifs à la propriété des auteurs, est une contrefaçon ; et toute contrefaçon est un délit.

426. Le débit d'ouvrages contrefaits, l'introduction sur le territoire français d'ouvrages qui, après avoir été imprimés en France, ont été contrefaits chez l'étranger, sont un délit de la même espèce.

427. La peine contre le contrefacteur, ou contre l'introducteur, sera une amende de 100 francs au moins, et de 2000 fr. au plus ; et contre le débitant une amende de 25 francs au moins et de 500 fr. au plus.

La confiscation de l'édition contrefaite sera prononcée tant contre le contrefacteur que contre l'introducteur et le débitant.

Les planches, moules ou matrices des objets contrefaits seront aussi confisqués.

428. Tout directeur, tout entrepreneur de spectacle, toute association d'artistes, qui aura fait représenter sur son théâtre des ouvrages dramatiques, au mépris des lois et règlements relatifs à la propriété des auteurs, sera puni d'une amende de 50 francs au moins, de 500 fr. au plus, et de la confiscation des recettes.

429. Dans les cas prévus par les quatre articles précédents, le produit des confiscations, ou les recettes confisquées, seront remis au propriétaire pour l'indemniser d'autant du préjudice qu'il aura souffert ; le surplus de son indemnité, ou l'entière indemnité, s'il n'y a eu ni vente d'objets confisqués ni saisie de recettes, sera réglé par les voies ordinaires.

§. VI.

Délits des Fournisseurs.

430. Tous individus chargés, comme membres de compagnie ou individuellement, de fournitures, d'entre-

prises ou régies pour le compte des armées de terre et de mer, qui, sans y avoir été contraints par une force majeure, auront fait manquer le service dont ils sont chargés, seront punis de la peine de la réclusion, et d'une amende qui ne pourra excéder le quart des dommages-intérêts, ni être au-dessous de 500 francs ; le tout sans préjudice de peines plus fortes en cas d'intelligence avec l'ennemi.

431. Lorsque la cessation du service proviendra du fait des agents des fournisseurs, les agents seront condamnés aux peines portées par le précédent article.

Les fournisseurs et leurs agents seront également condamnés, lorsque les uns et les autres auront participé au crime.

432. Si des fonctionnaires publics ou des agents, préposés ou salariés du Gouvernement, ont aidé les coupables à faire manquer le service, ils seront punis de la peine des travaux forcés à temps ; sans préjudice de peines plus fortes, en cas d'intelligence avec l'ennemi.

433. Quoique le service n'ait pas manqué, si, par négligence, les livraisons et les travaux ont été retardés, ou s'il y a eu fraude sur la nature, la qualité ou la quantité des travaux ou mains-d'œuvre ou des choses fournies, les coupables seront punis d'un emprisonnement de six mois au moins, et de cinq ans au plus, et d'une amende qui ne pourra excéder le quart des dommages-intérêts, ni être moindre de 100 francs.

Dans les divers cas prévus par les articles composant le présent paragraphe, la poursuite ne pourra être faite que sur la dénonciation du Gouvernement.

SECTION III.

Destructions, Dégradations, Dommages.

434. Quiconque aura volontairement mis le feu à des édifices, navires, bateaux, magasins, chantiers, forêts, bois taillis ou récoltes, soit sur pied, soit abattus, soit aussi que les bois soient en tas ou en cordes, et les récoltes en tas ou en meules, ou à des matières combustibles placées de manière à communiquer le feu à ces choses ou à l'une d'elles, sera puni de la peine de mort.

435. La peine sera la même contre ceux qui auront détruit, par l'effet d'une mine, des édifices, navires ou bateaux.

436. La menace d'incendier une habitation ou toute autre propriété sera punie de la peine portée contre la menace d'assassinat, et d'après les distinctions établies par les articles 305, 306 et 307.

437. Quiconque aura volontairement détruit ou renversé, par quelque moyen que ce soit, en tout ou en partie, des édifices, des ponts, digues ou chaussées ou autres constructions qu'il savait appartenir à autrui, sera puni de la réclusion et d'une amende qui ne pourra excéder le quart des restitutions et indemnités, ni être au-dessous de cent francs.

S'il y a eu homicide ou blessures, le coupable sera, dans le premier cas, puni de mort, et dans le second, puni de la peine des travaux forcés à temps.

438. Quiconque, par des voies de fait, se sera opposé à la confection de travaux autorisés par le Gouvernement, sera puni d'un emprisonnement de trois mois à deux ans, et d'une amende qui ne pourra excéder le quart des dommages-intérêts, ni être au-dessous de seize francs.

Les moteurs subiront le *maximum* de la peine.

439. Quiconque aura volontairement brûlé ou détruit d'une manière quelconque, des registres, minutes ou actes originaux de l'autorité publique, des titres, billets, lettres de change, effets de commerce ou de banque, contenant ou opérant obligation, disposition ou décharge, sera puni ainsi qu'il suit :

Si les pièces détruites sont des actes de l'autorité publique, ou des effets de commerce ou de banque, la peine sera la réclusion.

S'il s'agit de toute autre pièce, le coupable sera puni d'un emprisonnement de deux ans à cinq ans, et d'une amende de cent francs à trois cents francs.

440. Tout pillage, tout dégât de denrées ou marchandises, effets, propriétés mobilières, commis en réunion ou bande et à force ouverte, sera puni des travaux forcés à temps; chacun des coupables sera de plus condamné à une amende de deux cents francs à cinq mille francs.

441. Néanmoins, ceux qui prouveront avoir été entraînés par des provocations ou sollicitations à prendre part à ces violences, pourront n'être punis que de la peine de la réclusion.

442. Si les denrées pillées ou détruites sont des grains, grenailles ou farines, substances farineuses, pain, vin ou autre boisson, la peine que subiront les chefs, instigateurs ou provocateurs seulement, sera le *maximum* des travaux forcés à temps, et celui de l'amende prononcée par l'art. 440.

443. Quiconque, à l'aide d'une liqueur corrosive ou par tout autre moyen, aura volontairement gâté des marchandises ou matières servant à fabrication, sera puni d'un emprisonnement d'un mois à deux ans, et

d'une amende qui ne pourra excéder le quart des dommages-intérêts, ni être moindre de seize francs.

Si le délit a été commis par un ouvrier de la fabrique ou par un commis de la maison de commerce, l'emprisonnement sera de deux à cinq ans, sans préjudice de l'amende, ainsi qu'il vient d'être dit.

444. Quiconque aura dévasté des récoltes sur pied ou des plants venus naturellement ou faits de main d'homme, sera puni d'un emprisonnement de deux ans au moins, de cinq ans au plus.

Les coupables pourront, de plus, être mis, par l'arrêt ou le jugement, sous la surveillance de la haute police pendant cinq ans au moins et dix ans au plus.

445. Quiconque aura abattu un ou plusieurs arbres qu'il savait appartenir à autrui, sera puni d'un emprisonnement qui ne sera pas au-dessous de six jours, ni au-dessus de six mois, à raison de chaque arbre, sans que la totalité puisse excéder cinq ans.

446. Les peines seront les mêmes à raison de chaque arbre mutilé, coupé ou écorcé de manière à le faire périr.

447. S'il y a eu destruction d'une ou de plusieurs greffes, l'emprisonnement sera de six jours à deux mois, à raison de chaque greffe, sans que la totalité puisse excéder deux ans.

448. Le *minimum* de la peine sera de vingt jours dans les cas prévus par les articles 445 et 446, et de dix jours dans le cas prévu par l'article 447, si les arbres étaient plantés sur les places, routes, chemins, rues ou voies publiques ou vicinales, ou de traverse.

449. Quiconque aura coupé des grains ou des fourrages qu'il savait appartenir à autrui, sera puni d'un

emprisonnement qui ne sera pas au-dessous de six jours, ni au-dessus de deux mois.

450. L'emprisonnement sera de vingt jours au moins et de quatre mois au plus, s'il a été coupé du grain en vert.

Dans les cas prévus par le présent article et les six précédents, si le fait a été commis en haine d'un fonctionnaire public et à raison de ses fonctions, le coupable sera puni du *maximum* de la peine établie par l'article auquel le cas se référera.

Il en sera de même, quoique cette circonstance n'existe point, si le fait a été commis pendant la nuit.

451. Toute rupture, toute destruction d'instruments d'agriculture, de parcs de bestiaux, de cabanes de gardiens, sera punie d'un emprisonnement d'un mois au moins, d'un an au plus.

452. Quiconque aura empoisonné des chevaux ou autres bêtes de voiture, de monture ou de charge, des bestiaux à cornes, des moutons, chèvres ou porcs, ou des poissons dans des étangs, viviers ou réservoirs, sera puni d'un emprisonnement d'un an à cinq ans, et d'une amende de seize francs à trois cents francs. Les coupables pourront être mis, par l'arrêt ou le jugement, sous la surveillance de la haute police, pendant deux ans au moins, et cinq ans au plus.

453. Ceux qui, sans nécessité, auront tué l'un des animaux mentionnés au précédent article, seront punis ainsi qu'il suit :

Si le délit a été commis dans les bâtiments, enclos et dépendances, ou sur les terres dont le maître de l'animal tué était propriétaire, locataire, colon ou fermier, la peine sera un emprisonnement de deux mois à six mois.

S'il a été commis dans des lieux dont le coupable était propriétaire, locataire, colon ou fermier, l'emprisonnement sera de six jours à un mois.

S'il a été commis dans tout autre lieu, l'emprisonnement sera de quinze jours à six semaines.

Le *maximum* de la peine sera toujours prononcé en cas de violation de clôture.

454. Quiconque aura, sans nécessité, tué un animal domestique dans un lieu dont celui à qui cet animal appartient est propriétaire, locataire, colon ou fermier, sera puni d'un emprisonnement de six jours au moins et de six mois au plus.

S'il y a eu violation de clôture, le *maximum* de la peine sera prononcé.

455. Dans les cas prévus par les articles 444 et suiv., jusqu'au précédent article inclusivement, il sera prononcé une amende qui ne pourra excéder le quart des restitutions et dommages-intérêts, ni être au-dessous de seize francs.

456. Quiconque aura, en tout ou en partie, comblé des fossés, détruit des clôtures, de quelques matériaux qu'elles soient faites, coupé ou arraché des haies vives ou sèches ; quiconque aura déplacé ou supprimé des bornes, ou pieds corniers, ou autres arbres plantés ou reconnus pour établir les limites entre différents héritages, sera puni d'un emprisonnement qui ne pourra pas être au-dessous d'un mois ni excéder une année, et d'une amende égale au quart des restitutions et des dommages-intérêts, qui, dans aucun cas, ne pourra être au-dessous de cinquante francs.

457. Seront punis d'une amende qui ne pourra excéder le quart des restitutions et des dommages-intérêts, ni être au-dessous de cinquante francs, les propriétaires ou

fermiers, ou toute personne jouissant de moulins, usines ou étangs, qui, par l'élévation du déversoir de leurs eaux au-dessus de la hauteur déterminée par l'autorité compétente, auront inondé les chemins ou les propriétés d'autrui.

S'il est résulté du fait quelques dégradations, la peine sera, outre l'amende, un emprisonnement de six jours à un mois.

458. L'incendie des propriétés mobilières ou immobilières d'autrui, qui aura été causé par la vétusté ou le défaut soit de réparation, soit de nettoyage des fours, cheminées, forges, maisons ou usines prochaines, ou par des feux allumés dans les champs à moins de cent mètres des maisons, édifices, forêts, bruyères, bois, vergers, plantations, haies, meules, tas de grains, pailles, foins, fourrages, ou de tout autre dépôt de matières combustibles, ou par des feux ou lumières portés ou laissés sans précaution suffisante, ou par des pièces d'artifice allumées ou tirées par négligence ou imprudence, sera puni d'une amende de cinquante francs au moins, et de cinq cents francs au plus.

459. Tout détenteur ou gardien d'animaux ou de bestiaux soupçonnés d'être infectés de maladie contagieuse, qui n'aura pas averti sur-le-champ le maire de la commune où ils se trouvent, et qui même, avant que le maire ait répondu à l'avertissement, ne les aura pas tenus renfermés, sera puni d'un emprisonnement de six jours à deux mois, et d'une amende de seize francs à deux cents francs.

460. Seront également punis d'un emprisonnement de deux mois à six mois, et d'une amende de cent francs à cinq cents francs, ceux qui, au mépris des défenses de l'administration, auront laissé leurs animaux ou bestiaux infectés communiquer avec d'autres.

461. Si, de la communication mentionnée au précédent article, il est résulté une contagion parmi les autres animaux, ceux qui auront contrevenu aux défenses de l'autorité administrative seront punis d'un emprisonnement de deux ans à cinq ans, et d'une amende de cent francs à mille francs ; le tout sans préjudice de l'exécution des lois et règlements relatifs aux maladies épizootiques, et de l'application des peines y portées.

462. Si les délits de police correctionnelle dont il est parlé au présent chapitre ont été commis par des gardes champêtres ou forestiers, ou des officiers de police, à quelque titre que ce soit, la peine d'emprisonnement sera d'un mois au moins, et d'un tiers au plus en sus de la peine la plus forte qui serait appliquée à un autre coupable du même délit.

DISPOSITION GÉNÉRALE.

463. Dans tous les cas où la peine d'emprisonnement est portée par le présent Code, si le préjudice causé n'excède pas vingt-cinq francs, et si les circonstances paraissent atténuantes, les tribunaux sont autorisés à réduire l'emprisonnement même au-dessous de six jours, et l'amende même au-dessous de 16 francs. Ils pourront aussi prononcer séparément l'une ou l'autre de ces peines, sans qu'en aucun cas elle puisse être au-dessous des peines de simple police.

FIN DU LIVRE TROISIÈME.

LIVRE IV.

CONTRAVENTIONS DE POLICE ET PEINES.

(Décrété le 20 février 1810. Promulgué le 2 mars.)

CHAPITRE PREMIER.

Des Peines.

464. Les peines de police sont,

L'emprisonnement,

L'amende,

Et la confiscation de certains objets saisis.

465. L'emprisonnement, pour contravention de police, ne pourra être moindre d'un jour, ni excéder cinq jours, selon les classes, distinctions et cas ci-après spécifiés.

Les jours d'emprisonnement sont des jours complets de vingt-quatre heures.

466. Les amendes pour contravention pourront être prononcées depuis 1 fr. jusqu'à 15 fr. inclusivement, selon les distinctions et classes ci-après spécifiées , et seront appliquées au profit de la commune où la contravention aura été commise.

467. La contrainte par corps a lieu pour le paiement de l'amende.

Néanmoins le condamné ne pourra être, pour cet objet, détenu plus de quinze jours, s'il justifie de son insolvabilité.

468. En cas d'insuffisance des biens, les restitutions et les indemnités dues à la partie lésée sont préférées à l'amende.

469. Les restitutions, indemnités et frais entraîneront la contrainte par corps; et le condamné gardera prison jusqu'à parfait paiement; néanmoins si ces condamnations sont prononcées au profit de l'État, les condamnés pourront jouir de la faculté accordée par l'article 467, dans le cas d'insolvabilité prévu par cet article.

470. Les tribunaux de police pourront aussi, dans les cas déterminés par loi, prononcer la confiscation, soit des choses saisies en contravention, soit des choses produites par la contravention, soit des matières ou des instruments qui ont servi ou étaient destinés à la commettre.

CHAPITRE II.

Contraventions et Peines.

SECTION PREMIÈRE.

Première classe.

471. Seront punis d'amende, depuis 1 franc jusqu'à 5 francs inclusivement,

1° Ceux qui auront négligé d'entretenir, réparer ou nettoyer les fours, cheminées ou usines où l'on fait usage du feu;

2° Ceux qui auront violé la défense de tirer, en certains lieux, des pièces d'artifice;

3° Les aubergistes et autres qui, obligés à l'éclairage, l'auront négligé; ceux qui auront négligé de nettoyer les rues ou passages, dans les communes où ce soin est laissé à la charge des habitants;

4° Ceux qui auront embarrassé la voie publique en y déposant ou y laissant, sans nécessité, des matériaux ou des choses quelconques qui empêchent ou diminuent la liberté ou la sûreté du passage; ceux qui, en contravention aux lois et règlements, auront négligé d'éclairer les matériaux par eux entreposés ou les excavations par eux faites dans les rues et places;

5° Ceux qui auront négligé ou refusé d'exécuter les règlements ou arrêtés concernant la petite voirie, ou d'obéir à la sommation émanée de l'autorité administrative, de réparer ou démolir les édifices menaçant ruine;

6° Ceux qui auront jeté ou exposé au-devant de leurs édifices, des choses de nature à nuire par leur chute ou par des exhalaisons insalubres;

7° Ceux qui auront laissé dans les rues, chemins, places, lieux publics, ou dans les champs, des coûtres de charrue, pinces, barres, barreaux ou autres machines, ou instruments ou armes dont puissent abuser les voleurs et autres malfaiteurs,

8° Ceux qui auront négligé d'écheniller dans les campagnes ou jardins où ce soin est prescrit par la loi ou les règlements;

9° Ceux qui, sans autre circonstance prévue par les lois, auront cueilli ou mangé, sur le lieu même, des fruits appartenant à autrui;

10° Ceux qui, sans autre circonstance, auront glané, râtelé ou grapillé dans les champs non encore entièrement dépouillés et vidés de leurs récoltes, ou avant le moment du lever ou après celui du coucher du soleil;

11° Ceux qui, sans avoir été provoqués, auront proféré contre quelqu'un des injures, autres que celles prévues depuis l'art. 367 jusques et compris l'art. 378;

12° Ceux qui imprudemment auront jeté des immondices sur quelque personne ;

13° Ceux qui, n'étant ni propriétaires, ni usufruitiers, ni locataires, ni fermiers, ni jouissant d'un terrain ou d'un droit de passage, ou qui n'étant agents ni préposés d'aucune de ces personnes, seront entrés et auront passé sur ce terrain ou sur partie de ce terrain, s'il est préparé ou ensemencé ;

14° Ceux qui auront laissé passer leurs bestiaux ou leurs bêtes de trait, de charge ou de monture, sur le terrain d'autrui, avant l'enlevement de la récolte.

472. Seront, en outre, confisqués, les pièces d'artifice saisies dans le cas du n° 11 de l'article 471, les coûtres, les instruments et les armes mentionnés dans le n° VII du même article.

473. La peine d'emprisonnement, pendant trois jours au plus, pourra, de plus, être prononcée, selon les circonstances, contre ceux qui auront tiré des pièces d'artifice ; contre ceux qui auront glané, râtelé ou grapillé en contravention au n° 10 de l'art. 471.

474. La peine d'emprisonnement contre toutes les personnes mentionnées en l'art. 471, aura toujours lieu, en cas de récidive, pendant trois jours au plus.

SECTION II.

Deuxième classe.

475. Seront punis d'amende depuis six francs jusqu'à dix francs inclusivement,

1° Ceux qui auront contrevenu aux bans de vendanges ou autres bans autorisés par les règlements ;

2° Les aubergistes, hôteliers, logeurs ou loueurs de maisons garnies, qui auront négligé d'inscrire de suite, et sans aucun blanc, sur un registre tenu régulièrement, les noms, qualités, domicile habituel, dates d'entrée et de sortie de toute personne qui aurait couché ou passé une nuit dans leurs maisons; ceux d'entre eux qui auraient manqué à représenter ce registre aux époques déterminées par les règlements, ou lorsqu'ils en auraient été requis, aux maires, adjoints, officiers ou commissaires de police ou aux citoyens commis à cet effet; le tout sans préjudice des cas de responsabilité mentionnés en l'article 73 du présent Code, relativement aux crimes ou aux délits de ceux qui, ayant logé ou séjourné chez eux, n'auraient pas été régulièrement inscrits;

3.º Les rouliers, charretiers, conducteurs de voitures quelconques ou de bêtes de charge, qui auraient contrevenu aux règlements par lesquels ils sont obligés de se tenir constamment à portée de leurs chevaux, bêtes de trait ou de charge et de leurs voitures, et en état de les guider et conduire; d'occuper un seul côté des rues, chemins ou voies publiques; de se détourner ou ranger devant toutes autres voitures, et, à leur approche, de leur laisser libre au moins la moitié des rues, chaussées, routes et chemins;

4º Ceux qui auront fait ou laissé courir les chevaux, bêtes de trait, de charge ou de monture, dans l'intérieur d'un lieu habité, ou violé les règlements contre le chargement, la rapidité ou la mauvaise direction des voitures;

5º Ceux qui auront établi ou tenu dans les rues, chemins, places ou lieux publics, des jeux de loterie ou d'autres jeux de hasard;

6º Ceux qui auront vendu ou débité des boissons falsifiées, sans préjudice des peines plus sévères qui seront prononcées par les tribunaux de police correctionnelle, dans le cas où elles contiendraient des mixtions nuisibles à la santé ;

7° Ceux qui auraient laissé divaguer des fous ou des furieux étant sous leur garde, ou des animaux malfaisants ou féroces ; ceux qui auront excité ou n'auront pas retenu leurs chiens lorsqu'ils attaquent ou poursuivent les passants, quand même il n'en serait résulté aucun mal ni dommage ;

8° Ceux qui auraient jeté des pierres ou d'autres corps durs ou des immondices contre les maisons, édifices ou clôtures d'autrui, ou dans les jardins ou enclos, et ceux aussi qui auraient volontairement jeté des corps durs ou immondices sur quelqu'un.

9° Ceux qui, n'étant propriétaires, usufruitiers ni jouissant d'un terrain ou d'un droit de passage, y sont entrés et y ont passé dans le temps où ce terrain était chargé de grains en tuyau, de raisins ou autres fruits mûrs ou voisins de la maturité ;

10° Ceux qui auraient fait ou laissé passer des bestiaux, animaux de trait, de charge ou de monture sur le terrain d'autrui, ensemencé ou chargé d'une récolte, en quelque saison que ce soit, ou dans un bois taillis appartenant à autrui ;

11° Ceux qui auraient refusé de recevoir les espèces et monnaies nationales, non fausses ni altérées, selon la valeur pour laquelle elles ont cours ;

12° Ceux qui, le pouvant, auront refusé ou négligé de faire les travaux, le service, ou de prêter le secours dont ils auront été requis dans les circonstances d'accidents, tumultes, naufrages, inondation, incendie ou autres calamités, ainsi que dans les cas de brigandages, pillages, flagrant délit, clameur publique ou d'exécution judiciaire ;

13° Les personnes désignées aux articles 284 et 288 du présent Code.

476. Pourra, suivant les circonstances, être prononcé, outre l'amende portée en l'article précédent, l'emprisonnement pendant trois jours au plus contre les rouliers, charretiers, voituriers et conducteurs en contravention, contre ceux qui auront contrevenu à la loi par la rapidité, la mauvaise direction ou le chargement des voitures ou des animaux ; contre les vendeurs et débitants de boissons falsifiées ; contre ceux qui auraient jeté des corps durs ou des immondices,

477. Seront saisis et confisqués, 1° les tables, instruments, appareils des jeux ou des loteries établies dans les rues, chemins et voies publiques, ainsi que les enjeux, les fonds, denrées, objets ou lots proposés aux joueurs, dans le cas de l'article 476 ; 2° les boissons falsifiées, trouvées appartenir au vendeur et débitant : ces boissons seront répandues ; 3° les écrits ou gravures contraires aux mœurs : ces objets seront mis sous le pilon.

478. La peine de l'emprisonnement pendant cinq jours au plus, sera toujours prononcée, en cas de récidive, contre toutes les personnes mentionnées dans l'article 475.

SECTION III.

Troisième classe.

479. Seront punis d'une amende de onze à quinze francs inclusivement,

1° Ceux qui, hors les cas prévus depuis l'article 434 jusques et compris l'art. 462, auront volontairement causé du dommage aux propriétés mobilières d'autrui;

2° Ceux qui auront occasionné la mort ou la blessure des animaux ou bestiaux appartenant à autrui, par l'effet de la divagation des fous ou furieux, ou d'animaux malfaisants ou féroces, ou par la rapidité ou la mauvaise direction ou le chargement excessif des voitures, chevaux, bêtes de trait, de charge ou de monture;

3°. Ceux qui auront occasionné les mêmes dommages par l'emploi ou l'usage d'armes sans précaution ou avec maladresse, ou par jet de pierres ou d'autres corps durs.

4° Ceux qui auront causé les mêmes accidents par la vétusté, la dégradation, le défaut de réparation ou d'entretien des maisons ou édifices, ou par l'encombrement ou l'excavation, ou telles autres œuvres, dans ou près les rues, chemins, places ou voies publiques, sans les précautions ou signaux ordonnés ou d'usage;

5° Ceux qui auront de faux poids ou de fausses mesures dans leurs magasins, boutiques, ateliers ou maisons de commerce, ou dans les halles, foires ou marchés, sans préjudice des peines qui seront prononcées par les tribunaux de police correctionnelle contre ceux qui auraient fait usage de ces faux poids ou de ces fausses mesures;

6° Ceux qui emploieront des poids ou des mesures différents de ceux qui sont établis par les lois en vigueur;

7° Les gens qui font le métier de deviner et pronostiquer ou d'expliquer les songes;

8° Les auteurs ou complices de bruits ou tapages injurieux ou nocturnes, troublant la tranquillité des habitants.

480. Pourra, selon les circonstances, être prononcée la peine d'emprisonnement pendant cinq jours au plus,

1° Contre ceux qui auront occasionné la mort ou la blessure des animaux ou bestiaux appartenant à autrui, dans les cas prévus par le n° III du précédent article ; 2° contre les possesseurs de faux poids et de fausses mesures ; 3° contre ceux qui emploient des poids ou des mesures différents de ceux que la loi en vigueur a établis ; 4° contre les interprètes de songes ; 5° contre les auteurs ou complices de bruits ou tapages injurieux ou nocturnes.

481. Seront, de plus, saisis et confisqués, 1° les faux poids, les fausses mesures, ainsi que les poids et les mesures différents de ceux que la loi a établis ; 2° les instruments, ustensiles et costumes servant ou destinés à l'exercice du métier de devin, pronostiqueur ou interprète de songes.

482. La peine d'emprisonnement pendant cinq jours aura toujours lieu, pour récidive, contre les personnes et dans les cas mentionnés en l'art. 479.

Dispositions communes aux trois sections ci-dessus.

483. Il y a récidive dans tous les cas prévus par le présent livre, lorsqu'il a été rendu contre le contrevenant, dans les douze mois précédents, un premier jugement pour contravention de police commise dans le ressort du même tribunal.

DISPOSITION GÉNÉRALE.

484. Dans toutes les matières qui n'ont pas été réglées par le présent Code, et qui sont régies par des lois et règlements particuliers, les cours et les tribunaux continueront de les observer.

FIN DU CODE PÉNAL.

DÉCRET *du* 13 *mars* 1810.

NAPOLÉON, EMPEREUR DES FRANÇAIS, ROI D'ITALIE, et PROTECTEUR DE LA CONFÉDÉRATION DU RHIN ;

Sur le rapport de notre grand-juge ministre de la justice ;

Considérant que le Code pénal présente des dispositions coordonnées avec celles du Code d'Instruction criminelle ; *

Notre Conseil d'État entendu,

NOUS AVONS DÉCRÉTÉ et DÉCRÉTONS ce qui suit :

ART. Ier. Le Code pénal sera exécuté à l'époque fixée par notre décret du 17 décembre 1809, pour l'exécution du Code d'Instruction criminelle.

ART. II. Notre grand-juge ministre de la justice est chargé de l'exécution du présent décret.

Signé NAPOLÉON.

Par l'Empereur :

Le Ministre Secrétaire d'État, signé H. B.

DUC DE BASSANO.

---

* *Décret du* 17 *décembre* 1809.

ART. Ier. Nos cours et nos tribunaux continueront d'exécuter, comme par le passé, jusqu'au 1er janvier 1811, les lois relatives à la poursuite, à l'instruction et au jugement des affaires criminelles, de police correctionnelle et de simple police.

ART. II. Notre grand-juge ministre de la justice est chargé de l'exécution du présent décret.

TABLE
ANALYTIQUE ET RAISONNÉE
DES MATIÈRES

CONTENUES DANS CE CODE.

Les chiffres arabes indiquent les numéros des articles.

A.

ABUS D'AUTORITÉ. Peine pour abus d'autorité contre les particuliers, *article* 184 et suiv.; et contre la chose publique, 182 et suiv.

ABUS DE CONFIANCE. Peine contre celui qui aurait abusé, d'une manière quelconque, des besoins, des faiblesses ou des passions d'un mineur, 406. — Peine pour abus d'un blanc-seing, 407; pour soustraction d'effets et marchandises remis à titre de dépôt, 408; pour soustraction de titres, pièces ou mémoires produits dans une contestation judiciaire, 409. Voy. *Interdiction*.

ABUS DE POUVOIR. Voy. *Dons*.

ACCIDENTS. Voy. *Secours*.

ACCOUCHEMENT. Peine contre celui qui, ayant assisté à un accouchement, n'en a pas fait sa déclaration, 346.

ACCUSATION. Peine contre les procureurs-généraux, etc. qui auraient traduit un citoyen devant une cour d'assise ou spéciale sans qu'il ait été mis légalement en accusation, 122.

ACCUSÉ. Quand l'accusé a moins de seize ans, s'il est décidé qu'il a agi sans discernement, il est acquitté; mais il est remis à ses parents ou conduit dans une maison de correction, pour y être détenu pendant un temps qui ne peut excéder l'époque où il aura accompli sa vingtième année, 66. — Manière dont les peines doivent être prononcées lorsqu'il est décidé que l'accusé qui avait moins de seize ans a agi avec discernement, 67.

officier public, pour destruction, suppression ou soustraction d'actes et de titres dont ils étaient dépositaires
en cette qualité, 173; pour violation d'un domicile,
174. — Voy. *Préfets*, *Déni de justice*, *Violences.*

autre personne qui aurait livré le secret d'une négociation ou d'une expédition aux agents de l'ennemi, ou lui aurait livré des plans de fortifications, etc., 80 et 81.—Voy. *Fonctionnaires publics, Force publique, Lettres, Préposés du Gouvernement, Soustraction, Violences.*

ALIMENTS. La confiscation générale des biens d un condamné est grevée de la prestation des aliments à qui il en est dû de droit, 38. — Voy. *Avortement.*

ALTÉRATION D'ÉCRITURE. Peine encourue par un officier public pour altération des actes, écritures ou signatures, 143. — Voy. *Fausses-clefs.*

ALTÉRATION DE MONNAIE. Voy. *Contrefaçon, Fausse monnaie.*

AMENDES en matière correctionnelle, 9. — Communes aux matières correctionnelles et criminelles, 11. — Mode de poursuite de l'exécution des condamnations à l'amende, 52. — Durée de l'emprisonnement pour acquit des amendes au profit de l'État, après laquelle le condamné insolvable obtient sa liberté provisoire, 53.—Amende prononcée contre ceux qui ne font point la déclaration des crimes et des complots dont ils ont connaissance, 105. — Amende contre le vendeur ou l'acheteur d'un suffrage, 113. — Contre le concierge d'une maison d'arrêt, etc., pour détention arbitraire, 120; contre les juges qui auraient jugé une affaire portée devant eux, ou décerné des mandats contre des préposés du Gouvernement avant la décision de l'autorité supérieure, 128 et 129; et contre les administrateurs qui entreprendraient sur les fonctions judiciaires, 131. — Amendes contre ceux qui, avec connaissance de cause, font usage de monnaies

détruire la preuve de l'état civil d'un enfant, ou à compromettre son existence, 346 et suiv.; pour infraction aux lois sur les inhumations, 358 et suiv.; pour calomnies, injures ou révélation de secrets, 373 et suiv.; pour contrefaçon ou altération de clefs, 399; pour larcins et filouteries, 401; pour escroquerie, 405; pour abus de confiance, 406 et suiv.; pour contravention aux règlements sur les maisons de jeu et de prêt, 410 et 411; pour entraves apportées à la liberté des enchères, 412; pour violation des règlements relatifs aux manufactures, au commerce et aux arts, 413 et suiv.; pour délits des fournisseurs, 430 et suiv.; pour destruction, dégradation et dommage de différentes sortes, 437 et suiv. — Circonstances dans lesquelles les tribunaux sont autorisés à réduire la quotité de l'amende, 463. — Les amendes pour contraventions peuvent être prononcées depuis 1 fr. jusqu'à 15, 466. — Commune au profit de laquelle s'en fait l'application, *ibid.* — Comment se poursuit le paiement de l'amende, 467. — Terme après lequel le condamné obtient sa liberté en justifiant de son insolvabilité, *ibid.* — En cas d'insuffisance des biens, les restitutions et indemnités dues à la partie lésée sont préférées à l'amende, 468. — Contraventions qui sont punies d'amende : première classe, 471 et suiv.; deuxième classe, 475 et suiv.; troisième classe, 479 et suiv. — Voy. *Condamnation, Indemnités, Restitution, Solidarité.*

ANIMAUX DOMESTIQUES. Peines pour en avoir tué dans des lieux appartenant aux propriétaires de ces animaux, 455.

ANIMAUX MALFAISANTS. Amende contre ceux qui en auraient laissé divaguer, 477. — Peine contre ceux qui

Pour fabrication ou débit de stylets, tromblons ou autres armes prohibées par la loi ou par des règlements d'administration publique, 314 ; et contre les porteurs de ces armes, *ibid.* — Peines contre les voleurs munis d'armes apparentes ou cachées, 381 382 et 385. — Amende contre ceux qui auraient laissé dans les rues, chemins, places et lieux publics, des armes ou instruments dont les voleurs et les malfaiteurs pourraient abuser, 471. — Confiscation de ces armes, 472. — Peine contre ceux qui auraient occasionné la mort ou la blessure de bestiaux par l'usage d'armes sans précaution ou avec maladresse, 479. — Voy. *Instruments, Port d'armes, Réunion armée, Vagabondage.*

ARRESTATION. Peines contre les individus qui, sans ordre légal, et hors les cas prévus où la loi ordonne de saisir des prévenus, auraient arrêté des personnes quelconques, 341. — Diminution de la peine en cas de relaxation de l'individu arrêté, 343. — Circonstances qui donnent lieu contre les coupables à la peine de mort, 344.

ARRÊT. Un huissier lit au peuple l'arrêt de condamnation du parricide pendant que celui-ci est exposé sur l'échafaud, 13. — Les arrêts portant peine de mort, des travaux forcés, de la déportation, du carcan, du bannissement ou de la dégradation civique, sont imprimés par extrait, 36. — Communes dans lesquelles ils sont affichés, *ibid.* — Voy. *Bannissement, Exécution, Place publique.*

ARSENAUX. Voy. *Bandes armées, Incendie, Mine, Places, Plans.*

ARTIFICE. Amende contre ceux qui auraient violé la défense de tirer en certains lieux des pièces d'artifice,

471. — Peine de l'emprisonnement et confiscation des pièces d'artifice, 472 et 475. — Voy. *Incendie.*

ARTIFICES. Voy. *Dons.*

ARTS. Voy. *Manufactures.*

ASSASSINAT. Dans quel cas le meurtre est ainsi qualifié, 296. — De quelle peine l'assassinat est puni, 302. — Les malfaiteurs qui emploient des tortures, ou commettent des actes de barbarie, sont punis comme coupables d'assassinat, 305.

ASSOCIATION DE MALFAITEURS. Cette sorte d'association envers les personnes et les propriétés est un crime contre la paix publique, 265. — Peines contre les directeurs et commandants de ces bandes, 267 ; et contre ceux qui leur auraient fourni des armes, munitions, instruments, logements, retraites ou lieux de réunion, 268. — Voy. *Sociétés.*

ATELIERS PARTICULIERS. Voy. *Boutiques.*

ATELIERS PUBLICS. Voy. *Ouvriers.*

ATTAQUE. Voy. *Rebellion.*

ATTENTAT. L'attentat ou complot contre la vie ou contre la personne de l'Empereur est crime de lèse-majesté, 86. — De quelle peine ce crime est puni, *ibid.* — Peines encourues pour attentat ou complot contre les membres de la famille impériale, ou dont le but serait de détruire le Gouvernement, de changer l'ordre de successibilité du trône, ou d'exciter les citoyens à s'armer contre l'exercice de l'autorité impériale, 87. — Circonstances dans lesquelles il y a attentat, 88. — Attentat à la liberté, 114 et suiv. — Voy. *Menaces, Mœurs.*

ATTROUPEMENT. Peines contre ceux qui, par attroupement, voies de fait ou menaces, auraient empêché des citoyens d'exercer leurs droits civiques, 109.

AUBERGISTES et HÔTELIERS. Leur responsabilité, dans le cas où ils ont logé, sans l'avoir inscrit sur leurs registres, le coupable d'un crime ou délit commis pendant son séjour, 73. — Peines pour inscription sur leurs registres, avec connaissance de cause, de noms faux et supposés, 154; pour vols de choses à eux confiées à ce titre, ou pour vols commis dans l'auberge ou l'hôtellerie où le coupable était reçu, 386. — Amende contre les aubergistes, hôteliers, logeurs ou loueurs de maisons garnies, pour défaut d'inscription sur leurs registres des personnes qui auraient couché ou passé une nuit dans leurs maisons, ou de représentation de ces registres aux maires, adjoints, officiers ou commissaires de police, sans préjudice de la responsabilité pour les délits commis par les personnes qui auraient séjourné chez eux, 475; pour préjudice causé aux propriétés mobilières de ceux qu'ils logent, 479. — Emprisonnement qui peut être prononcé pour cette dernière contravention, 481.

AUTEURS. Ils encourent le *maximum* des peines attachées aux délits commis par la voie d'écrits ou images anonymes, 288. — Voy. *Contrefaçon, Écrits, Indemnités.*

AUTORISATION. Celle du Gouvernement est nécessaire pour la réunion des sociétés littéraires, etc., 290 et 294.

AUTORITÉ. Voy. *Abus d'autorité.*

AUTORITÉ ADMINISTRATIVE. Peines contre les juges, les procureurs généraux ou impériaux, leurs substituts et les officiers de police judiciaire qui se seraient immiscés dans les affaires attribuées aux autorités administratives, 127. Voy. *Déni de justice.*

AUTORITÉ PUBLIQUE. Peines pour exercice de l'autorité publique illégalement anticipé ou prolongé , 196 et 197 ; pour résistance, désobéissance et autres manquements envers l'autorité publique , 209 et suiv. ; pour outrages et violences envers les dépositaires de l'autorité et de la force publique, 222 et suiv. Voy. *Bannissement , Censure de l'autorité publique, Déportation.*

AVIS DE FAMILLE. Voy. *Tuteur.*

AVORTEMENT. Peines contre ceux qui, par aliments, breuvages, médicaments , violences , etc. , auraient procuré l'avortement d'une femme enceinte, 317.— Même peine contre la femme, *ibid.* — Peines contre les officiers de santé, médecins, chirurgiens et pharmaciens qui auraient indiqué ou administré ces moyens, *ibid.*

B.

BAISSE. Voy. *Effets publics.*

BAN. Amende contre ceux qui auraient contrevenu aux bans de vendange ou autres bans autorisés par les règlements, 475.

BANDES ARMÉES. Peine de mort, avec confiscation de biens, contre ceux qui, pour envahir des domaines, propriétés ou deniers publics, places, villes, forteresses, postes, magasins, arsenaux, ports, vaisseaux ou bâtiments appartenant à l'État, ou pour piller des propriétés publiques, se seraient mis à la tête de bandes armées ou auraient contribué à leur levée et à leur entretien, 96. — Autres crimes pour lesquels chacun des individus faisant partie d'une bande armée encourt la même peine, 97.—Peines contre ceux qui, connaissant le but et le caractère des bandes, leur auraient volontairement fourni des logements ou lieux de retraite, 99. — Peines pour tout pillage ou dégât de marchandises, effets et propriétés mobilières, commis en réunion ou bande et à force ouverte, 440 à 442.

et auraient refusé, malgré les invitations légales, de réparer ces actes, 115. — Bannissement pour mesures concertées entre des fonctionnaires contre l'exécution des lois ou contre les ordres du Gouvernement, 124.— La peine du bannissement se prononce contre l'officier public qui, instruit de la supposition du nom, a cependant délivré le passe-port sous le nom supposé, 153. — Cas où des paiements de frais de route, faits par le trésor public sur une fausse feuille, donnent lieu au bannissement ou à la réclusion, 154. — Circonstances qui font encourir la peine du bannissement, de la réclusion ou des travaux forcés à temps, à l'officier public qui a délivré une feuille de route contenant supposition de nom, 156; au ministre des cultes qui, dans un discours pastoral, aurait donné lieu à la désobéissance aux lois, 202 et 203; à l'individu qui a enfreint l'ordre de s'éloigner de l'habitation du magistrat par lui insulté, 229.

BANQUEROUTES. Peines des banqueroutiers frauduleux, 402; des banqueroutiers simples, *ibid.*; des complices de banqueroutes frauduleuses, 403; des agents de change et courtiers qui ont fait faillite ou banqueroute, 404.

BATEAUX. Vols commis par les bateliers, 386. — Voy. *Incendie, Mine.*

BATIMENTS. Voy. *Destruction, Incendie, Mine.*

BATIMENTS DE GUERRE. Voy. *Bandes armées, Commandement militaire.*

BESTIAUX. Peines contre ceux qui auraient tué sans nécessité des bestiaux à cornes, des moutons, chèvres ou porcs, 452.—Voy. *Animaux malfaisants, Champs, Empoisonnement, Epizootie, Fous, Voituriers.*

318 et 476; contre les voituriers, bateliers et autres qui ont altéré celle dont le transport leur est confié, 387. — Emprisonnement encouru par les vendeurs et débitants de boissons falsifiées, 475. — Ces boissons sont confisquées et répandues, 477.

BORNES. Peines pour vols accompagnés d'enlèvement ou de déplacement de bornes séparant les propriétés, 389. — Voy. *Limites.*

BOULET. Les individus condamnés aux travaux forcés en traînent un à leurs pieds, 15.

BOUTIQUES. Peines contre ceux qui auraient empêché d'ouvrir ou de fermer pendant certains jours les ateliers, boutiques ou magasins, et de faire quitter des travaux, 260.

BREUVAGES. Voy. *Avortement, Boissons falsifiées.*

BRIGANDAGE. Voy. *Etat, Secours.*

BRIS DE PRISON. Peines contre ceux qui auraient favorisé une évasion avec violence ou bris de prison, 241 et 243; et contre les détenus qui se seraient évadés par ces moyens, 244.

BRIS DE SCELLÉS. Voy. *Scellés.*

BRUITS NOCTURNES. Amende contre les auteurs ou complices de bruits ou tapages injurieux ou nocturnes troublant la tranquillité des habitants, 479.—Circonstances qui peuvent donner lieu à leur emprisonnement, 480.

BULLETINS. Voy. *Ecrits.*

C.

CABANES DES GARDIENS. Voy. *Champs.*

CADENAS. Voy. *Effraction, Fausses-clefs.*

CALOMNIE. Cas dans lesquels ce délit a lieu, 367. — Exception, *ibid.* — Toute imputation à l'appui de laquelle on ne rapporte point de preuve légale est ré-

putée fausse, 368. —— Contre qui peuvent être poursuivies les calomnies mises au jour par la voie des
papiers étrangers, 369. ——Comment se fait la preuve
légale de l'imputation, 370. — Peines du calomniateur à défaut de preuves, 371. —— Faits imputés qui
donnent lieu à surseoir à la poursuite et au jugement
du délit de calomnie, 372.——Peines des dénonciations
calomnieuses faites par écrit aux officiers de justice ou
de police, 373.——Droits dont le calomniateur est temporairement interdit après avoir subi sa peine, 374.

CANNES. Voy. *Armes.*

CARCAN. C'est une peine infamante, 8.——Durée du temps
pendant lequel on attache au carcan les individus
condamnés aux travaux forcés on à la réclusion, 22.
—— La durée de ces deux peines se compte du jour de
l'exposition, 23. — Celui qui, ayant été condamné
pour crime, en a commis un second emportant la
peine du carcan, doit être condamné à la peine de la
réclusion, 56. — L'individu ayant moins de seize
ans, qui, agissant avec discernement, a encouru la
peine du carcan, est condamné à être enfermé d'un
an à cinq dans une maison de correction, 67.——Peine
du carcan contre tout citoyen qui aurait falsifié des
billets contenant les suffrages des citoyens, 111; contre
ceux qui auront falsifié, contrefait et employé les
sceaux, timbres, poinçons de l'État, etc, 143. ——
La peine du carcan a lieu contre les fonctionnaires
publics ou agents d'une administration qui se seraient
laissé corrompre, 177. — Cas dans lequel des voies
de fait contre un magistrat emportent la peine du
carcan, 228.——Même peine pour avoir frappé le ministre d'un culte dans ses fonctions, 263. — Voyez
Arrêt, Condamnés, Dégradation civique.

CASTRATION. Peines encourues par les coupables de ce

crime, 316. — Cas dans lequel le crime de castration peut être considéré comme meurtre ou blessures excusables, 325.

CAUTIONNEMENT pour un condamné mis sous la surveillance de la haute police de l'État, 44 et 45. Les personnes qui ont souscrit un acte de cautionnement d'un individu mis sous la surveillance spéciale de l'État sont contraintes, même par corps, au paiement des sommes portées dans l'acte, lorsque l'individu cautionné a été condamné pour crimes ou délits commis dans l'intervalle déterminé, 46. — Paiements auxquels les sommes recouvrées sont affectées de préférence, *ibid.* — Voy. *Surveillance de la haute police, Vagabondage.*

CENSURE DE L'AUTORITÉ PUBLIQUE. Peines pour critiques, censures ou provocations dirigées contre l'autorité publique dans un discours pastoral prononcé publiquement, 201 et suiv.

CERTIFICAT DE BONNE CONDUITE. Voy. *Certificat d'indigence.*

CERTIFICAT D'INDIGENCE. Peine pour fabrication, sous le nom d'un fonctionnaire ou officier public, d'un certificat de bonne conduite, d'indigence, etc., 159. — Même peine pour falsification d'un certificat de cette espèce auparavant véritable, et pour emploi de ce certificat falsifié, *ibid.*

CERTIFICAT DE MALADIE. Peine encourue par ceux qui délivrent un certificat de maladie ou d'infirmité sous le nom d'un officier de santé, 159; et par l'officier de santé qui a délivré lui-même le faux certificat, 160

CERTIFICATS. Punition encourue pour faux certificats dont il pourrait résulter lésion envers des tiers ou préjudice envers le trésor public, 162. — Les peines pour faux certificats sont portées au *maximum* quand on les applique aux mendiants ou vagabonds, 281.

coalitions formées par des fonctionnaires publics, 123
et suiv. — Peines pour coalition contre ceux qui font
travailler des ouvriers pour l'abaissement injuste de
leurs salaires, 414 ; et pour coalition de la part
des ouvriers tendant à une cessation de travail par
amendes, défenses, proscriptions, etc., 415 et 416.

COLLUSION. Voy. *Officiers de l'état civil.*

COMMANDANT MILITAIRE. Voy. *Commerce, Détenus,
Force publique.*

COMMANDEMENT MILITAIRE. Peine de mort, avec confiscation de biens, contre ceux qui, sans droit ou motif légitime, auraient pris un commandement militaire, ou tenu une troupe rassemblée après l'ordre
de licenciement ou de séparation, 93.

COMMERCE. Amende et confiscation encourues par tout
commandant des divisions militaires, des départements ou des places et villes, tout préfet ou sous-
préfet qui, dans l'étendue des lieux soumis à son autorité, aurait fait ouvertement, ou par interposition
de personnes, le commerce des grains, farines ou
boissons, 176. — Voy. *Manufactures.*

COMMIS. Voy. *Concussion, Soustraction.*

COMMISSAIRES DE POLICE. Voy. *Aubergistes, Registres.*

COMMUNES. Voy. *Dévastation.*

COMPAGNONS. Voy. *Ouvriers.*

COMPLICES. Ceux d'un crime ou d'un délit sont punis de
la même peine que les auteurs, 59. — Circonstances
qui établissent la complicité, 60 à 62.—Voy. *Adultère.*

COMPLOT. Circonstances dans lesquelles il y a complot,
89. — Peines lorsqu'il y a proposition de complot faite
et non agréée, pour arriver au crime de lèse-majesté,
90.—Peine contre ceux qui, par des discours tenus dans
les lieux publics, par des placards ou des écrits imprimés, auraient excité les citoyens à commettre des

CONDAMNÉS. Droits dont sont déchus les individus condamnés à la peine des travaux forcés à temps, du bannissement, de la réclusion et du carcan, 28 et 29. — Époque à laquelle les biens sont remis aux condamnés qui, pendant la durée de leur peine, étaient en état d'interdiction légale, 30. — Comptes qui doivent leur être rendus par leurs curateurs, *ib.* — Pendant la durée de la peine, il ne peut leur être remis aucune somme, ni provision, ni portion de revenus, 31.

CONDUCTEURS DE PRISONNIERS. Voy. *Détenus.*

CONFIANCE. Voy. *Abus de confiance.*

CONFISCATION. On peut, dans certains cas, prononcer la confiscation générale concurremment avec une peine afflictive, 7. — La confiscation spéciale du corps du délit, des choses produites par le délit, ou de celles qui ont servi à le commettre, est une peine commune aux matières criminelles et correctionnelles, 11. — En quoi consiste la confiscation générale, 37. — Elle n'a lieu que dans le cas où la loi la prononce expressément, *ibid.* — Charges dont la confiscation générale est grevée, 38 — Personnes en faveur desquelles l'Empereur peut disposer des biens confisqués, 39. — Les biens de tout Français qui a porté les armes contre la France sont confisqués, 75. — Pareille confiscation pour intelligences avec les puissances étrangères et ennemies de l'État, 76 et 77. — Confiscation de biens pour crime de lèse-majesté, 86. — Pour complot contre les membres de la famille impériale ou contre le Gouvernement, 87. — Pour crime tendant à troubler l'État par la guerre civile, 91 et suiv. — Pour crime de fausse monnaie, 132. — Pour contrefaçon des sceaux de l'État, des billets de banque et des effets publics, 139. — Confiscation des denrées appartenant à un commerce interdit aux fonctionnaires publics, 176. — Les exemplaires d'écrits imprimés et distribués sans nom d'auteur ni d'imprimeur sont confisqués en cas de saisie, 286. — Il en est de même des images et gravures obscènes, 287 ; des armes prohibées, 314 ; des boissons falsifiées, 318 ; de l'argent reçu par un faux témoin, 364 ; des fonds ou effets qui seraient trouvés exposés aux jeux de hasard ou mis à des loteries non autorisées, et des meubles garnissant les maisons, 410 ; des marchandises à l'égard desquelles on a violé les règlements d'administration destinés à garantir leur bonne qualité, 413 ; De celles qui ont été vendues à faux poids ou fausses mesures, 423 ; des éditions contrefaites et des matières qui ont servi à la contrefaçon, 427 ; des recettes de représentations théâtrales faites au mépris des lois sur la propriété des auteurs, 428. — Remise aux propriétaires du produit des confiscations et des recettes confisquées, pour les indemniser d'autant du préjudice par eux souffert, 429. — Cas dans lesquels les tribunaux de police peuvent prononcer la confiscation des choses saisies en contravention, des choses produites par la contravention, ou des matières et instruments qui y ont servi, 470. — Contraventions de police pour lesquelles la confiscation a lieu, 477. — Divers cas de confiscation 481. —Voy. *Restitution.*

CONFLIT. Peines contre les juges, etc., qui, malgré la notification d'un conflit, auraient persisté dans l'exécution de jugements ou ordonnances rendus contre des administrateurs pour raison de l'exercice de leurs fonctions, 127. — Voy. *Revendication.*

nistère, 199 et suiv. — Peines pour entraves apportées au libre exercice des cultes, 260. et 261. — Pour outrages faits, par paroles ou gestes, aux objets d'un culte dans les lieux servant à son exercice, ou aux ministres de ce culte dans leurs fonctions, 262 et 263. — Peine encourue par tout individu qui, sans l'autorisation du Gouvernement, aurait accordé sa maison pour l'exercice d'un culte, 294. — Voy. *Boutiques, Fêtes religieuses.*

CURATELLE. Voy. *Tutelle.*

CURATEUR. Il en est nommé un pour gérer et administrer les biens de celui qui est en état d'interdiction pendant la durée d'une condamnation aux travaux forcés à temps ou à la réclusion, 29. — Compte à rendre par ce curateur après l'expiration de la peine, 30. — Voy. *Tutelle.*

CURÉS et VICAIRES. Voy. *Ministres des cultes.*

D.

DÉBAUCHE. Voy. *Mœurs.*

DÉBITANTS. Voy. *Boissons falsifiées, Crieurs.*

DÉCHARGE. Voy. *Extorsion.*

DÉCLARATIONS. Celles que doivent faire les personnes qui ont connaissance de complots formés ou de crimes projetés contre la sûreté de l'État, 103 et suiv.; les personnes qui ont assisté à un accouchement, 346; ou qui consentent à se charger d'un enfant trouvé, 347.

DÉCORATION. Voy. *Costume.*

DÉGATS. Voy. *Pillage.*

DÉGRADATION. Voy. *Destruction, Monuments.*

DÉGRADATION CIVIQUE. Cette peine est infamante, art. 8.

— En quoi elle consiste, 34. — Celui qui, ayant été condamné pour un crime, en a commis un second emportant la peine de la dégradation civique, doit être condamné à la peine du carcan, 56. — Peine de la dégradation civique contre les fonctionnaires publics qui n'auraient pas déféré à une réquisition tendant à constater des détentions illégales et arbitraires, 119. — Autres cas où ils encourent la même peine, 121, 122, 127 et 130. — Cas dans lesquels la dégradation civique est la peine infligée aux fonctionnaires publics pour forfaiture, 167. — Cette peine est prononcée contre le juge ou l'administrateur qui se serait décidé, par faveur ou par inimitié pour une partie, 183 ; contre celui à qui le serment aurait été déféré en matière civile, et qui se serait rendu faussaire, 366. — Voy. *Arrêt, Forfaiture.*

DÉLAISSEMENT. Voy. *Exposition d'enfant.*

DÉLIBÉRATIONS DE FAMILLE. Cas dans lesquels les tribunaux peuvent interdire temporairement l'exercice du droit de vote et de suffrage dans ces délibérations, 42 et 43.

DÉLITS. Quelle sorte d'infraction aux lois est ainsi qualifiée, 1. — Cas dans lesquels la tentative de délits est considérée comme le délit lui-même, 3. — Les dispositions du Code ne sont pas applicables aux délits militaires, 5. — Peine encourue par celui qui, ayant été condamné pour un crime, a commis un délit de nature à être puni correctionnellement, 57 ; et par les coupables condamnés à un emprisonnement de plus d'une année qui commettent un nouveau délit, 58. — Voy. *Complices, Crimes, Démence, Excuses, Peines, Recéleurs.*

DÉMENCE. Il n'y a ni crime ni délit, lorsque le prévenu était en état de démence au temps de l'action, 64.

DÉNI DE JUSTICE. Peines contre tout juge ou tribunal, tout administrateur ou autorité administrative qui, sous quelque dénomination que ce soit, même du silence ou de l'obscurité de la loi, aurait dénié de rendre justice aux parties, 184.

DENIERS PUBLICS. Voy. *Bandes armées.*

DÉNONCIATION. Voy. *Calomnie, Détention arbitraire, Fournisseurs.*

DENRÉES. Voy. *Marchandises.*

DÉPORTATION. Elle est au nombre des peines afflictives et infamantes, 7. — En quoi elle consiste, 17. — A quoi est condamné, et sur la seule preuve d'identité, le déporté qui rentre sur le territoire de l'Empire, *ibid* ; et celui que l'on saisit dans les pays occupés par les armées françaises, *ibid.* — Le Gouvernement peut accorder aux déportés, dans le lieu de la déportation, l'exercice des droits civils, 18. — Celui qui, ayant été condamné pour crime, en a commis un second emportant la peine de la déportation, doit être condamné aux travaux forcés à perpétuité, 56. — L'accusé ayant moins de vingt ans qui, agissant avec discernement, a encouru la peine de la déportation, ne doit être condamné qu'à celle de dix à vingt ans d'emprisonnement dans une maison de correction, 67. —Peine de la déportation contre ceux qui, par des actions hostiles, auraient occasionné une guerre, 85 ; contre les personnes faisant partie de bandes armées qui auraient été saisies sur les lieux de réunion, 96 ; contre les membres d'autorités civiles ou militaires qui auraient provoqué des mesures propres à empêcher l'exécution des lois ou des ordres du Gouvernement, 124 ; contre les fonctionnaires qui auraient requis ou ordonné l'emploi de la force publique pour empêcher l'exécution d'une loi, etc., lorsque la réquisition ou l'ordre ont été suivis de leur effet, 189 ; contre les ministres des cultes qui, pour la troisième fois, auraient procédé aux cérémonies d'un mariage sans justification de l'acte préalablement reçu par les officiers de l'état civil, 198 ; et contre celui qui, dans un écrit pastoral, aurait provoqué la désobéissance aux lois ou autres actes de l'autorité publique, 204 et 206. — Les étrangers déclarés vagabonds par jugement peuvent être conduits hors du territoire de l'Empire, 272. — Voy. *Age, Arrêt, Bannissement, Condamnation.*

DÉPOSITAIRES DE L'AUTORITÉ ET DE LA FORCE PUBLIQUES. Voy. *Autorité publique, Force publique, Outrages, Violences.*

DÉPOSITAIRES PUBLICS. Voy. *Scellés, Soustraction.*

DÉPÔTS DE MENDICITÉ. Voy. *Mendicité.*

DÉSORDRES. Voy. *Cultes.*

DESSIN. Voy. *Contrefaçon.*

DESSINATEURS. Voy. *Crieurs, Gravures.*

DESTITUTION. Voy. *Fonctionnaires publics.*

DESTRUCTION. Peine de quiconque aurait volontairement détruit ou renversé des bâtiments, maisons, édifices, ponts, digues, chaussées ou autres choses immobilières appartenant à autrui, 437. — Augmentation de peine, s'il y eu homicide ou blessure, *ibid.* — Peines encourues par ceux qui auraient volontairement brûlé ou détruit des registres, minutes ou actes originaux de l'autorité publique ; des titres, billets, lettres de change, effets de commerce ou de banque, contenant obligation ou opérant décharge, 439. — Voy. *Monuments, Scellés.*

DÉTENTIONS ARBITRAIRES. Peine encourue par les fonctionnaires publics chargés de la police administrative ou judiciaire qui auraient refusé ou négligé de déférer à une réclamation tendant à constater des détentions illégales et arbitraires; 119.

DÉTENUS. Les détenus dans des maisons de correction y sont employés à des travaux dont le produit est en partie appliqué à leur profit, 41.—Peines encourues, suivant les circonstances qui ont accompagné une évasion de détenus, par les huissiers, les commandans en chef ou en sous-ordre, soit de la gendarmerie, soit de la force armée servant d'escorte ou garnissant les postes, les concierges, gardiens, geôliers, et tous autres préposés à la conduite, au transport ou à la garde des détenus, 237.

DETTES. La confiscation générale des biens d'un condamné est grevée de toutes les dettes légitimes jusqu'à concurrence de la valeur de ses biens, 38.

DÉVASTATION. Peine contre les complots ayant pour but de porter la dévastation, le massacre et le pillage dans une ou plusieurs communes, 91.

DEVIN. Voy. *Songes.*

DIGUES. Voy. *Destruction.*

DIMANCHES. Voy. *Condamnation.*

DISCERNEMENT. Ce qui est prononcé à l'égard d'individus âgés de moins de seize ans qui ont commis des crimes ou délits avec ou sans discernement, 66 et 67.

DISCOURS. Sont punis comme coupables de rebellion ceux qui l'ont provoquée par des discours tenus dans des réunions ou lieux publics, par des placards affichés ou par des écrits imprimés, 217.

DISCOURS PASTORAL. Voy. *Censure de l'autorité publique.*

DISTRIBUTEURS. Voy. *Crieurs,*

DOMESTIQUE. Peine pour vols commis par un domestique ou un homme de service à gages, 386.

DOMICILE. Peines contre tout juge, tout procureur général ou impérial, tout substitut ou tout autre officier de justice ou de police qui se serait introduit dans le domicile d'un citoyen hors les cas prévus et sans les formalités prescrites, 184.

DOMMAGE. Amende contre ceux qui auraient volontairement causé du dommage aux propriétés mobilières d'autrui, 479.—Voy. *Destruction.*

DOMMAGES-INTÉRÊTS. Les sommes provenant des paiements faits par les cautions d'un individu condamné pour crimes ou délits sont affectées de préférence aux dommages-intérêts envers les parties lésées, 46. — Mode de demande et de règlement des dommages-intérêts prononcés à raison d'attentat contre la liberté, 117. — Dommages-intérêts dont sont tenus les fonctionnaires publics qui n'auraient pas constaté des détentions illégales et arbitraires, et ne les auraient pas dénoncées aux autorités supérieures, 119. — Dommages-intérêts dans le cas d'abus de confiance, 406; et lorsque le service des armées a manqué par la négligence des fournisseurs, ou a été compromis par fraude sur la qualité des choses fournies, 430 et 433. — Voy. *Condamnation, Injonction, Restitution, Solidarité.*

DONS. Ceux qui, par dons, promesses, menaces, abus d'autorité ou de pouvoir, machinations ou artifices coupables, ont provoqué à un crime ou délit, en sont réputés complices, 60. — Voy. *Corruption.*

DROITS. Voy. *Interdiction.*

DROITS CIVILS. Ceux dont sont privés les individus con-

damnés aux travaux forcés à temps, au bannissement,
à la réclusion, au carcan ou à la dégradation civique,
28 et 34. — Les tribunaux peuvent, dans certains
cas, interdire temporairement l'exercice des droits civils, 42 et 43. — Voy. *Déportation.*

DROITS CIVIQUES. On peut prononcer l'interdiction temporaire de l'exercice des droits de vote, d'élection et
d'éligibilité, 42. — Crimes et délits relatifs à l'exercice des droits civiques, 109 à 113. — L'interdiction
des droits civiques est une des peines encourues par
les fonctionnaires qui concertent des mesures non autorisées par les lois, 123. — Voy. *Interdiction.*

DROITS DE FAMILLE. Voy. *Interdiction.*

E.

ÉCHAFAUD. Le coupable condamné à mort pour parricide,
y est exposé pendant la lecture de l'arrêt, 13.

ÉCHENILLAGE. Peines contre ceux qui auraient négligé
d'écheniller dans les campagnes ou jardins où ce soin
est prescrit, 471.

ÉCLAIRAGE. Amende contre les aubergistes et autres qui
auront négligé d'éclairer les matériaux par eux entreposés, ou les excavations par eux faites dans les rues
et places, 471.

ÉCRITEAU. Ce que doit porter celui qu'on place sur la tête
des individus attachés au carcan sur la place publique, 22.

ÉCRITS. Délits commis par la voie d'écrits, bulletins, affiches, journaux, etc., distribués sans nom d'auteurs
ou imprimeurs, 283 et suiv. — Voy. *Contrefaçon,
Discours, Extorsion, Menaces.*

ÉCRITURES. Voy. *Faux.*

ÉDIFICES. Voy. *Destruction, Incendie, Mine.*

ÉDITION. Voy. *Contrefaçon.*

ENGAGEMENT. Voy. *Enrôlement.*

ENLÈVEMENT. Voy. *Enfants, Mineurs.*

ENLÈVEMENT DE PROCÉDURES CRIMINELLES. Voy. *Scellés.*

ENNEMI. Voy. *Intelligence.*

ENRÔLEMENT. Peine de mort, avec confiscation de biens, pour engagement ou enrôlement de soldats sans ordre du pouvoir légitime, 92.

ENTREPRISES. Voy. *Fournisseurs.*

ÉPIZOOTIE. Peines contre tout détenteur ou gardien d'animaux ou de bestiaux soupçonnés d'être infectés de maladies contagieuses, qui n'aurait pas averti sur-le-champ le maire de la commune où il se trouve, et ne les aurait pas tenus provisoirement renfermés, 459. —— Même peine contre ceux qui, au mépris des défenses de l'administration, auraient laissé leurs animaux ou bestiaux infectés communiquer avec d'autres. 460. —— Peine plus grave dans le cas où il serait résulté de la communication une contagion parmi les autres animaux, 461.

ÉPOUX. Voy. *Adultère, Meurtre.*

ESCALADE. Les crimes ou délits sont excusables lorsqu'ils ont été commis en repoussant, pendant le jour, l'escalade ou l'effraction des clôtures, 322. —— Il n'y a ni crime ni délit quand l'homicide a été commis ou les coups portés en repoussant pendant la nuit l'escalade ou l'effraction des clôtures, 329. —— Peines pour vols commis à l'aide d'effraction extérieure ou d'escalade dans un logement habité, 384 et 386. —— Ce qui est qualifié escalade, 397.

ESCROQUERIE. Diverses espèces d'escroqueries, et peines dont elles sont punies, 405. —— Voy. *Interdiction.*

ESPIONNAGE. Peine encourue pour des instructions données aux ennemis de l'État, et qui auraient été la

EXCAVATIONS. Voy. *Voie publique.*

EXCUSES. Seuls cas dans lesquels les crimes ou délits peuvent être excusés, 65. — Emprisonnement auquel doivent être condamnés les individus déclarés coupables de crimes ou délits, mais excusables, 69.— Celui qui, ayant eu connaissance de crimes ou complots contre la sûreté de l'État, ne les a point révélés, n'est pas admis à excuse, 106. — Exceptions, 107. — Amendes et emprisonnement pour excuses de témoins et de jurés reconnues fausses, 236. — Réduction de peine pour crimes et délits à l'égard desquels l'auteur a été reconnu excusable, 326. — Voy. *Blessures, Castration, Meurtre, Parricide, Surveillance.*

EXÉCUTEURS DE JUGEMENTS. Voy. *Violences.*

EXÉCUTION JUDICIAIRE. Ce qui précède l'exécution d'un coupable condamné à mort pour parricide, 13. — Voy. *Condamnation, Place publique, Secours.*

EXHALAISONS. Amendes contre ceux qui auraient jeté ou exposé au-devant de leurs édifices des choses de nature à nuire par des exhalaisons insalubres, 471.

EXPERT. Celui qui a été condamné à la peine des travaux forcés à temps, au bannissement, à la réclusion ou au carcan, ne peut jamais être expert, 28. — Les tribunaux jugeant correctionnellement peuvent interdire pour un temps le droit d'être nommé expert, 42 et 43.

EXPOSITION D'ENFANT. Peine contre ceux qui auraient exposé et délaissé en un lieu solitaire un enfant au dessous de l'âge de sept ans, ou qui auraient donné l'ordre de l'exposer, 349 et 350. — Augmentation de la peine contre les tuteurs ou instituteurs de l'enfant ex-

FAUSSE MONNAIE. Peine de mort, avec confiscation de biens, pour contrefaçon ou altération des monnaies d'or ou d'argent, et émission ou exposition des monnaies contrefaites, 132. — Pour contrefaçon, etc., des monnaies de billon ou de cuivre, 133. — Pour contrefaçon des monnaies étrangères, 134. — Amendes pour avoir fait usage de pièces fausses après en avoir reconnu les vices 135. — Peines pour non-révélation d'une fabrique ou d'un dépôt de monnaies contrefaites, 136. — Exceptions, 137. — Exemption des peines envers les coupables qui, avant la consommation des crimes, en auraient révélé les auteurs aux autorités constituées, 138. — Surveillance à laquelle ils peuvent néanmoins être soumis, *ibib.* — Voy. *Contrefaçon.*

FAUSSES CLEFS. Peines contre les individus coupables de vols commis à l'aide de fausses clefs dans une maison habitée, 381 et 384. — Tous crochets, rossignols, passe-partout, clefs imitées, contrefaites ou qui n'ont pas été destinées aux serrures, cadenas et fermetures auxquels le coupable les a employés, sont qualifiés fausses clefs, 398. — Peine de quiconque a contrefait ou altéré des clefs, 399.

FAUSSSES SIGNATURES. Voy. *Faux.*

FAUX. Peines dont sont punis les fonctionnaires ou officiers publics qui ont commis un faux par fausses signatures, par altération des actes, écritures ou signatures, par supposition de personnes ou par des écritures faites ou intercalées sur des registres ou d'autres actes publics depuis leur confection ou clôture, 145. — Autre cas de faux en écriture publique, qui donne lieu à la même peine, 146. — Quelle peine encourent les autres personnes pour faux commis en écriture authentique ou en écriture de commerce ou de

livrer une feuille de route sous un nom supposé, 156. — Peine contre l'officier public qui a délivré la feuille avec connaissance de la supposition de nom, 158. — Les peines des individus porteurs de fausses feuilles de route sont portées au *maximum* à l'égard des vagabonds ou mendiants, 281.

Feuilles périodiques. Voy. *Ecrits.*

Figures. Voy. *Gravures.*

Filouteries. Peine des larcins et des filouteries, 401. — Voy. *Interdiction , Surveillance de la haute police.*

Flagrant délit. Voy. *Adultère , Forfaiture, Mandat, Secours.*

Flétrissure des condamnés aux travaux forcés à perpétuité ou à temps, 20 ; des faussaires, *ibid.*

Fonctionnaires publics. Peine contre les auteurs de fausses signatures de nom d'un fonctionnaire public, 118 ; et contre les fonctionnaires chargés de la police qui n'auraient point déféré à une réquisition tendant à constater les détentions illégales et arbitraires, 119. — Peines auxquelles peut donner lieu tout concert de mesures non autorisées par les lois, et pratiqué par une réunion d'individus ou de corps dépositaires de quelque partie de l'autorité publique, 123. — Augmentation de la peine si les mesures concertées étaient contraires à l'exécution des lois ou ordres du Gouvernement, 124 ; ou si elles avaient pour objet un complot attentatoire à la sûreté intérieure de l'Etat, 125. — Peines pour les délits de fonctionnaires qui se seraient ingérés dans des affaires ou commerces incompatibles avec leur qualité, 175 et suiv.— Peines contre les fonctionnaires publics qui se seraient

laissé corrompre, 177. — Peines encourues par les
coupables de voies de fait et de menaces envers les
fonctionnaires et agents publics, 179.— Peine contre
tout fonctionnaire public révoqué, destitué, suspendu
ou interdit légalement, qui aurait continué l'exercice
de ses fonctions, ou qui, étant électif ou temporaire,
les aurait exercées après avoir été remplacé. 197. —
Peines encourues par les fonctionnaires ou officiers
publics qui auraient participé à des crimes ou délits
qu'ils étaient chargés de surveiller ou de réprimer,
198. — Peines encourues par les fonctionnaires publics pour viol, 333 ; pour connivence avec les fournisseurs à l'effet de faire manquer le service des armées
de terre ou de mer, 432. — Voy. *Administrateurs,
Agents du Gouvernement, Arbres, Concussion,
Force publique, Grains, Lettres, Serment, Violences.*

FONCTIONS PUBLIQUES. Les individus condamnés à la
dégradation civique sont destitués et exclus de
toutes fonctions ou emplois publics, 34. — Cas
dans lesquels les tribunaux peuvent interdire l'exercice du droit d'être appelé à des fonctions publiques,
42. — Peines contre celui qui, sans titre, aurait
rempli des fonctions publiques, 258. — Voy. *In-
diction.*

FORCE PUBLIQUE. Cas dans lesquels il y a lieu à la peine
de mort avec confiscation de biens, ou seulement à la
déportation, contre ceux qui auraient requis ou ordonné l'emploi de la force armée contre la levée des
gens de guerre légalement établie, 94. — Peine
contre tout fonctionnaire public, agent ou préposé du
Gouvernement, pour avoir requis ou ordonné l'emploi de la force publique contre l'exécution d'une loi,
contre la perception d'une contribution légale ou contre

l'exécution d'une ordonnance ou mandat de justice, ou tout autre ordre émané de l'autorité légitime, 188. — Peine plus forte si la réquisition ou l'ordre ont été suivis de leur effet, 189. — Cas dans lesquels ces peines ne sont point applicables aux fonctionnaires ou préposés inférieurs, 190. — Circonstances propres à augmenter la peine des fonctionnaires supérieurs, 191. — Peines contre tout commandant, tout officier ou sous-officier de la force publique qui, après en avoir été légalement requis par l'autorité civile, aurait refusé de faire agir la force à ses ordres, 234. — Voy. *Autorité publique*, *Rébellion*.

FORÊTS. Voy. *Incendie*.

FORFAITURE. Cas dans lesquels les officiers de police judiciaire, les procureurs généraux ou impériaux, leurs substituts, les juges, sont coupables de forfaiture, et punis de la dégradation civique, 121. — Les fonctionnaires publics qui auraient arrêté de donner des démissions pour entraver un service quelconque, sont coupables de forfaiture et punis de la dégradation civique, 126. — Divers cas de forfaiture pour les juges, les procureurs généraux ou impériaux, leurs substituts ou les officiers de police judiciaire, 127. — Tout crime commis par un fonctionnaire public dans ses fonctions est une forfaiture, 166. — Toute forfaiture pour laquelle la loi ne prononce pas de peine plus grave est punie de la dégradation civique, 167. — Les simples délits ne constituent pas les fonctionnaires en forfaiture, 168. — La forfaiture est encourue par tout juge ou administrateur qui se serait décidé par faveur ou par inimitié contre une partie, 181 et 183.

FORTERESSES. Voy. *Bandes armées*, *Places*.

FRAUDE. Voy. *Corruption, Marchandises.*

FRUITS. Amende pour avoir cueilli ou mangé sur le lieu les fruits d'autrui, 471.

FURIEUX. Amende contre ceux qui en auraient laissé divaguer, 475. — Voy. *Fous.*

G.

GAGES. Voy. *Maisons de prêt.*

GARDES CHAMPÊTRES. Délits de police correctionnelle qui donnent lieu à une peine plus grave lorsqu'ils ont été commis par des gardes champêtres ou forestiers, ou par des officiers de police, 434 à 462.—Voy. *Rébellion.*

GARDES FORESTIERS. Voy. *Gardes champêtres, Rebellion.*

GARDIENS DE PRISONS. Voy. *Concierges, Détenus.*

GARDIENS DE SCELLÉS. Voy. *Scellés.*

GENDARMERIE. Voy. *Détenus.*

GENS SANS AVEU. Voy. *Vagabondage.*

GEOLIERS. Voy. *Détenus.*

GESTES. Voy. *Outrages.*

GLANAGE. Amende contre ceux qui auraient glané, râtelé ou grapillé dans les champs non encore entièrement dépouillés et vidés de leurs récoltes, ou avant le moment du lever ou après celui du coucher du soleil, 471. — Peine d'emprisonnement pour les mêmes contraventions, 473.

GOUVERNEMENT. Délits qui donnent lieu d'en mettre les auteurs à la disposition du Gouvernement après avoir subi leur peine, 271 et 282.—Voy. *Attentats, Autorisation, Fournisseurs, Surveillance.*

GRAINS. Peines pour avoir coupé des grains ou des fourrages appartenant à autrui, 449. — Peine plus forte quand le crime a été commis en haine d'un fonctionnaire public et à raison de ses fonctions, ou pendant la nuit, 450. — Voy. *Commerce.*

Grapillage. Voy. *Glanage.*

Gravures. Peine encourue pour exposition ou distribution de chansons, pamphlets, figures ou images contraires aux bonnes mœurs, 287 et suiv. — Confiscation des écrits et gravures contraires aux mœurs, lesquels sont mis sous le pilon, 477. — Voy. *Contrefaçon, Crieurs.*

Greffes. Voy. *Arbres.*

Greffiers. Voy. *Scellés.*

Grossesse. Voy. *Femmes.*

Guerre. Peines contre ceux qui, par leurs manœuvres, auraient engagé des puissances étrangères à entreprendre la guerre contre la France, 76; et contre ceux dont les actions hostiles, non approuvées par le Gouvernement, auraient exposé l'Etat à une déclaration de guerre, 84; contre les complots tendant à exciter la guerre civile, 91.

Guet-apens. Peines encourues pour violences envers des magistrats, lorsqu'il y a eu guet-apens, 332. — En quoi consiste le guet-apens, 298. Voy. *Assassinat.*

H.

Haies. Peines pour avoir coupé ou arraché des haies vives ou sèches, 456.

Hausse. Voy. *Effets publics.*

Haute police. Voy. *Surveillance de la haute police.*

Héritages. Voy. *Limites.*

Homicide. Lorsque l'homicide a été commis volontairement, il est qualifié de meurtre, 295. — Peine de celui qui, par maladresse, imprudence, inattention, négligence ou inobservation des règlements, a commis involontairement un homicide, ou en a été involontairement la cause, 319. — Cas dans lesquels l'homicide n'est qualifié ni de crime ni de délit, 327 et suiv. — Voy. *Destruction*.

HOSPICES. Les réunions d'individus admis dans les hospices sont punies comme réunions de rebelles, 219. — Voy. *Enfants*.

HÔTELIERS. Voy. *Aubergistes*.

HUISSIERS. Voy. *Arrêt, Détenus*.

I.

IDENTITÉ. Sur la seule preuve d'identité, le déporté rentré dans l'Empire est condamné aux travaux forcés à perpétuité, 17. — Sur la même preuve, à l'égard du banni, la peine de la déportation est contre lui prononcée, 33.—Voy. *Déportation*.

IMAGES. Voy. *Gravures*.

IMMONDICES. Amendes contre ceux qui imprudemment auraient jeté des immondices sur quelques personnes, 471; et contre ceux qui en auraient jeté contre les maisons d'autrui ou volontairement sur quelqu'un, 474. — Emprisonnement pour les mêmes causes, 476

IMPRESSION. Arrêts susceptibles d'être imprimés par extrait, 36. — Voy. *Contrefaçon*.

IMPRIMEURS. Voy. *Ecrits, Gravures*.

IMPRUDENCE. Voy. *Homicide*.

IMPUTATION. Voy. *Calomnie*.

INATTENTION. Voy. *Homicide*.

INCENDIE. Peine de mort avec confiscation de biens contre tout individu qui aurait incendié des édifices, des vaisseaux, des magasins ou autres propriétés appartenant à l'Etat, 95. — Même peine contre quiconque aurait mis le feu à des maisons, bâtiments, chantiers, forêts, bois taillis, récoltes, 434. — Peine pour incendie causé par vétusté, défaut de réparation ou nettoyage des

donnent lieu aux juges d'en prononcer la suppression, de faire des injonctions aux auteurs du délit, de les suspendre de leurs fonctions, et de prononcer des dommages-intérêts, 377.

INTELLIGENCES. Peine de mort, avec confiscation de biens, encourue pour avoir pratiqué des machinations ou entretenu des intelligences avec les puissances étrangères à l'effet de les engager à commettre des hostilités contre la France, 76. — Pareille peine pour avoir pratiqué des manœuvres avec les ennemis de l'État à l'effet de leur faciliter l'entrée sur le territoire de l'Empire, de leur livrer des places ; de leur fournir des secours, etc., 77. — Peine du bannissement contre ceux dont la correspondance, sans avoir eu un but criminel, a procuré aux ennemis des instructions nuisibles à la France ou à ses alliés, 78. — Mêmes peines pour les manœuvres commises envers les alliés de la France agissant contre l'ennemi commun, 79 ; et pour avoir trahi le secret d'une négociation ou d'une expédition, ou livré des plans de ports et fortifications, 80 et 81. — Simple peine du bannissement si ces plans ont été livrés aux agents d'une puissance neutre ou alliée, 81. — Peine de mort et confiscation de biens pour intelligences pratiquées avec des bandes armées illégalement, 96. — Peines encourues par les fournisseurs qui auraient fait manquer le service des armées, et par les fonctionnaires qui auraient aidé les coupables, en cas d'intelligence avec l'ennemi, 430 et 432.

INTERCALATION D'ÉCRITURE. Voy. *Faux.*

INTERDICTION. L'interdiction à temps de certains droits civiques, civils ou de famille, est une des peines qui se prononcent en matière correctionnelle, 9. — Celui qui a été condamné à la peine des travaux forcés à temps, ou à la réclusion, est, pendant la durée de la peine, en état d'interdiction légale, 29. — Les tribunaux jugeant correctionnellement peuvent, dans certains cas, interdire temporairement, en tout ou en

J.

173; qui se serait laissé corrompre ou qui se serait décidé par faveur ou par inimitié, 181 et 183. — *Voy. Corruption, Domicile, Déni de justice, Loi, Accusation, Autorité administrative, Pouvoir législatif, Forfaiture, Mandat, Dégradation civique, Revendication, Préposés du Gouvernement.*

JURÉS. Celui qui a été condamné à la peine des travaux forcés à temps, au bannissement, à la réclusion ou au carcan, ne peut jamais être juré, 28. — Les tribunaux peuvent, en certains cas, interdire pour un temps l'exercice du droit de remplir les fonctions de juré, 42 et 43. — *Voy. Corruption, Excuses.*

L.

LARCIN. *Voy. Filouterie.*

LÈSE-MAJESTÉ. Ce crime est puni comme parricide, et emporte de plus la confiscation des biens, 86. — Peine contre ceux qui, instruits de complots tendant au crime de lèse-majesté, ne les ont point révélés, 104.

LETTRES. Peines contre les fonctionnaires ou agents du Gouvernement ou de l'administration des postes, pour avoir commis ou facilité la suppression ou l'ouverture des lettres, 187.

LETTRES DE CHANGE. *Voy. Destruction.*

LIBERTÉ. Peine de la dégradation civique contre tout fonctionnaire, agent ou préposé du Gouvernement qui aurait ordonné ou fait quelque acte arbitraire et attentatoire à la liberté individuelle ou aux droits civiques des citoyens, 114. — *Voy. Insolvabilité, Restitution.*

LIBERTÉ PROVISOIRE. Durée de l'emprisonnement pour amendes et frais prononcés au profit de l'État, après laquelle le condamné insolvable peut l'obtenir, sauf à reprendre la contrainte par corps, s'il lui survient des moyens de solvabilité, 53.

LICENCIEMENT. Voy. *Commandement militaire.*

LIMITES. Peines pour avoir déplacé ou supprimé des bornes, pieds corniers, ou autres arbres plantés ou reconnus pour établir les limites entre différents héritages, 456.

LIQUEUR CORROSIVE. Voy. *Fabriques.*

LOGEMENT. Voy. *Aubergistes, Etat.*

LOGEMENT DE MALFAITEURS. Voy. *Association de malfaiteurs.*

LOGEURS. Voy. *Aubergistes.*

LOI. Peines contre les juges, les procureurs généraux, etc., qui auraient arrêté ou suspendu l'exécution des lois, ou délibéré sur leur publication ou exécution, 127. — Exécution des dispositions des lois et des règlements en vigueur en tout ce qui n'a pas été réglé par le Code, 484. — Voy. *Force publique, Bannissement, Déportation.*

LOTERIES. Peines contre ceux qui auraient établi ou tenu des loteries non autorisées par la loi, et contre les administrateurs et agents de ces établissements, 410.— Voy. *Jeux de hasard.*

M.

MACHINATIONS. Voy. *Dons, Intelligences.*

MACHINES. Voy. *Armes.*

MAGASINS. Voy. *Bandes armées, Boutiques, Incendie, Mine, Places.*

MAIRES. Voy. *Aubergistes, Epizootie, Préfets, Registres.*

MAISON. Quels bâtiments sont réputés maison habitée, 390. — Peines contre ceux qui auraient occasionné la mort d'animaux ou de bestiaux par le défaut de réparation ou d'entretien des maisons tombant en ruines, et par la négligence à placer les signaux d'usage, 479. —Voy. *Destruction , Incendie , Mine.*

violence, enlever ou fait enlever, entraîner, détourner ou déplacer des mineurs des lieux où ils étaient mis par ceux à l'autorité desquels ils étaient confiés, 354 et suiv.—Seules poursuites qu'on puisse exercer contre le ravisseur qui aurait épousé la fille par lui enlevée, 357. — Voy. *Abus de confiance, Age, Enlevement.*

MINISTÈRE PUBLIC. Voyez *Accusation, Autorité administrative, Conflit, Dégradation civique, Loi, Mandat, Pouvoir législatif, Préposé du Gouvernement, Revendication.*

MINISTRE. Peine encourue par les ministres qui auraient ordonné ou fait des actes arbitraires, et qui, sur invitations légales, auraient refusé ou négligé de les faire réparer, 115. — Ce que les ministres doivent faire lorsque la signature à eux imputée leur a été surprise, 116. — Punitions des personnes qui auraient fait usage d'une fausse signature du nom d'un ministre, 118.

MINISTRES DES CULTES. Peines contre ceux qui procéderaient aux cérémonies religieuses d'un mariage sans justification d'un acte de mariage préalablement reçu par les officiers de l'état civil, 199 et 200. — Peines encourues par les ministres des cultes pour correspondance secrète avec des cours ou puissances étrangères sur des matières de religion, 207 et 208. — Peines encourues par les ministres des cultes pour viol, 333. — Voy. *Cultes.*

MINUTES. Voy. *Destruction.*

MOEURS. Peines contre toute personne qui aurait commis un outrage public à la pudeur, 330. — Peines contre quiconque se serait rendu coupable de viol ou de tout autre attentat à la pudeur, 331. —

Peine contre ceux qui auraient attenté aux mœurs en favorisant la débauche et la corruption de la jeunesse au dessous de l'âge vingt ans, 334.—Accroissement de peine lorsque la prostitution ou la corruption des jeunes gens a été facilitée par leurs pères, tuteurs et autres personnes chargées de leur surveillance, *ibid.* — Interdiction temporaire de tutelle, curatelle et de toute participation aux conseils de famille pour les personnes ci-dessus désignées, 335. — Privation particulière de droits et avantages accordés par le Code Napoléon aux père et mère sur la personne et les biens de l'enfant, *ibid.* — Voy. *Gravures, Surveillance de la haute police.*

MONNAIES. Amende contre ceux qui auraient refusé de recevoir les espèces ou monnaies nationales non-fausses ni altérées, selon la valeur du cours, 475. — Voy. *Fausse monnaie.*

MONUMENTS. Quelles peines sont infligées pour destruction, mutilation ou dégradation de monuments, statues et autres objets destinés à l'utilité ou à la décoration publique, 257.

MORT. Cette peine est tout à la fois afflictive et infamante, 7. — Tout condamné à mort doit avoir la tête tranchée, 12. — Crimes qui, commis par récidive, entraînent la condamnation à la peine de mort, 56. — L'accusé ayant moins de seize ans, qui, agissant avec discernement, a encouru la peine de mort, est condamné à la peine de dix à vingt ans d'emprisonnement dans une maison de correction, 67. — La peine de mort se prononce contre les recéleurs d'espions, 83; contre les coupables d'attentat ayant pour but de changer la forme du Gouvernement, 87; ou de troubler l'État par la guerre civile, le pillage public, etc. 91 et 123; contre les fabricateurs de fausse monnaie , 132 ; contre les contrefacteurs des sceaux de l'État , des billets de banque, des effets publics, 139. — Cas dans lesquels les violences commises envers les dépositaires de l'autorité publique donnent lieu à la peine de mort, 231 et 233. — L'assassinat, le parricide, l'infanticide, l'empoisonnement , le meurtre, sont punis de mort, 302. — Cas dans lequel le crime de castration est puni de mort, 316. — Circonstances dans lesquelles la peine de mort a lieu contre les coupables d'arrestations illégales et de séquestration, 344 ; contre les coupables de subornation de témoins, 365. — Cas dans lesquels les coupables de vols sont punis de mort, 381. — Destructions pour lesquelles la même peine est encourue, 434 , 435 et 437. — Voy. *Armes, Arrêt, Espionnage, Femme, Parricide.*

Mort civile. Voy. *Condamnation.*

Moteurs. Voy. *Travaux publics.*

Moules. Voy. *Contrefaçon.*

Moulins. Voy. *Usines.*

Moutons. Voy. *Empoisonnement.*

Municipalité. Déclaration à faire devant la municipalité par celui qui consent à se charger d'un enfant trouvé. 347.

Munitions. Peine de mort, avec confiscation de biens, contre ceux qui auraient fourni ou procuré des armes ou munitions aux soldats par eux enrôlés, sans autorisation du pouvoir légitime, 94 ; ou à des bandes armées illégalement, 96. — Voy. *Association de malfaiteurs, Secours.*

Mur. Voy. *Escalade.*

Musique. Voy. *Contrefaçon.*

Mutilation. Voy. *Monuments.*

N.

NANTISSEMENT. Voy. *Maisons de prêt.*

NAUFRAGE. Voy. *Secours.*

NAVIRE. Voy. *Incendie, Mine.*

NÉGLIGENCE. Peines auxquelles l'évasion des détenus donne lieu contre ceux à la négligence de qui elle peut être imputée, 237 et suiv. — Cessation de l'emprisonnement contre les conducteurs ou gardiens lorsque les évadés sont repris dans un délai de quatre mois, 246. — Voy. *Blessures, Gardiens de scellés, Homicide.*

NOM. Peine pour arrestation illégale faite sous un faux nom, 344.

NUIT. Peines pour vols commis la nuit, 382, 385 et 386

O.

OBLIGATION. Voy. *Extorsion.*

OFFICIERS DE JUSTICE. Voy. *Domicile.*

OFFICIERS DE L'ÉTAT CIVIL. Peines par eux encourues pour divers délits relatifs à leurs fonctions, 192 et suiv.; plus forte peine qui se prononce en cas de collusion, 195.   Voy. *Inhumation, Mariage.*

OFFICIERS DE POLICE. Voy. *Aubergistes, Rébellion, Registres.*

OFFICIERS DE POLICE JUDICIAIRE. Les concierges des prisons sont tenus de leur représenter les détenus, 120. — Cas dans lesquels ces officiers sont coupables de forfaiture, 121. — Voy. *Accusation, Aubergistes, Dégradation civique, Domicile, Gardes champêtres, Préposés du Gouvernement, Rébellion, Registres.*

travaux forcés à temps, au bannissement, à la réclusion ou au carcan, est déchu du droit de port d'armes et du droit de servir dans les armées de l'Empire, 28. — Les tribunaux correctionnels peuvent interdire l'exercice du droit de port d'armes, 42.

quis ou rendu des ordonnances, ou décerné des mandats sans autorisation du Gouvernement contre ses agents ou préposés prévenus de crimes ou délits commis dans l'exercice de leurs fonctions, 129. — Voy. *Force publique*, *Soustraction*, *Violences*.

PRÉSENTS. Voy. *Corruption*.

PRISONNIER. Peine du concierge qui, sans mandat, aurait reçu un prisonnier, qui l'aurait retenu, ou refusé de le représenter à l'officier de police, et n'aurait pas exhibé son registre à cet officier, 120. — Les réunions de prisonniers, prévenus, accusés ou condamnés, sont punies comme réunions de rebelles, 219.

PROCÉDURES CRIMINELLES. Voy. *Scellés*.

PROCUREURS GÉNÉRAUX. Cas dans lesquels ils sont coupables de forfaiture, 121. — Voy. *Accusation*, *Autorité administrative*, *Conflit*, *Dégradation civique*, *Domicile*, *Loi*, *Mandat*, *Pouvoir législatif*, *Préposés du Gouvernement*, *Revendication*.

PROCUREURS IMPÉRIAUX. Voy. *Accusation*, *Autorité administrative*, *Conflit*, *Dégradation civique*, *Domicile*, *Forfaiture*, *Loi*, *Mandat*, *Pouvoir législatif*, *Préposés du Gouvernement*, *Revendication*.

PROMESSES. Voy. *Corruption*, *Dons*, *Récompenses*.

PRONOSTIQUEURS. Voy. *Songes*.

PROPRIÉTÉS. Crimes et délits contre les propriétés, 379 et suiv.

PROPRIÉTÉS PUBLIQUES. Voy. *Bandes armées*.

PROSTITUTION Voy. *Mœurs*.

PROVISION. Pendant la durée de la peine de la réclusion ou des travaux forcés à temps, il ne peut être remis au condamné aucune provision ni aucune portion de ses revenus, 21.

PRÓVOCATIONS. Voy. *Blessures, Censure de l'autorité publique, Meurtre, Réunion armée et séditieuse.*

PUBLICATION D'OUVRAGES. Voy. *Écrits.*

PUDEUR. Voy. *Mœurs.*

R.

RADES. Voy. *Plans.*

RAPT. Voy. *Mineurs.*

RATELAGE. Voy. *Glânage.*

REBELLION. Toute attaque, toute résistance avec violence et voies de fait envers les officiers ministériels, les gardes champêtres ou forestiers, la force publique, les préposés à la perception des taxes et contributions, leurs porteurs de contraintes, les préposés des douanes, les séquestres, les officiers ou agents de la police administrative ou judiciaire, etc., constitue un crime ou un délit de rebellion, 209. — Diverses peines encourues selon les différentes circonstances des rebellions, 210 et suiv. — Les provocateurs de rebellion sont punis comme les coupables mêmes de la rebellion, 217. — Réunions qui sont punies comme réunions de rebelles, 219. — Manière dont on fait subir la peine appliquée pour rebellion à des prisonniers prévenus, accusés ou condamnés relativement à d'autres crimes ou délits, 220. — Surveillance des chefs de rebellion après l'expiration de leurs peines, 221. — Voy. *Réunion armée et séditieuse.*

RECÈLEMENT. Peine de l'emprisonnement pour recèlement de criminels, 248. — Parents et alliés exceptés de cette peine, *ibid.* — Peine pour recèlement du cadavre d'une personne homicidée ou morte par suite de coups ou de blessures, 359.

RECÉLEURS. Ceux qui ont sciemment recélé des choses

enlevées, détournées ou obtenues à l'aide d'un crime ou d'un délit, sont punis comme complices, 62. — Seuls cas dans lesquels puisse leur être appliquée la peine de mort, des travaux forcés à perpétuité ou de la déportation. 63. —Peine de mort contre ceux qui auraient recélé les espions ou soldats ennemis envoyés à la découverte, 83. — Voy. *Espionnage.*

RECETTES. Voy. *Confiscation.*

RÉCIDIVE. Peines de la récidive pour crimes ou délits, 56. — Cas dans lesquels il y a récidive pour contravention de police, 474. — Peine d'emprisonnement pour le cas de récidive de diverses contraventions de police, 478. — Voy. *Emprisonnement.*

RÉCLAMATION. Voy. *Vagabondage.*

RÉCLUSION. Cette peine est afflictive et infamante, 7. Maison de force dans laquelle sont renfermés les individus condamnés à la réclusion, et travaux auxquels ils y sont employés, 21. —Durée de la peine de réclusion, *ibid.* — De quel jour se compte la durée de la réclusion, 23. — Les coupables condamnés à la réclusion sont pendant toute leur vie sous la surveillance de la haute police de l'Etat, 47. — Celui qui, ayant été condamné pour un crime, en a commis un second emportant la peine de la réclusion, doit être condamné aux travaux forcés à temps et à la marque, 56. — Temps pendant lequel doit être renfermé dans une maison de correction l'individu ayant moins de seize ans, qui, agissant avec discernement, a encouru la peine de la réclusion, 67. — La peine de la réclusion doit remplacer celle des travaux forcés et de la déportation à l'égard des individus âgés de soixante-dix ans, 71. — Tout condamné à la peine des travaux forcés en est relevé, dès qu'il a atteint l'âge de

faux témoignage en matière civile, correctionnelle ou de police, 361 et suiv.; de vols commis dans diverses circonstances et par certains individus, 386 à 388; de contrefaçon ou altération de clefs par un serrurier de profession, 399; de communication des secrets d'une fabrique, 418 — La même peine contre les fournisseurs qui, sans contrainte par une force majeure, auraient fait manquer le service des armées de terre et de mer, 430. — Peine de réclusion pour avoir détruit ou renversé des édifices, des ponts, etc., avoir détruit des actes de l'autorité publique ou commis des pillages, 437, 439 et 441. — Voy. *Bannissement, Carcan, Condamné.*

RÉCOLTES. Peines pour dévastation des récoltes sur pied, ou des plants venus naturellement ou faits de main d'homme, 444. — Voy. *Champs, Incendie, Terrains.*

RÉCOMPENSES. Peines contre le faux témoin qui, en matière correctionnelle, de police ou civile, aurait reçu de l'argent, des récompenses ou des promesses, 364.

REGISTRE. Celui sur lequel les aubergistes et hôteliers doivent inscrire le nom, la profession et le domicile des personnes logées chez eux, 73. — Représentation à faire de ce registre sur la réquisition des maires, adjoints, officiers ou commissaires de police, ou des citoyens commis à cet effet, 475. — Voy. *Destitution, Scellés.*

RÈGLEMENTS D'ADMINISTRATION PUBLIQUE. Ceux qui doivent déterminer la manière d'employer les produits du travail des détenus dans les maisons de correction, 41. — Voy. *Loi.*

RÈGLEMENTS DE POLICE. Peine contre quiconque, par inob-

servation de ces règlements, aurait causé un homicide
involontaire, 319. — Voy. *Loi.*

RENVOI. Cas dans lesquels les juges saisis d'une contestation où il a été allégué des injures portant le caractère
d'une calomnie grave, doivent, outre la suspension
provisoire, renvoyer les prévenus devant les juges
compétents, 377. — Voy. *Surveillance de la haute
police.*

RÉPARATION. Cas dans lesquels les outrages envers les
dépositaires de l'autorité et de la force publique
donnent lieu à une réparation, 226 et 227.

RÉPARATIONS CIVILES. Celles qui peuvent être dues par
les dépositaires de la force publique pour avoir refusé
de la faire agir sur la réquisition de l'autorité civile,
234. — Soustractions qui ne peuvent donner lieu
qu'à des réparations civiles, 380. — Voy. *Dommages-intérêts, Restitution, Soustraction.*

REPRÉSAILLES. Peine du bannissement contre ceux qui,
par des actes non approuvés par le Gouvernement,
auraient exposé des Français à éprouver des représailles, 85.

RÉQUISITION. Voy. *Détention arbitraire, Force publique, Réparations civiles.*

RÉSERVOIRS. Voy. *Champs, Empoisonnement.*

RÉSISTANCE. Voy. *Rébellion.*

RESPONSABILITÉ CIVILE. Celle des logeurs et aubergistes,
73. — Dispositions du Code Napoléon auxquelles les
cours et tribunaux doivent se conformer dans les
autres cas de responsabilité civile qui peuvent se
présenter dans les affaires criminelles, correctionnelles
et de police, 74.

RESTITUTION. Les sommes provenant des paiements faits
par les cautions d'un individu condamné pour crimes
ou délits sont affectées de préférence aux restitutions

envers les parties lésées, 46. — En cas de concurrence de l'amende ou de la confiscation avec les restitutions et les dommages-intérêts sur les biens insuffisants du condamné, ces dernières condamnations obtiennent la préférence, 54. — Restitutions et indemnités qui sont ordonnées dans le cas de soustractions commises par des dépositaires publics, 172. — Restitutions pour abus de confiance, 406. — Celui qui a trompé l'acheteur sur le titre, la qualité ou le poids des marchandises, est tenu, outre les restitutions et dommages-intérêts, d'une amende qui peut monter au quart de ces restitutions, 423. — Autres cas de restitution et de dommages-intérêts sur lesquels l'amende est réglée, 437, 439, 443, 455 et 457. — En cas d'insuffisance des biens d'un individu condamné pour contraventions de police, les restitutions et les indemnités dues à la partie lésée sont préférées à l'amende, 468. — Les restitutions, le paiement des indemnités et des frais, et généralement toutes les condamnations prononcées pour contraventions de police, entraînent la contrainte par corps, 469. — Lorsque ces condamnations sont prononcées au profit de l'État, les condamnés peuvent, après quinze jours d'emprisonnement, obtenir leur liberté, *ibid.* — Voy. *Aubergistes, Condamnation, Indemnité, Responsabilité civile, Solidarité.*

RETRAITE DE MALFAITEURS. Voy. *Association de malfaiteurs.*

RÉUNION ARMÉE ET SÉDITIEUSE. Dans quels cas est ainsi qualifiée une réunion d'individus pour un crime ou un délit, 213. — Comment sont punies les personnes munies d'armes cachées qui auraient fait partie d'une troupe ou réunion réputée non armée, 214. — Cas dans les-

quels les blessures et les coups sont imputables aux
chefs, auteurs, instigateurs et provocateurs des réunions séditieuses où il y a eu rebellion ou pillage,
3i3.

RÉUNIONS LITTÉRAIRES. Voy. *Sociétés.*

RÉVÉLATION. Dispositions relatives à la révélation ou
non-révélation de crimes contre la sûreté de l'État,
io3 et suiv.; et de crimes relatifs à la fausse monnaie, i38; et à la contrefaçon des sceaux de l'État,
des effets émis par le trésor public, et des billets de
banque autorisés par la loi, i44.

REVENDICATION. Peines contre les juges qui, sur la revendication formellement faite par l'autorité administrative d'une affaire portée devant eux, auraient procédé au jugement avant la décision de l'autorité supérieure, 128. — Mêmes peines contre les officiers du
ministère public qui auraient fait des réquisitoires ou
donné des conclusions pour ce jugement, *ibid.*

REVENUS. Voy. *Provision.*

RÉVOCATION. Voy. *Fonctionnaires publics.*

ROSSIGNOLS. Voy. *Fausses clefs.*

ROULIERS. Voy. *Voituriers.*

ROUTES. Voy. *Arbres, Feuilles de route.*

RUES. Amendes contre ceux qui auraient négligé de nettoyer les rues et passages dans les communes où ce
soin est laissé à la charge des habitants, 471. —Voy.
Arbres, Jeux de hasard, Voituriers.

S.

SAGES-FEMMES. Voy. *Secrets.*
SAISIE. Voy. *Confiscation.*
SALAIRES. Voy. *Coalition.*
SANG. Voy. *Violences.*

SCEAU DE L'ÉTAT. Ceux qui l'ont contrefait ou se sont servis du sceau contrefait, sont punis de mort, avec confiscation de biens, 139.

SCEAUX PARTICULIERS. Peines pour contrefaçon du sceau, du timbre ou de la marque d'une autorité quelconque ou d'un établissement particulier de banque ou de commerce, 141, 142 et 143.

SCELLÉS. Peine de l'emprisonnement contre le gardien des scellés brisés par sa négligence, 249. — Emprisonnement de plus longue durée si le bris de scellés s'applique aux papiers d'un prévenu de crimes emportant des peines afflictives, 250. — Peines contre ceux qui auraient brisé eux-mêmes les scellés ou auraient participé au bris, 250 et 251; pour vol commis à l'aide d'un bris de scellés, 252. — Peines contre les greffiers, archivistes ou autres dépositaires, dans le cas de soustraction de pièces, procédures criminelles ou registres, 253; et contre ceux qui se seraient rendus coupables de ces soustractions, 254. — Peine plus forte dans le cas où le bris des scellés, les soustractions, enlèvement ou destruction de pièces, auraient été commis avec violence, 255.

SECOURS. Peines contre ceux dont les manœuvres auraient eu pour objet de fournir aux ennemis de l'État des secours en soldats, hommes, argent, vivres, armes ou munitions, 77. — Amende contre ceux qui auraient refusé ou négligé de faire les travaux de service ou de prêter secours dont ils auraient été requis dans les circonstances d'accidents, tumulte, naufrages, inondations, incendie, et dans les cas de brigandage, pillage, flagrant délit, clameur publique ou exécution judiciaire, 475.

SECRETS. Peines contre les officiers de santé, médecins,

30.

pression, destruction d'actes et de titres dont ils étaient dépositaires en cette qualité, 173. — Pareilles peines contre tous agents, préposés ou commis du Gouvernement, ou les dépositaires publics qui se seraient rendus coupables des mêmes soustractions, *ibid.* — Quiconque a soustrait frauduleusement une chose qui ne lui appartient pas est coupable de vol, 379. — Soustractions commises par des maris au préjudice de leurs femmes, et qui ne peuvent donner lieu qu'à des réparations civiles, 380. — Voy. *Abus de confiance, Scellés.*

SPECTACLES. Voy. *Théâtres.*

STATUES. Voy. *Monuments.*

STILET. Voy. *Armes.*

SUBORNATION. Peine contre le coupable de subornation de témoins, 366.

SUBSTITUTION. Voy. *Enfant.*

SUBSTITUTS DES PROCUREURS GÉNÉRAUX ET IMPÉRIAUX. Voy. *Accusation, Autorité administrative, Conflit, Dégradation civique, Domicile, Forfaiture, Loi, Mandat, Pouvoir législatif, Préposés du Gouvernement, Revendication.*

SUFFRAGES. Tout citoyen qui, chargé de recueillir, dans un scrutin de dépouillement, des billets contenant les suffrages des citoyens, serait surpris falsifiant ces billets ou en soustrayant de la masse, serait condamné à la peine du carcan, 111. — Toutes autres personnes coupables des faits ci-dessus énoncés seraient punies de l'interdiction du droit de voter et d'être éligibles, 112. — Tous ceux qui auraient vendu leurs suffrages dans les élections seraient punis d'interdiction temporaire des droits de citoyen et de toutes fonctions ou emplois publics, 113. — Le vendeur et l'acheteur du suffrage condamnés chacun à une amende double de la valeur des choses reçues ou promises, *ibid.* Voy. *Délibérations de famille.*

SUPPLICE. La tête tranchée est le supplice de tout condamné à mort, 12.

SUPPLICIÉS. Délivrance du corps des suppliciés à leurs familles qui les réclament pour l'inhumation, 14.

SUPPOSITION DE PERSONNES. Voy. *Faux.*

SUPPRESSION D'ENFANT. Voy. *Enfant.*

SUPPRESSION D'ÉCRITS. Voy. *Injonction.*

SURETÉ PUBLIQUE. Voy. *État.*

SURPRISE. Dénonciation à faire par les ministres qui prétendent que la signature d'actes arbitraires leur a été surprise, 116.

SURVEILLANCE DE LA HAUTE POLICE. Le renvoi sous la surveillance spéciale ou à la disposition du Gouvernement est une peine commune aux matières criminelles et correctionnelles, 11. — Cautionnement de bonne conduite que la haute-police de l'État a droit d'exiger de l'individu placé sous sa surveillance s'il est en âge de minorité, 44. — Le même droit appartient à la partie intéressée, *ibid.* — Ce qui résulte du défaut de cautionnement, *ibid.* et 45. — Coupables que la nature de leur condamnation place de plein droit sous la surveillance de la haute police de l'État, 67 à 50. — Les coupables condamnés correctionnellement à un emprisonnement de plus d'une année, qui commettent un nouveau délit, doivent, outre les peines par eux encourues, être mis sous la surveillance spéciale du Gouvernement pendant cinq à dix années, 56.—Nombre d'années pendant lesquelles on peut mettre sous la surveillance de la haute police les individus ayant moins de seize ans qui ont encouru des peines afflictives et infamantes, 67. — Les individus déclarés coupables, mais excusables, peuvent être mis pendant cinq à dix ans sous la surveillance de la haute police, 69. — Ceux qui, ayant fait partie de bandes armées, s'en seraient retirés au premier avertissement des autorités civiles ou militaires, n'encourent aucune peine; mais ils peuvent être renvoyés sous la surveillance spéciale de la haute police, 100. — Pareille surveillance à l'égard des époux, des ascendants ou descendants, etc., qui n'auraient point révélé un complot contre la sûreté de l'État, 107; et à l'égard des coupables qui, avant l'exécution de ces complots, en auraient donné connaissance et auraient procuré l'arrestation des auteurs, 108. — Surveillance des individus qui, coupables de crimes relatifs à la fausse monnaie, auraient fait des révélations aux autorités constituées, 138. — Les chefs de rebellion peuvent, après l'expiration de leur peine, rester sous la surveillance spéciale de la haute police, 221. — Il en est de même d'individus convaincus d'avoir favorisé l'évasion de détenus, 246; et de ceux qui ont été condamnés pour menaces d'attentat contre les personnes, 308; pour blessures et coups volontaires dans des réunions séditieuses, et pour fabrique, débit ou port d'armes prohibées, 313 à 314; pour arrestations illégales et séquestration de personnes, 343; pour larcins et filouteries, 401; pour violation des règlements relatifs aux manufactures, au commerce et aux arts, 416, 419 et 420; pour destruction, dégradation ou dommages de différentes sortes, 444 et 452. — Voy. *Cautionnement*, *Mœurs*.

SUSPENSION. Voy. *Fonctionnaires publics*, *Injonction*.

T.

TAPAGE NOCTURNE. Voy. *Bruits nocturnes.*

TÉMOIN. Celui qui a été condamné à la peine des travaux forcés à temps, au bannissement, à la réclusion ou au carcan, ne peut être employé comme témoin dans les actes, ni déposer en justice, autrement que pour y donner de simples renseignements, 28. — Les tribunaux jugeant correctionnellement peuvent interdire pour un temps l'exercice du même droit, 42 et 43. —Voy. *Excuses, Faux témoignage, Subornation.*

TENTATIVE. Voy. *Crimes, Délits.*

TERRAINS. Amende pour avoir passé sur le terrain d'autrui préparé ou ensemencé, 471 ; et contre ceux qui y auraient laissé passer leurs bestiaux ou leurs bêtes de trait. de charge ou de monture avant l'enlèvement de la récolte, *ibid.* ; pour être entré sur le terrain d'autrui lorsqu'il était chargé de grains en tuyau, de raisins ou autres fruits mûrs ou voisins de la maturité, 475. — Pareille peine contre ceux qui auraient fait passer des bestiaux ou animaux de trait ou de monture sur des terrains ensemencés ou chargés d'une récolte, ou dans un bois taillis, *ibid.*

TÊTE TRANCHÉE. Supplice commun à tous les coupables condamnés à mort, 12.

THÉATRES. Peines contre tout directeur, tout entrepreneur de spectacles, toute association d'artistes, qui aurait fait représenter sur son théâtre des ouvrages dramatiques, au mépris des lois relatives à la propriété des auteurs, 428.

TIMBRES NATIONAUX. Peine des travaux forcés à temps pour contrefaçon ou falsification de timbres nationaux, 140, 141, 142 et 143.

nées pour lequel la condamnation aux travaux forcés à temps doit être prononcée, 19.—Flétrissure des condamnés aux travaux forcés à perpétuité, 20.—Application du produit des travaux des condamnés à la réclusion, 21.—De quel jour se compte la durée de la peine des travaux forcés à temps, 23.—Les individus condamnés à la peine d'emprisonnement ont le choix de l'un des travaux établis dans la maison de correction où ils sont renfermés, 40.—Les coupables condamnés aux travaux forcés à temps sont pendant toute leur vie sous la surveillance de la haute police de l'État, 47.—Celui qui, ayant été condamné pour crime, en a commis un second emportant la peine des travaux forcés à temps, doit être condamné à celle des travaux forcés à perpétuité, 56.—Si le second crime entraîne cette dernière peine, il y a lieu à la condamnation à mort, *ibid.*—L'accusé ayant moins de seize ans, qui, agissant avec discernement, a encouru la peine des travaux forcés à perpétuité, est condamné à la peine de dix à vingt ans d'emprisonnement dans une maison de correction, 67.—Durée de cette détention lorsqu'il n'avait encouru que la peine des travaux forcés à temps, *ibid.*—Peine des travaux forcés à temps contre les individus qui auraient fourni des logements ou lieux de retraite à des bandes illégalement armées, 99.—Même peine contre les auteurs de faux pour actes contraires aux constitutions, 118.—Peine des travaux forcés à perpétuité pour contrefaçon ou altération des monnaies françaises de billon ou de cuivre 133; et des travaux forcés à temps pour contrefaçon ou altération des monnaies étrangères, 134.—Même peine pour contrefaçon ou falsification de timbres, mar-

U.

V.

barrassé la voie publique en y déposant ou laissant des matériaux propres à empêcher la liberté ou la sûreté du passage, 471. — Voy. *Arbres.*

VOIES DE FAIT. Cas dans lequel les voies de fait contre un magistrat donnent lieu contre le coupable à la peine du carcan, 228.—Voy. *Attroupement, Culte, Rebellion, Travaux publics, Violences.*

VOILE. Celui dont on couvre la tête du parricide conduit au supplice, 13.

VOIRIE. Peines contre ceux qui auraient négligé et refusé d'exécuter les règlements et arrêtés concernant la petite voirie, 471.

VOITURIERS. Amende contre les rouliers, charretiers, conducteurs de voitures ou de bêtes de charge, qui ne se seraient pas tenus constamment à portée de leurs chevaux et voitures, pour ne leur laisser occuper qu'un seul côté de chemin ou voie publique, 475; et contre ceux qui auraient laissé courir leurs chevaux dans l'intérieur d'un lieu habité, ou qui auraient violé les règlements contre le chargement, la rapidité ou la mauvaise direction des voitures, *ibid.* — Emprisonnement encouru pour les mêmes causes, 476. — Peine contre ceux qui auraient occasionné la mort ou la blessure de bestiaux par la rapidité, la mauvaise direction ou le chargement excessif des voitures, chevaux, bêtes de trait, de charge ou de monture, 479. — Emprisonnement suivant les circonstances, 480. —Voy. *Aubergistes.*

VOLS. Tout vol commis à l'aide d'un bris de scellés est puni comme le vol avec effraction, 253. — Il n'y a ni crime ni délit pour homicide commis en se défendant contre les vols et les pillages exécutés avec violences, 329. — Définition du vol, 379. — Vols accompagnés de circonstances qui rendent les coupables punissables de mort, 381. — Vols qui sont punis des travaux forcés à perpétuité ou à temps, 381 à 383. — Vols punis de la réclusion, 386 à 388, et 399. — Vols punis d'emprisonnement et d'amende, 400 et 401. — Voy. *Champs.*

VOTE. Cas dans lesquels les tribunaux peuvent interdire l'exercice des droits de vote et d'élection, 42; et de ceux de vote et de suffrage dans les délibérations de famille, *ibid.* — Interdiction temporaire du droit de vote contre ceux qui auraient empêché l'exercice des droits civiques, 109.

FIN DE LA TABLE ANALYTIQUE ET RAISONNÉE DES MATIÈRES.